Jesko Fezer, Christian Hiller, Alexandra Nehmer, Philipp Oswalt

Einführung

I0798888

Das Kollektiv und die Ausstellung

Im Januar 1931 schloss sich in Berlin eine Initiative revolutionärer Architekten, Bauarbeiter und Studenten zur Arbeitsgemeinschaft für sozialistisches Bauen zusammen.[1] Ihr Ziel war es, eine marxistische Bauwissenschaft[2] zu entwickeln, um Architektur als „Waffe im Klassenkampf" einzusetzen und „den Abbruch einer alten Welt und den Aufbau einer neuen leitend zu übernehmen."[3] Wie im *Antrag: Arbeitsprogramm*[4] – einem der wenigen überlieferten Dokumente – festgehalten, hatte sich das Kollektiv in Folge eines Vortrags gebildet, den der Architekt und Stadtplaner Arthur Korn an der Marxistischen Arbeiterschule (MASCH) gehalten hatte. Der Vortrag war vom Roten Studentenklub an der Technischen Hochschule Berlin initiiert worden. Es folgte eine Seminarreihe unter Korns Leitung zu den Themen Städtebau, Wohnungswesen, Verkehr und Verwaltung, deren Ziel die „allgemeine marxistische, ökonomische und politische Schulung jedes Mitglieds"[5] war, wie im *Jahresbericht 1931*[6] dargestellt ist. Im Sommer 1931 umfasste die Gruppe bereits mehr als 120 Mitglieder.[7] Arthur Korn blieb die leitende Figur des Kollektivs, das in seiner Wohnung gegründet worden war[8]: Er entwarf die programmatischen Schriften, stand in engem Kontakt mit der Kommunistischen Partei und übermittelte sowjetische

Architektur- und Stadtplanungskonzepte an seine Studentenschaft.[9]

Am 2. Juni 1931[10] – nur fünf Monate nach seiner Gründung – eröffnete das inzwischen umbenannte Kollektiv für sozialistisches Bauen[11] in der Köpenicker Straße die *Proletarische Bauausstellung*. Es war die erste öffentliche Aktion der Gruppe und ihr zentrales Projekt. Sie hatte sich die zeitgleich in den Berliner Messehallen stattfindende *Deutsche Bauausstellung* als Anlass für ihre Kritik an der gegenwärtigen Lage der Architektur und für die Propagierung einer marxistischen Bauwissenschaft gewählt. Das Programmpapier der *Proletarischen Bauausstellung*[12] war als Polemik auf diese „reine Geschäftsmesse" formuliert, die mittels kapitalistischer Rationalisierung „vergrößerte Ausbeutung, verringerten Lohn und vergrößerte Arbeitslosigkeit unter dem Proletariat" zur Folge hätte. Dem Slogan „Die Wohnung unserer Zeit" der von Ludwig Mies van der Rohe entwickelten zentralen Abteilung der *Deutschen Bauausstellung* entgegnete das Kollektiv: „Aber gewiss gibt es sie: 100 Personen müssen in einem alten Pferdestall wohnen, 12 Personen müssen in einem Zimmer hausen. Das ist die Wohnung unserer Zeit."[13]

Die *Proletarische Bauausstellung* versuchte die Mechanismen der kapitalistischen Wohnungswirtschaft zu beleuchten, die der Wohnungsnot zugrunde liegen. „Das Wohnungselend ist ein unlösbarer Bestandteil des kapitalistischen Systems", diese Grundthese von Friedrich Engels' Abhandlung *Zur Wohnungsfrage* von 1872 stand als Leitsatz dem Programm zur *Proletarischen Bauausstellung* voran. In dem Versuch einer dialektischen Analyse zeichnet die Ausstellung die Entwicklung der Stadt als gesellschaftliches Ergebnis der Macht- und Produktionsverhältnisse nach. Drei von vier Bildtafeln[14], die der Bauhäusler Hubert Hoffmann vermutlich für die Ausstellung gestaltet hatte und die als einzige Exponate der Ausstellung heute noch verfügbar sind,[15] zeigen diese verschiedenen Stadtdispositive: „Alte Weltstädte", „USA" und „UDSSR". Ihre Programmatik geht aber noch darüber hinaus: Mit Wohnungsbau- und Stadtplanungskonzepten nach sowjetischem Vorbild präsentierten sie Vorschläge für eine radikale Umstrukturierung der Städte. Die vierte der Hoffmann'schen Tafeln, „Die Stadt als Hotel und Fabrik", vermittelt das zentrale Konzept des Kollektivs – eine Bandstadt mit funktionaler Trennung von Produktion, Kultur, Wohnen und Erholung.

In seine Kritik an der Entfremdung der Architektur und Bauindustrie von den tatsächlichen Verhältnissen bezog das Kollektiv für sozialistisches Bauen nicht nur Ludwig Mies van der Rohe und die *Deutsche Bauausstellung* ein, sondern auch eine Reihe von Architekten der Moderne, die einen deutlich sozialreformerischeren Ansatz verfolgten, wie „wagner, gropius, mächler, taut, gutkind, rappaport, heiligenthal, reuter, julius hirsch"[16]. Der bürgerlichen „front von may bis corbusier" sollte eine „starke marxistische front gegenübergestellt werden"[17], wie in einer *Abschrift*[18] formuliert. Um dieses Ziel zu erreichen, sollte die „elastische Methode" angewandt werden, die einerseits auf die Überzeugung und Einbindung der vermeintlich bürgerlichen Architektenschaft setzte, „andererseits die marxistischen gesetze schroff zu formulieren versteht, [sie] hat sich als ausserordentlich überlegen gezeigt, besonders in momenten, in denen einmal eine verschleierung der gegensätze, das andere mal die gewaltsame sprengung versucht wurde."[19]

Der strategische Bezug zur prominenten *Deutschen Bauausstellung* wie auch zu dem zeitgleich tagenden Internationalen Kongress für Neues Bauen der Congrès Internationaux d'Architecture Moderne (CIAM) brachte „eine grosse Anzahl ausländischer Fachleute, die Schüler des Bauhaus Dessau, Vertreter & Gruppen der Massenorganisationen"[20] in die Ausstellung.[21] Arthur Korn, der ebenfalls Mitglied in der CIAM-Gruppe war, versuchte in der Vorbereitung des geplanten CIAM-Kongresses Moskau 1932 seine politische Haltung in die Programmatik einzuschreiben. Er formulierte im Jahresbericht des Kollektivs für sozialistisches Bauen das Vorhaben, die in der Arbeit der Gruppe gewonnenen „Resultate auf dem in Moskau stattfindenden internationalen Kongress für neues Bauen, Thema ‚Die funktionale Stadt' [zu] verwerten"[22].

In Folge der *Proletarischen Bauausstellung* entwickelte sich das Kollektiv zu einem Netzwerk mit Ortsgruppen in anderen Städten und zählte zwischenzeitlich zirka 400 Mitglieder.[23] Mit der zunehmenden Nazifizierung Deutschlands war es jedoch starker Verfolgung ausgesetzt. So berichtet Hubert Hoffmann von den Mitgliedern Lonny Behrmann und Paul Hoffmann, die bei einer antifaschistischen Aktion von den Nationalsozialisten verhaftet, verhört und schließlich ermordet wurden.[24] Das Kollektiv setzte seine Aktivitäten nach der Machtergreifung der NSDAP „zwar in kleinen Gruppen im Untergrund fort, hörte jedoch praktisch auf zu bestehen."[25] Vielen Mitgliedern blieb nur die Möglichkeit zur Emigration.[26]

Berichterstattungen

Ankündigungen und Besprechungen der *Proletarischen Bauausstellung* finden sich vor allem in der KPDnahen Presse: Die *Rote Fahne* und die *Linkskurve* berichteten beide wiederholt über das Kollektiv und die Ausstellung.[27] Mehrere Kommentare heben die formale Schärfe und argumentative Klarheit der Ausstellung hervor, dank der ihr, so der Architekturkritiker Adolf Behne in der *Welt am Abend*, „in unerbittlicher Drastik"[28] die Darstellung der Wohnungsnot und daraus die überzeugende Ableitung ihrer Kritik und Forderungen gelinge. Ähnlich betont *Die Form*, die Zeitschrift des deutschen Werkbundes, die Wirksamkeit der Ausstellung insbesondere im Kontrast zur „enzyklopädische[n] Unentschiedenheit" der *Deutschen Bauausstellung*: „die Kraft, die hier mit armen, ja ärmlichen Mitteln sich manifestiert, wirkt bedrohlich, wenn man sie vergleicht mit dem riesenhaften, aber in sich selbst so widerspruchsvollen Machtapparat im Westen."[29] Auch Siegfried Kracauer stellt die *Proletarische Bauausstellung* in einer eigenen Rezension der *Deutschen Bauausstellung* gegenüber, über die er für die *Frankfurter Zeitung* berichtete: „Wer die offizielle Schau im Westen besucht, sollte diese östliche nicht versäumen. Sie hat in einer Umwelt Wurzel geschlagen, die selber wie ein Demonstrationsmodell anmutet. Und sie schärft gerade ihrer Einseitigkeit wegen den Blick für gewisse Planungen und Bestrebungen, deren unaufhaltsames Wachstum auch in manchen Räumen der Messehallen deutlich zu spüren ist."[30]

Kritik aus bürgerlicher Perspektive äußerte *Die Bauwelt*: „Hier aber soll einzig für ‚das Kollektiv' gebaut werden", die Familie, die Ausgangspunkt aller Gemeinschaft sei, werde dabei missachtet. Sie spricht der Ausstellung ab, Lösungsansätze anbieten zu können: „Die Bauausstellung hat mit Bauen eigentlich wenig zu tun."[31] Alles sei „politisch-propagandistisch ausgewertet". *Das Werk*, das Organ von Bund Schweizer Architekten und Schweizer Werkbund, zweifelt die Umsetzbarkeit der Konzepte nach sowjetischem Prinzip in westlichen Städten an.[32] In der *Deutschen Bauzeitung* erschien eine marxistische Kritik der *Proletarischen Bauausstellung*, die sie zwar für ihre zutreffenden sozialkritischen Untersuchungen der kapitalistischen Wohnungswirtschaft als notwendige Anklage gegenüber der *Deutschen Bauausstellung* würdigte, ihre städtebaulichen Analysen sowie Programmatik aber als „abstrakte, barbarische Verflachung"[33] und damit verfälschende Darstellung des sozialistischen Städtebaus ablehnte.

Erst wieder 1955 findet sich in *Die Zeit* ein Verweis auf die *Proletarische Bauausstellung* in einer Gegenüberstellung Ost- und Westberliner Architektur und Stadtplanung.[34] Jürgen Kramer leistete 1977 eine Einordnung des Kollektivs für sozialistisches Bauen in parallel laufende Revolutionsbewegungen kreativer proletarischer Strömungen der Weimarer Republik. Er stellt insbesondere den Bezug zur Assoziation Revolutionärer Bildender Künstler Deutschlands (ARBKD, oder auch kurz ASSO) her.[35] Anlässlich des 50. Jubiläums der *Proletarischen Bauausstellung* im Jahr 1981 begab sich Kurt Junghanns auf Spurensuche. Er kontaktierte etwa ein Dutzend Personen, deren Beteiligung an der *Proletarischen Bauausstellung* er vermutete, zumeist erfolglos, wie seine Gesprächsprotokolle zeigen.[36] Weiterführende Hinweise gaben ihm die ehemaligen Mitglieder Benny Heumann und Gerhard Kosel.[37] Beide hatten bereits zuvor in eigenen biografischen Rückblicken ihre Beteiligung an der *Proletarischen Bauausstellung* geschildert.[38] Junghanns fasst die zentralen Fakten und Erkenntnisse in seinem Bericht zusammen.[39] Die letzte ausführlichere Erwähnung der *Proletarischen Bauausstellung* durch einen Zeitzeugen findet sich in dem von Hubert Hoffmann 1982 veröffentlichten Nachruf „Erinnerungen an Arthur Korn".[40]

Tagung und Publikation

Das Projekt *Wohnungsfrage* nahm 2014 die Forschung zur *Proletarischen Bauausstellung* wieder auf. Es sollten die Quellenlage erschlossen und die Bedeutung dieses Projekts im Rahmen der Architekturmoderne neu befragt werden.[41] Mehr als 30 Jahre nach der letzten eingehenden Besprechung der *Proletarischen Bauausstellung* konnte eine Gruppe von Forschern gewonnen werden, die sich mit einzelnen Beteiligten oder verknüpften Institutionen und Themen befassten. Die nachfolgenden Beiträge wurden im März 2015 anlässlich einer Arbeitstagung im Haus der Kulturen der Welt entwickelt. Sie spiegeln diese unterschiedlichen Forschungsansätze wider und beleuchten in der Verknüpfung der verschiedenen Perspektiven die *Proletarische Bauausstellung* neu.

Ausgehend von der Berichterstattung Siegfried Kracauers führt Karin Wilhelm in die *Deutsche* und die *Proletarische Bauausstellung* ein und diskutiert deren unvermutete ideologische Nähe: Las Kracauer in ersterer die Anzeichen einer durch die Weltwirtschaftskrise ausgelösten Abkehr vom rein kapitalistischen System, so formiere sich die *Proletarische Bauausstellung*, wie Wilhelm an deren zentralem Konzept der „Stadt als Hotel und Fabrik" diskutiert, aus dem illusionären Bewusstsein einer westlich-bürgerlich orientierten Erfahrungswelt über die Sowjetunion.

Andreas Zeese untersucht Arthur Korns Tätigkeit als Gründer des Kollektivs für sozialistisches Bauen und Initiator der *Proletarischen Bauausstellung* als einen Wendepunkt, der seine professionelle wie politische Neuorientierung markiert. Zeese präsentiert den Entwurf für die „Stadt als Hotel und Fabrik“ als Hauptprodukt dieser Tätigkeit, das seine Weiterentwicklung in Korns bekanntestem stadtplanerischen Konzept fand: dem visionären MARS-Plan für London, den die britische CIAM-Gruppe dort unter seiner Leitung entwickelte.

Den Beitrag der Nachwuchsarchitekten zur *Proletarischen Bauausstellung* erläutert Pedro Moreira am Beispiel Alexander Altbergs, den er 2003 in Rio de Janeiro interviewte. Altbergs Erzählungen geben Einblick in das nicht-hierarchische Gestaltungsprinzip des Kollektivs und den improvisierten Charakter der Ausstellung, an die sich Moreira über eine Beschreibung des Ausstellungsorts mittels der im Archiv Altbergs erhaltenen Fotografien annähert.

Wenn auch nicht Teil des Kollektivs, so kommt Hermann Duncker, der die Proletarische Bauausstellung mit einem Vortrag eröffnete, doch eine wichtige Bedeutung zu. Duncker war einer der bekanntesten Lehrer der Marxistischen Arbeiterschule (MASCH). Heinz Deutschland untersucht zeitgenössische Berichte und Lehrpläne darauf hin, wie es hier zu einem Austausch zwischen kommunistischen Ideologen und wichtigen Vertretern der Architekturmoderne kommen konnte.

Philipp Oswalt diskutiert den Gegensatz der beiden Bauausstellungen als Phänomen des Jahres 1931, in dem die Aufspaltung der klassischen Architekturmoderne deutlich wird. Während am einen Ende des Spektrums Mies van der Rohe eine Entpolitisierung der Architektur verfolgte, verschärfte sich am anderen die Forderung nach einer politischen Radikalisierung der Architektur. Auch sozialreformerische Vertreter der Moderne sahen, aufgrund der ökonomischen und politischen Lage in Deutschland, die Möglichkeiten schwinden, das „Neue Bauen“ in Deutschland weiterzuführen, und richteten ihre Hoffnung auf die Sowjetunion.

Thomas Flierl diskutiert die Kontexte der *Proletarischen Bauausstellung* vor den Hintergründen politischer Entwicklungen in der Sowjetunion. Er spürt ihren Widersprüchen und zugrundeliegenden Diskursstrukturen nach und zeigt eine Affinität zwischen der internationalen Bewegung des „Neuen Bauens“ und der sowjetischen Modernisierung auf, die unter anderem auf der Hoffnung gründete, in der Aufhebung privaten Grundeigentums die politisch-ökonomischen Voraussetzungen zur vollen Entfaltung moderner Architektur und Stadtplanung zu finden.

Tatiana Efrussi setzt die *Proletarische Bauausstellung* ins Verhältnis zu Debatten über proletarische Architektur in der Sowjetunion, über die das Kollektiv für sozialistisches Bauen nur ungenaue Kenntnis hatte. Sie verortet die dortigen Kämpfe unter den unterschiedlichen Strömungen der Architektur in einem größeren Kontext der „kulturellen Revolution“ und zeichnet Hannes Meyers Verhältnis sowohl zum Kollektiv für sozialistisches Bauen als auch zur sowjetischen VOPRA-Gruppe der proletarischen Architekten nach.

Ausgehend von Hinweisen dafür, dass eine Delegation von CIAM-Mitgliedern die *Proletarische Bauausstellung* besuchte, knüpfen Gregor Harbusch und Daniel Weiss eine weitere wichtige Verbindung zum Kontext der europäischen Architekturmoderne. Unter anderem anhand persönlicher Briefwechsel und Randnotizen von Walter Gropius, Sigfried Giedion und Cornelis van Eesteren diskutieren sie in ihrem Beitrag die Rolle, die die *Proletarische Bauausstellung* und Arthur Korn in den politischen Richtungskämpfen der CIAM zu Beginn der 1930er Jahre spielten.

Dass es dabei nicht um bloße Uneinigkeiten über Analysemethoden und Lösungsansätze zwischen unterschiedlichen Lagern der Architekten ging, sondern um grundsätzliche Debatten darüber, inwiefern Städtebau und Architektur überhaupt politische Fragen behandeln sollen, wird auch in den Tagungsprotokollen des außerordentlichen CIAM-Kongresses deutlich, die hier in Auszügen abgedruckt sind.

1 Vgl. Jürgen Kramer, „Die Assoziation Revolutionärer Bildender Künstler Deutschlands (ARBKD)“, in: Neue Gesellschaft für Bildende Kunst e. V. (Hg.), *Wem gehört die Welt: Kunst und Gesellschaft in der Weimarer Republik*, Berlin 1977, S. 190.

2 Vgl. Kollektiv für sozialistisches Bauen, *Antrag: Arbeitsprogramm*, Berlin 1931, S. 2. Bauhaus-Archiv Berlin, Archivbestand Erwin Gräff.

3 Kramer, „Die Assoziation“, S. 190.

4 Reproduktion in diesem Band, S. 149–153.

5 Collektiv (sic!) für sozialistisches Bauen, *Jahresbericht für das Jahr 1931*, Berlin 1932. Bauhaus-Archiv Berlin, Archivbestand Erwin Gräff.

6 Reproduktion in diesem Band, S. 147.

7 Vgl. Kollektiv für sozialistisches Bauen, *Antrag*, S. 2.

8 Vgl. Kurt Junghanns, „Vor 50 Jahren: Erste Proletarische Bauausstellung in Berlin 1931“, in: *Architektur der DDR* 30, 1981, S. 305.

9 Ebd.

10 Kollektiv für sozialistisches Bauen, *Antrag*, S. 2. Andere Texte nennen andere Eröffnungstermine und Ausstellungsorte. So datiert Kurt Junghanns die Aktion auf Ende Mai bis 1. Juli (vgl. Junghanns, „Vor 50 Jahren“, S. 305. Benny Heumann erinnert sich daran, dass das Kollektiv die Ausstellung im April 1931 in Neukölln organisierte. Vgl. Benny Heumann, „Uns begrüßte Lenins Stimme“, in: Institut für Marxismus-Leninismus beim ZK der SED (Hg.), *Im Zeichen des roten Sterns. Erinnerungen an die Traditionen der deutsch-sowjetischen Freundschaft*, Berlin 1974, S. 17–28. hier S. 26.

11 Vgl. Kramer, „Die Assoziation“, S. 190–191.

12 Reproduktion in diesem Band, S. 27–45.

13 Kollektiv für sozialistisches Bauen, *Proletarische Bauausstellung*, Berlin 1931, S. 1. Collection Het Nieuwe Instituut/collection Van Eesteren-Fluck & Van Lohuizen Foundation, Den Haag.

14 Reproduktion in diesem Band, S. 89–105.

15 Die Tafeln befinden sich in der Hubert-Hoffmann-Sammlung im Baukunstarchiv der Akademie der Küste, Berlin, die Hoffmann auch als Autor der Tafeln führt. Ein Verweis auf seine Autorenschaft befindet sich ebenso in seinen „Erinnerungen an Arthur Korn“. Hier ist der Bildtitel wie folgt aufgeführt: „Hubert Hoffmann, Seminararbeit im Kollektiv Arthur Korn für die ‚Proletarische Bauausstellung‘, Berlin 1930“. Vgl. Hubert Hoffmann, „Erinnerungen an Arthur Korn“, in: *bauforum. Fachzeitschrift für Architektur, Bau, Energie* 15, 90, 1982, S. 35–37, insb. S. 35.

16 Kollektiv für sozialistisches Bauen, *Abschrift*, Berlin 1931, S. 3. Collection Het Nieuwe Instituut/collection Van Eesteren-Fluck & Van Lohuizen Foundation, Den Haag.

17 Ebd., S. 1.

18 Reproduktion in diesem Band, S.155–159.

19 Ebd.

20 Kollektiv für sozialistisches Bauen, *Antrag*, S. 2.

21 Offenkundig hat eine Reihe von CIAM-Mitgliedern die Ausstellung besucht. Im gta Archiv der ETH Zürich finden sich u. a. die Aufzeichnungen von Werner M. Moser von seinem Besuch der *Proletarischen Bauausstellung*.

22 Collektiv für sozialistisches Bauen, *Jahresbericht*.

23 Heumann, „Uns begrüßt Lenins Stimme“, S. 26

24 Vgl. Hoffmann, „Erinnerungen an Arthur Korn“, S. 37.

25 Junghanns, „Vor 50 Jahren“, S. 307.

26 Arthur Korn emigrierte 1939 über Mexiko in die USA nach London, wo er zentral am MARS-Plan der CIAM-Gruppe beteiligt war. Alexander Altberg siedelte nach Brasilien über. Gerhard Kosel lebte bis 1945 in der Sowjetunion und wurde später Präsident der Bauakademie und stellvertretender Minister für Bauwesen in der DDR, wo „wesentliche theoretische Positionen“ der *Proletarischen Bauausstellung* in die Architekturtheorie eingegangen seien und die propagierten Ideen verwirklicht wären, so Kosel. Gerhard Kosel, „Briefwechsel mit Kurt Junghanns, Bemerkungen zum Manuskript ‚Vor 50 Jahren – Erste proletarische Bauausstellung in Berlin 1931‘“, in: Baukunstarchiv der Akademie der Künste, Junghanns Nr. 60/5.

27 Vgl. Berichterstattungen in der *Roten Fahne* vom 12. Februar, 3. März, 22. April, 31. Mai, 5. und 24. Juni 1931 und *Linkskurve* 5, 1931 sowie *Linkskurve* 7, 1931.

28 Adolf Behne, „Proletarische Bauausstellung. Mitten in die Welt des Proletariats gestellt“, in: *Die Welt am Abend* 9, 132, 10.6.1931.

29 „Proletarische Bauausstellung“, in: *Die Form* 6, 1931, S. 279–280, hier S. 279.

30 Siegfried Kracauer, „Bauausstellung im Osten (*Frankfurter Zeitung Abendblatt*, 22.6.1931, S. 1)“, in: Ders., Andreas Volk, *Berliner Nebeneinander. Ausgewählte Feuilletons 1930–33*, Zürich 1996, S. 122–124, hier S. 123–124.

31 „Proletarische Bauausstellung“, in: *Bauwelt* 26, 1931, S. 886.

32 Vgl. Dora Landau, „Berliner Chronik“, in: *Das Werk* 18, 1931, S. 37–38.

33 Rudolf Rucker, „Die Sozialistische Stadt“, in: *Deutsche Bauzeitung* 3, 1933, S. 1–3. Der Artikel des Architekten Rudolf Rucker von der Arbeitsgemeinschaft Sozialistischer Architekten ist eine Replik auf eine Denkschrift der Siedlungswissenschaftlichen Arbeitsgemeinschaft (Siewag) von Martin Mächler.

34 Sabina Lietzmann, „Berlins doppeltes Gesicht“, in: *Die Zeit*, 6.1.1955.

35 Vgl. Kramer, „Die Assoziation“.

36 Vgl. Gesprächsprotokolle von Kurt Junghanns, Baukunstarchiv der Akademie der Künste, Berlin.

37 Als ehemaliges Mitglied des Kollektivs, aber auch ehemaliger Präsident der Deutschen Bauakademie und Parteifunktionär redigierte Gerhard Kosel den Text. Junghanns lehnte einen Großteil der Korrekturen ab.

38 Vgl. Benny Heumann, „Der Einfluss der Entwicklung von Städtebau und Architektur der Sowjetunion auf die Diskussionen unter den deutschen Architekten am Anfang der dreißiger Jahre“, in: *Architektur der DDR* 21, 12, 1972, S. 728; sowie Gerhard Kosel, „Mein Lehrer Bruno Taut“, in: *Architektur der DDR* 29, 4, 1980, S. 204–208.

39 Die Angaben von Kurt Junghanns stehen allerdings teils im Widerspruch zu historischen Dokumenten, siehe Fußnote 10.

40 Vgl. Hoffmann „Erinnerungen an Arthur Korn“, S. 35–37. Einzelne Verweise finden sich noch später, insbesondere im Kontext zu Hannes Meyer und zur Nachkriegsplanung Berlin: Winfried Nerdinger, „‚Anstößiges Rot‘. Hannes Meyer und der linke Baufunktionalismus – ein verdrängtes Kapitel Architekturgeschichte“, in: Bauhausarchiv Berlin und Deutsches Architekturmuseum (Hg.), *hannes meyer 1889–1954, architekt urbanist lehrer*, Frankfurt a. M. und Berlin 1989, S. 12–29; Jörn Düwel, „Berlin. Planen im Kalten Krieg“, in: Akademie der Künste Berlin (Hg.), *1945. Krieg – Zerstörung – Aufbau, Architektur und Stadtplanung 1940–1960*, Berlin 1995, S. 195–234.

41 Die Fährten führten insbesondere zu den Archivbeständen des Bauhaus-Archivs Berlin, des Baukunstarchivs der Akademie der Künste Berlin, des Bundesarchivs in Berlin, des gta Archivs am Institut für Geschichte und Theorie der Architektur der ETH Zürich und zum Nachlass von Cornelis van Eesteren am Het Nieuwe Instituut in Rotterdam.

Jesko Fezer, Christian Hiller, Alexandra Nehmer, Philipp Oswalt

Introduction

Collective and Exhibition

In January 1931, an initiative of revolutionary architects, construction workers, and students joined forces in Berlin to form the *Arbeitsgemeinschaft für sozialistisches Bauen* (Working Group for Socialist Architecture).[1] Their objective was to develop a Marxist theory of building science,[2] to employ architecture as a "weapon in the class struggle," and "to take a leading role in putting an end to the old world and building a new one."[3] As stated in the *Antrag: Arbeitsprogramm* (Proposal: Work Program),[4] one of the few surviving original documents, the collective was founded in the wake of a lecture at the *Marxistische Arbeiterschule* (Marxist Workers' School—MASCH) given by architect and city planner Arthur Korn at the invitation of the *Roter Studentenclub* (Red Students' Club) at Berlin's *Technische Hochschule* (later the Technical University). Korn's lecture was followed by a series of seminars, which he organized on the topics of city planning, housing, traffic, and administration. As noted in the *Jahresbericht 1931* (Annual Report),[5] these seminars had the ultimate goal of "the general Marxist, economic and political education of each individual member."[6] In summer 1931, the group already had over 120 members.[7] The collective was actually founded in Arthur Korn's apartment, and he remained the group's leading figure.[8] It was Korn who drafted the strategic steps, was in close contact with the Communist Party, and explained Soviet ideas in architecture and city planning to his students.[9]

On June 2, 1931,[10] the *Kollektiv für sozialistisches Bauen* (Collective for Socialist Architecture), as the group was now called, opened the *Proletarische Bauausstellung* (Proletarian Building Exhibition) in Berlin's Köpenicker Straße.[11] Held just five months after the group was founded, this was not just its first public action, but also its main project. The impetus for its critique of the present state of architecture and propagation of a program of Marxist architecture came from the *Deutsche Bauausstellung* (German Building Exhibition), held at the same time at the official trade fair exhibition ground in Berlin. The paper setting out the agenda of the Proletarian Building Exhibition[12] launched a direct attack against this "sheer trade fair" which, through capitalist rationalization, would lead to "greater exploitation, lower wages, and increased unemployment among the proletariat." In this paper, the collective presented its own biting riposte to the slogan *Die Wohnung unserer Zeit* (The Dwelling of our Time), the title of the main section of the German Building Exhibition designed by Mies van der Rohe: "Yet [... that dwelling ...] does exist without doubt: 100 people have to 'live' in an old horse stable, 12 people have to call one room home! That is the housing of our day!"[13]

The Proletarian Building Exhibition attempted to cast light on the mechanisms driving the capitalist housing industry which were the underlying cause of the housing shortage. The Proletarian Building Exhibition's position paper took "Poor housing is an insoluble component of the capitalist system" as its maxim, a quintessential thesis put forward by Friedrich Engels in his 1872 essay "Die Wohnungsfrage" (The Housing Question). The exhibition also presented a dialectical analysis of urban development, attempting to show how the growth of cities mirrored social power and the relations of production. Three display panels helped to illustrate the various urban dispositifs dedicated to the "Cities of the Ancient World," "USA," and "USSR."[14] Together with one other panel, these four illustrated panels, thought to be the work of Hubert Hoffmann who was involved with the Bauhaus, are the exhibition's only surviving exhibits today.[15] There was, however, also another purpose. In presenting concepts of housing and city planning based on Soviet models, the exhibition also underscored its proposals for radically restructuring cities. The fourth of the panels, entitled "The City as Hotel and Factory," presented the collective's core concept—a linear city with functional zoning to separate production, culture, housing, and recreation.

The Collective for Socialist Architecture criticized architecture and the construction industry for not taking account of the real social conditions. Moreover, this critique was not aimed at Mies van der Rohe and the German Building Exhibition alone, but also at a series of modernist architects such as "wagner, gropius, mächler, taut, gutkind, rappaport, heiligenthal, reuter, julius hirsch," whose approach was far more informed by social reform ideas.[16] In the words of the *Abschrift* (Copy),[17] the bourgeois "front from may to le corbusier" ought to be "opposed by a strong marxist front."[18] To achieve this objective, what had to be applied was an "elastic method" which, on the one hand, built on convincing and integrating the alleged bourgeois architectural profession, but "on the other, knows how to bluntly formulate the laws of marxism." This approach, the text continues, "has shown itself as vastly superior; especially at those moments when, in one case, an attempt is made to obfuscate the contradictions and, in another, to violently force them apart."[19]

The strategic reference to the prominent German Building Exhibition and to the *Congrès internationaux d'architecture moderne* (International Congresses of Modern Architecture—CIAM) meeting held at the same time in the city resulted in "a large number of specialists from abroad, the students of the Bauhaus Dessau, representatives and groups from mass organizations"[20] visiting the exhibition.[21] During the preparatory meeting for the planned CIAM congress in Moscow in 1932, Arthur Korn, who was also a member of

CIAM, sought to have his particular political stance adopted in the overall objectives. In the Collective for Socialist Architecture's Annual Report, he expressed the intention of making use of findings obtained by the group "at the International Congress of Modern Architecture on the topic of 'The Functional City.'"[22]

After the Proletarian Building Exhibition ended, the collective developed into a network with local branches in other cities numbering, in the meantime, around 400 members.[23] As the Nazi Party's grip over Germany strengthened, the collective's members faced growing persecution. Hubert Hoffmann, for example, noted that the Nazis arrested Lonny Behrmann and Paul Hoffmann, both members of the collective, during an anti-fascist action, interrogated and then murdered them.[24] After the National Socialists seized power in 1933, the collective may have continued its activities "in small groups in the underground, but it ceased to exist in practical terms."[25] For many members, the only option was emigration.[26]

Reports

The Proletarian Building Exhibition was primarily announced and reviewed in the press affiliated to the Communist Party of Germany (KPD). *Die Rote Fahne* (The Red Flag) newspaper and the *Linkskurve* (Left Turn) magazine, for example, both published numerous articles on the collective and the exhibition.[27] Several reviewers highlighted the exhibition's clearly reasoned position and its formal incisiveness. It was this, the architectural critic Adolf Behne noted in the *Welt am Abend*, that made the "uncompromisingly drastic" depiction of the housing shortage so successful, and the resulting criticism and demands so convincing.[28] Similarly, *Die Form*, the journal of the *Deutscher Werkbund* (the association of architects, designers, and industrialists) particularly praised the exhibition's effectiveness, especially in contrast to the "encyclopedic indecisiveness" evident at the German Building Exhibition, adding that "the energy displayed here with very basic, even meagre means, has a threatening quality when com pared with the machinery of power, so gigantic yet so contradictory in itself, in the west of the city."[29] Besides a piece about the *Deutsche Bauausstellung*, Siegfried Kracauer contrasted in his review for the *Frankfurter Zeitung* the Proletarian and the German Building exhibitions, noting that, "Whoever visits the official exhibition in the west of the city should not miss this one in the east. This exhibition has put down its roots in an environment that could itself be a demonstration model. And precisely because of its one-sidedness, it sharpens our eyes for certain planning devices and ambitions whose unstoppable expansion can be sensed in certain halls in the *Messehallen*."[30]

The architectural journal *Bauwelt* criticized the exhibition from a mainstream centrist perspective. "Here," it commented, "construction is solely to serve 'the collective,'" and argued that this entirely disregards the role of families which are the basis of all communities. The journal disputed whether the exhibition was capable of offering any solutions at all since "The building exhibition actually has very little to do with building."[31] Instead, the article concluded, everything is exploited for its "political and propagandist value." *Das Werk*, the journal of the Federation of Swiss Architects (FSA) and the *Schweizer Werkbund* (the Swiss Work Federation—SWB), doubted whether a building concept based on Soviet principles could be implemented in Western cities.[32] The architectural journal *Deutsche Bauzeitung* published a Marxist critique of the Proletarian Building Exhibition praising its pertinent sociocritical research into the capitalist housing industry as a necessary indictment of the German Building Exhibition, yet rejecting its city planning analyses and objectives as an "abstract, barbaric superficiality"[33] which thus presents a distorted picture of socialist city planning and development.

The German press did not mention the Proletarian Building Exhibition again until 1955 when the weekly *Die Zeit* published an article contrasting architecture and city planning in East and West Berlin.[34] In 1977, Jürgen Kramer located the Collective for Socialist Architecture within the parallel revolutionary movements of creative proletarian trends in the Weimar Republic and, in particular, described the link to the *Assoziation Revolutionärer Bildender Künstler Deutschlands* (Association of Revolutionary Visual Artists of Germany ARBKD, also known as the ASSO).[35] In 1981, to mark the fiftieth anniversary of the Proletarian Building Exhibition, Kurt Junghanns set out to track down those who might have been involved in it. As the minutes of his discussions show, although he contacted around a dozen people, more often than not his quest proved unsuccessful.[36] However, he did receive fruitful information from former members Benny Heumann and Gerhard Kosel—the latter by President of the *Bauakademie der DDR* (Building Academy of the GDR) from 1961 to 1965.[37] Both of them had already written about their involvement in the Proletarian Building Exhibition.[38] In his report, Junghanns summarized the key facts on and insights into the Proletarian Building Exhibition.[39] The last extensive mention of the Proletarian Building Exhibition by a participant was in Hubert Hoffmann's obituary of Arthur Korn published 1982 under the title "Erinnerungen an Arthur Korn" (Memories of Arthur Korn).[40]

Conference and Publication

In 2014, the *Wohnungsfrage* project revived research into the Proletarian Building Exhibition with the aim of reassessing the available sources and re-evaluating the importance of the exhibition in the context of the modernist architectural movement.[41] Over thirty years after the last in-depth discussion of the Proletarian Building Exhibition, it was possible to bring together a group of researchers whose work addresses the particular individuals involved, the associated institutions, and the main themes. The topics of the following contributions are the result of a workshop held in March 2015 at the Haus der Kulturen der Welt. They reflect the various research approaches and, by exploring the connection between these different perspectives, shed new light on the Proletarian Building Exhibition.

Building on Siegfried Kracauer's article written at the time, Karin Wilhelm introduces both the German and Proletarian Building Exhibitions, highlighting an ideological proximity previously unsuspected. While Kracauer read the German Building Exhibition as signaling a retreat from a sheer capitalist system triggered by the world economic crisis, the Proletarian Building Exhibition, as Wilhelm suggests in discussing its key concept of "The City as Hotel and Factory," was rooted in an illusionary knowledge of the Soviet Union informed by the Western bourgeois world.

Andreas Zeese examines Arthur Korn's activities as the founder of the Collective for Socialist Architecture and initiator of the Proletarian Building Exhibition in terms of a turning point in Korn's life, both professionally and politically. Here, he views "The City as Hotel and Factory" as a major product of Korn's work, and traces its further development in inspiring Korn's best-known city plan, the visionary Modern Architectural Research (MARS) Group design for London, developed by the British CIAM group under Korn's guidance as chair of the MARS sub-committee.

Pedro Moreira considers the contribution of the young generation of architects to the Proletarian Building Exhibition as illustrated by Alexander Altberg, whom he interviewed in Rio de Janeiro in 2003. Altberg's recollections provide an insight into the collective's anti-hierarchical design principle and the exhibition's improvised character. Thanks to Altberg's archived photographs, Moreira also offers a tentative description of the exhibition location.

The Proletarian Building Exhibition opened with a speech given by Hermann Duncker. Even though not a member of the collective, Duncker is, nonetheless, an important figure in these circles and was one of the best-known lecturers at the MASCH. In his close reading of contemporary reports of the exhibition and the MASCH curricula, Heinz Deutschland reveals the spaces for exchanges between communist ideologues and key representatives of modernist architecture.

In his essay, Philipp Oswalt explores the contrary positions of the German and Proletarian Building Exhibitions in the context of the period. As phenomena of 1931, he argues, they are clearly marked by the widening fractures in modernist architecture as its classical phase drew to a close. The opposing poles of this spectrum of views are represented by, on the one hand, Mies van der Rohe with his less politicized aims and, on the other, the groups calling for politically radicalizing architecture. Moreover, given Germany's economic and political situation, even those modernist architects inspired by social reform ideas were evermore pessimistic about the possibility of *Neues Bauen* (New Architecture) gaining traction here, and increasingly put their hopes in developments in the Soviet Union.

Thomas Flierl in his essay locates the Proletarian Building Exhibition in the context of the political developments in the Soviet Union. He traces their arcs of tension and underlying discourse structures to demonstrate an affinity between the international New Architecture movement and Soviet modernization. Among other things, this affinity was based on the hope that abolishing the private ownership of land would create the politico-economic conditions enabling modern architecture and city planning to develop their full potential.

Tatiana Efrussi relates the Proletarian Building Exhibition to debates on proletarian architecture in the Soviet Union, which, in fact, the Collective for Socialist Architecture only knew imprecisely. After locating the struggles between the various architectural movements there within the larger context of the "cultural revolution," she also considers Hannes Meyer's relationship both to the Collective for Socialist Architecture as well as to the Soviet VOPRA group of proletarian architects.

Inspired by circumstantial evidence suggesting that a delegation of CIAM members may have visited the Proletarian Building Exhibition, Gregor Harbusch and Daniel Weiss consider another important link to European modernist architecture. On the basis of materials including personal exchanges of letters between Walter Gropius, Sigfried Giedion, and Cornelis van Eesteren and their marginal notes on related papers, Harbusch and Weiss discuss the role of the Proletarian Building Exhibition and Arthur Korn in the political disputes over CIAM policies in the early 1930s.

Included here also are extracts from the minutes of the CIAM Special Congress in Berlin. As these show, the disputes among these different groups of architects were not mere surface disagreements on analytical methods and attempts to find solutions, but express a fundamental rift over whether city planning and architecture are essentially political and, if so, what that political nature should be.

Translated from the German by Andrew Boreham.

1 See Jürgen Kramer, "Die Assoziation Revolutionärer Bildender Künstler Deutschlands (ARBKD)," Neue Gesellschaft für Bildende Kunst e. V. (ed.), *Wem gehört die Welt: Kunst und Gesellschaft in der Weimarer Republik* (Berlin 1977), 190.

2 See Kollektiv für sozialistisches Bauen, "Antrag: Arbeitsprogramm (Proposal: Work Program), Berlin 1931," Bauhaus-Archiv Berlin (Erwin Gräff file). Reproduced and translated in this volume, pp. 148–53.

3 Kramer, "Die Assoziation Revolutionärer Bildender Künstler Deutschlands (ARBKD)," 190.

4 See Kollektiv für sozialistisches Bauen, "Antrag."

5 Collektiv (sic!) für sozialistisches Bauen, "Jahresbericht für das Jahr 1931" (Annual Report), Berlin 1932, p. 2, Bauhaus-Archiv Berlin (Erwin Gräff file). Reproduced and translated in this volume, pp. 146–47.

6 Ibid.

7 Kollektiv für sozialistisches Bauen, "Antrag," p. 2 of the document.

8 See Kurt Junghanns, "Vor 50 Jahren: Erste Proletarische Bauausstellung in Berlin 1931," *Architektur der DDR*, 30 (1981): 305.

9 Ibid.

10 Kollektiv für sozialistisches Bauen, "Antrag," p. 2 of the document. Other written sources cite different opening dates and exhibition venues. Kurt Junghanns, for example, notes that the exhibition ran from late May to July 1 (See Junghanns, "Vor 50 Jahren," 305). According to Benny Heumann, the collective organized the exhibition in April 1931 in Neukölln. See Benny Heumann, "Uns begrüßte Lenins Stimme," in: Institut für Marxismus-Leninismus beim ZK der SED (ed), *Im Zeichen des roten Sterns. Erinnerungen an die Traditionen der deutsch-sowjetischen Freundschaft* (Berlin 1974), 17–28, 26.

11 See Kramer, "Die Assoziation Revolutionärer Bildender Künstler Deutschlands (ARBKD)," 190–91.

12 Kollektiv für sozialistisches Bauen, "Proletarische Bauausstellung, Berlin 1931," program for the Proletarian Building Exhibition, Het Nieuwe Instituut Archives, Rotterdam/Collection Van Eesteren-Fluck & Van Lohuizen Foundation (EFL), The Hague. Reproduced and translated in this volume, pp. 26–46.

13 Ibid., p. 1 of the document.

14 Reproduced and translated in this volume, pp. 89–105.

15 The panels are to be found in the Hubert-Hoffmann-Sammlung at the Baukunstarchiv der Akademie der Künste, Berlin, which also lists Hoffmann as the author of the panels. His "Erinnerungen an Arthur Korn" (Memories of Arthur Korn) also mentions that he was the panels' author. The panel title is cited there as "Hubert Hoffmann, Seminararbeit im Kollektiv Arthur Korn für die 'Proletarische Bauausstellung,' Berlin 1930." See Hubert Hoffmann, "Erinnerungen an

Arthur Korn," in: *Bauforum. Fachzeitschrift für Architektur, Bau, Energie*, 90, 15 (1982/V): 35–37, here 35.

16 Kollektiv für sozialistisches Bauen, "Abschrift (Copy)," p. 3 of the document, Het Nieuwe Instituut Archives, Rotterdam/Collection Van Eesteren-Fluck & Van Lohuizen Foundation (EFL), The Hague. Reproduced and translated in this volume, pp. 154–59.

17 Ibid.

18 Ibid., p. 1 of the document.

19 Ibid.

20 Kollektiv für sozialistisches Bauen, "Antrag," p. 2 of the document.

21 Evidently, a series of CIAM members did visit the exhibition. The Archives of the Institute for History and Theory of Architecture (gta Archives) at ETH Zurich include, for instance, notes by Werner M. Moser about his visit to the Proletarian Building Exhibition.

22 Collektiv (sic!) für sozialistisches Bauen, "Jahresbericht."

23 Heumann, "Uns begrüßt Lenins Stimme," 26.

24 See Hoffmann, "Erinnerungen an Arthur Korn," 37.

25 Junghanns, "Vor 50 Jahren," 307.

26 In 1939, Arthur Korn emigrated to the United States via Mexico. From America, he then moved to London where he was a key figure in developing the CIAM group's Modern Architectural Research or MARS plan. Alexander Altberg emigrated to Brazil to join his family. Gerhard Kosel lived in the Soviet Union until 1945, and was later appointed President of the *Bauakademie der DDR* (Building Academy of the GDR). In addition, he was deputy Minister of Building in East Germany. He claimed that "essential theoretical positions" in the Proletarian Building Exhibition had been integrated into architectural theory and the ideas it propagated had been realized. See Gerhard Kosel, "Briefwechsel mit Kurt Junghanns, Bemerkungen zum Manuskript, Vor 50 Jahren – Erste proletarische Bauausstellung in Berlin 1931," Baukunstarchiv der Akademie der Künste Berlin (Kurt Junghanns Papers, No. 60/5, collection of material about the Proletarian Building Exhibition, 1931).

27 See the reviews in *Die Rote Fahne* (February 12, March 3, April 22, May 31, June 5 and 24, 1931), and *Die Linkskurve*, 5 (1931) as well as *Die Linkskurve*, 7 (1931).

28 Adolf Behne, "Proletarische Bauausstellung. Mitten in die Welt des Proletariats gestellt," *Die Welt am Abend*, 9, 132 (June 10, 1931).

29 "Proletarische Bauausstellung," *Die Form*, 6 (1931): 279–80; here: 279.

30 Siegfried Kracauer, "Bauausstellung im Osten (*Frankfurter Zeitung* Abendblatt, June 22, 1931: 1)," in: Andreas Volk (ed.), *Berliner Nebeneinander. Ausgewählte Feuilletons 1930–33* (Zurich 1996), 122–24, here 123–24; English translation by Iain Boyd Whyte with David Frisby (eds), *Metropolis Berlin 1880–1940* (California 2012), 496.

31 "Proletarische Bauausstellung," *Bauwelt*, 26 (1931): 886.

32 See Dora Landau, "Berliner Chronik," *Das Werk*, 18 (1931): 37–38.

33 Rudolf Rucker, "Die Sozialistische Stadt," *Deutsche Bauzeitung*, 3 (1933): 1–3. The article by architect Rudolf Rucker from the *Arbeitsgemeinschaft Sozialistischer Architekten* (Association of Socialist Architects) is a reply to a position paper by Martin Mächler for the *Siedlungswissenschaftlichen Arbeitsgemeinschaft* (Working Group on Settlement and Housing), or *Siewag*.

34 Sabina Lietzmann, "Berlins doppeltes Gesicht," *Die Zeit* (January 6, 1955).

35 See Kramer, "Die Assoziation Revolutionärer Bildender Künstler Deutschlands (ARBKD)."

36 See Minutes of discussions by Kurt Junghanns, Baukunstarchiv der Akademie der Künste Berlin (Kurt Junghanns Papers, No. 60/5 collection of material about the Proletarian Building Exhibition, 1931).

37 Gerhard Kosel edited the text, not only as a former member of the collective, but also as former President of the *Bauakademie der DDR* and as a party functionary. Junghanns rejected a large proportion of Kosel's changes.

38 Benny Heumann, "Der Einfluss der Entwicklung von Städtebau und Architektur der Sowjetunion auf die Diskussionen unter den deutschen Architekten am Anfang der dreißiger Jahre," in: *Architektur der DDR*, 21, 12 (1972): 728. And: Gerhard Kosel, "Mein Lehrer Bruno Taut," in: *Architektur der DDR*, 29, 4 (1980): 204–08.

39 Admittedly, in some cases the details given by Kurt Junghanns contradict the historical documents, see note 10.

40 See Hoffmann, "Erinnerungen an Arthur Korn," 35–37. Individual references occur later, in particular in the context of discussions on Hannes Meyer and Berlin's postwar planning: Winfried Nerdinger, "'Anstößiges Rot'. Hannes Meyer und der linke Baufunktionalismus – ein verdrängtes Kapitel Architekturgeschichte," Bauhausarchiv Berlin und Deutsches Architekturmuseum (ed.), *Hannes Meyer 1889–1954, architekt urbanist lehrer* (Frankfurt am Main and Berlin 1989), 12–29; Jörn Düwel, "Berlin: Planen im Kalten Krieg," in Akademie der Künste Berlin (ed.), *1945: Krieg – Zerstörung – Aufbau, Architektur und Stadtplanung 1940–1960* (Berlin 1995), 195–234.

41 The source materials are located in the Bauhaus-Archiv Berlin, in the Baukunstarchiv der Akademie der Künste Berlin, in the Bundesarchiv (Federal Archives), Berlin, in the gta Archives/ETH Zurich, and in the Het Nieuwe Instituut Archives, Rotterdam/Collection Van Eesteren-Fluck & Van Lohuizen Foundation (EFL), The Hague.

Pius Pahl, Eingang / Entrance
Proletarische Bauausstellung, 1931

Karin Wilhelm

Anmerkungen zur Rekonstruktion eines (Schein)Konflikts: Die *Proletarische Bauausstellung* und die *Deutsche Bauausstellung* in Berlin 1931

Siegfried Kracauer, promovierter Architekt und Feuilletonchef der *Frankfurter Zeitung*, berichtete 1931 in mehreren kurzen Beiträgen über die in Berlin stattfindende *Deutsche Bauausstellung* auf dem in Fertigstellung begriffenen Messegelände in der Nähe des Kaiserdamms. Bereits am Tag der offiziellen Eröffnung am 9. Mai 1931 konnte man in seiner ersten kritischen Stellungnahme lesen, wie „verwirrend" der erste Eindruck durch die „Fülle der Objekte" und die große Anzahl der Aussteller zwischen Bauwirtschaft, preußischer Staatshochbauverwaltung, Bausparkassen oder der Architektenprominenz des „Deutschen Werkbunds" (der sich als Organisation aus dem Ausstellungsgeschehen allerdings zurückgezogen hatte) und dem „Bund Deutscher Architekten" gewesen sei. Immerhin, so Kracauer, sei die Fahrt mit der „Liliputbahn" über das weitläufige Ausstellungsgelände äußerst vergnüglich und „schon heute" lasse sich trotz der oberflächlichen Betrachtung sagen, dass die Bauausstellung „[...] inmitten der Wirtschaftskrise eine erstaunliche Leistung"[1] darstelle.

Vieles wirkte auf den Rezensenten anregend, vor allem aber prognostizierte er der Abteilung „Internationale Ausstellung für Städtebau und Wohnungswesen" ein großes Publikumsinteresse, da hier immerhin „22 Staaten"[2] ihre Position zum modernen Städtebau präsentiert hatten. Im Gegensatz zu anderen Kritikern, die, wie Josef Gantner, in der verwirrenden Überfülle der behandelten Themen und Ausstellungsabteilungen nur „ein Potpourri"[3] erkennen konnten, entdeckte Kracauer in solchen „Bruchstücken vieler Melodien" (Gantner) die Plausibilität des Faktischen. Sein Fazit lautete: „Das Nebeneinander [...] entspricht durchaus den anarchischen Verhältnissen, die innerhalb der Wirtschaft herrschen [...] es ist immer besser, den faktischen Zustand zu spiegeln, als ihn zu beschönigen; [...]"[4]

Wie angekündigt, widmete sich Kracauer in seinem drei Tage nach der Eröffnung publizierten, ausführlicheren Kommentar der Abteilung zum Städtebau- und Wohnungswesen. Mit Erstaunen registrierte er, dass sich der internationale Städtebau offenbar auf ein strukturelles Dilemma zubewegte, denn in vielen grundlegenden Planungsparametern steuerten die vorgestellten Stadtentwicklungskonzepte unterschwellig auf einen systemtranszendierenden Widerspruch zu. In der öffentlich geförderten Stadtentwicklungspolitik (Hauszinssteuer, entschädigte Grundbesitzenteignungen) wie sie Kracauer aus dem in Frankfurt am Main unter Ernst May entwickelten Siedlungsbau und aus Berlin mit dem wegweisenden Stadtbaurat Martin Wagner und dem Architekten Bruno Taut vertraut war, zeigte sich ihm ein „Geist [...], der sich mit manchen privatwirtschaftlichen und politischen Grundsätzen kaum noch verträgt."[5] Seinem analytischen Beobachterblick war nicht entgangen, dass sich im Städtebau auf internationaler Ebene inzwischen ein neuer kommunalpolitisch strukturierter „Charakter der Planwirtschaft" durchzusetzen begonnen hatte. So diagnostizierte Kracauer, dass die Städtebauausstellung selbst – wenn auch unter der Oberfläche – „ein Signal wesentlicher gesellschaftlicher Veränderungen [...]"[6] (re)präsentiere.

Dieses Signal der Gesellschaftsveränderung, das Kracauer in der internationalen Städteplanung „gehört" hatte, das er aber in seiner Brisanz nur vage deutete, ist im Jahre 1931 unzweifelhaft durch die sozialen Erschütterungen nach der Weltwirtschaftskrise von 1929 mit der bedrohlich hohen Arbeitslosenquote zutage getreten.[7] Infolge des Börsenkrachs war es weltweit und in den Kommunen der Weimarer Republik in besonderem Maße zu einem dramatischen Einbruch der Bautätigkeit und der zumeist genossenschaftlich organisierten Wohnungsfürsorge gekommen. Vor diesem Hintergrund hatten die viel und politisch kontrovers diskutierten Themen einer sozial ausgewogenen Bodenrechtsfrage, die Maßnahmen der sozialisierten Wohnraumbewirtschaftung und nicht zuletzt die Idee der Vergesellschaftung des Eigentums an Grund und Boden ihre kapitalismuskritischen Spuren nun auch in der *Internationalen Ausstellung für Städtebau und Wohnungswesen* hinterlassen. Kracauer hat damals feinsinnig bemerkt, dass sich im europäischen Städtebau inzwischen Ideen einer sozialistisch geprägten Raumökonomie mit Mechanismen einer dem freien Markt verbundenen Stadtraumbewirtschaftung amalgamierten und diese letztlich infrage zu stellen begannen. Es war nur folgerichtig, dass sich in dieser nervösen Debattenkultur auch Kracauers Interesse auf Strategien richtete, die im Umkreis der Sozialdemokratie und der Kommunistischen Partei Deutschlands diskutiert und in deren intellektuellem Milieu mit den Entwicklungen im jungen Sowjetstaat in Verbindung gebracht wurden.

Die UdSSR und die Proletarische Bauausstellung

Seit der Gründung der UdSSR im Jahre 1922 hat die Aufmerksamkeit der deutschen Städteplaner und Architekten zunehmend dem hier angestoßenen Projekt zur grundlegenden Vergesellschaftung der Produktionsmittel und der damit verbundenen Kollektivierung des Grundeigentums gegolten. Wie sich in diesem beispiellosen Systemwandel die Ideen für eine sozialistische Stadt realisieren sollten, wurde seit Oktober 1928 im Rahmen eines ambitionierten Fünfjahresplans im Bau neuer sowjetischer Industriestädte erkennbar. Die vorliegenden unterschiedlichen Konzepte neuer Wohn- und Arbeitsorganisationsmodelle für das zu entfaltende, eigensinnige proletarische Leben konnte während der Bauausstellungswochen naturgemäß mit einer hohen Aufmerksamkeit rechnen. Hinzu kam, dass der Aufbau dieser neuen städtischen Agglomerationen eine Aufgabe war, an der junge, politisch engagierte Architekten und Architektinnen aus Deutschland, Österreich und der Schweiz – allen voran der ehemalige Frankfurter Stadtbaurat Ernst May – maßgeblich beteiligt waren. Als dann der seit 1930 im jungen Sowjetstaat arbeitende Ernst May im Juni 1931 über den Aufbau dieser sozialistischen Städte in Berlin sprach, hat Kracauer auch darüber ausführlich in der *Frankfurter Zeitung* berichtet. Unzweifelhaft von der „Kühnheit" jenes Aufbauwerks begeistert, unterließ es der Kommentator jedoch nicht, auch die Schwierigkeiten zu schildern, die May in seinem Vortrag nicht verschwiegen hatte: den Mangel an ausgebauten Transportwegen, die ungenügend entwickelte Bauindustrie und nicht zuletzt die in manchen „Landstrichen“ anzutreffende Rückständigkeit einer Bevölkerung, die „[...] sich noch in einem völlig unzivilisierten Zustand“[8] befinde. Wiewohl Kracauer den „Heroismus“ der Arbeitsleistung im Aufbau der neuen sowjetischen Industriestädte betont hat, so blieb er doch einem Realitätssinn verpflichtet, der die Schwierigkeiten im Aufbau eines verklärten Sozialismus zumindest wahrnahm. Im Kontrast zu dieser Sicht gab es in Berlin allerdings auch jene dem Möglichkeitssinn der Geschichte nachspürende Architektengruppierung, die das Berliner Publikum mit visionären Ideen für eine „Stadt der Zukunft“ auf der Basis „der Lösung [...] der Vorschläge in der U.d.S.S.R“[9] bekannt machte.

Diese sowjetischen Planungsprozesse sind 1931 parallel zur *Deutschen Bauausstellung* in der *Proletarischen Bauausstellung* leitbildhaft thematisiert worden. Als Gegenposition zu der im „bürgerlichen“ Berliner Westen gezeigten Präsentation hatte die *Proletarische Bauausstellung* ihr Ausstellungsareal ostentativ im „proletarischen Norden“ (sic) der Köpenicker Straße in einer demolierten ehemaligen Knopffabrik gefunden. Als Veranstalter trat die „Kooperative für Sozialistisches Bauen“ auf, die 1930 in der Wohnung des in Berlin arbeitenden jüdischen Architekten Arthur Korn gegründet worden war und in der dieser bereits erfolgreiche Architekt des Neuen Bauens eine ideologisch prägende Rolle spielte.[10] Ihm verdankten sich prägende Aspekte zur Programmatik der proletarischen Städtebauabteilung, die neben einer historisch aufgebauten Stadtbauentwicklung Einzelfragen wie Probleme der Verkehrsentwicklung, der Stadtökonomie, des Wohnens oder des städtischen Grüns behandelte. Diese Darstellung fand ihren Höhepunkt im Ideenreich der „Stadt der Zukunft“. Im Programm war diese Idee auf die Formel gebracht worden, die „Stadt als Hotel und Fabrik“ zu denken und in dieser Kombination eine prototypische „Stadt der klassenlosen Gesellschaft“ zu konzipieren. Diese Stadt war als Gegenmodell zur klassendefinierten Stadt zu entwickeln, die von der „City (siehe Le Corbusier, Mächler) [...] (und dem) Markt [...] Heiligtum des Kapitals [...]“[11] beherrscht sei, so hatten es die Mitglieder des Kollektivs in ihrem Grundlagenprogramm formuliert. An die Stelle der City als Ort der kapitalistisch ausgerichteten Produktivkraft im Warenaustausch, die unweigerlich die Segregationswirkung entwickelte, den Stadtraum zwischen Arm und Reich, Bourgeosie und Proletariat zu trennen, sollte in der neu zu strukturierenden klassenlosen Stadt nun der Ort der wahrhaftigen Wertschöpfung, die Fabrik, als Zentrum der proletarisch konnotierten kollektiven Lebenswelt zum raumstrukturierenden Element avancieren. In dem Vortrag, den Ernst May am 5. Juni auf dem „Berliner Kongress für neues Bauen“ hielt, ist diese Theoriekonstruktion in Hinblick auf Strukturen der neuen sowjetischen Kollektivwirtschaft konkretisiert worden: „Die Städte des Westens erwachsen aus den Bedürfnissen des Handels und auf der Grundlage des Privateigentums. In der Sowjetunion entsteht die neue Stadt im unmittelbaren Anschluß an die Industrie und die Bildung großer Kollektivwirtschaften und Staatsgüter.“[12] Die städtebaulichen Leitbilder eines Wirtschaftsmodells dieser Art waren vielfältiger Natur; neben Auflösungsstrategien der alten Stadtstrukturen, deren Umbau und Erweiterung in Trabantenmodellen spielten die Neugründungen von Industriestädten, die gleichsam traditionslos planbar waren, eine bedeutende Rolle.[13] Nach welchem Muster nun die „Stadt der Zukunft“ für das künftige „Sowjetdeutschland“ zu errichten wäre, das die Mitglieder des Kollektivs für sozialistisches Bauen doch ersehnten, war weltanschaulich im Sinne der Dominanz der Diktatur des Proletariats unzweideutig. Die Planungen konkreter Raumstrukturen dieser Gesellschaftsformation aber blieben eher schemenhaft, wenngleich die jungen Berliner Ausstellungsmacher des Kollektivs auf Orientierungshilfen aus der Sowjetunion zurückgreifen konnten. In vielen Fachzeitschriften wurden Tendenzen des sich dort entwickelnden Städtebaus publiziert. Der Architekt Hans Schmidt, der 1930 aus der Schweiz in die Sowjetunion gegangen war, war einer der ersten, der über solche Stadtbilder anschaulich berichtete. Schon kurz nach seiner Ankunft in Moskau schrieb er 1931 über die beeindruckenden Modernisierungsmaßnahmen des neuen Moskau im kommunistisch orientierten *Basler Vorwärts*. Am Beispiel einer Straßenführung, der Leningrader Chaussee, ließ er Bilder einer beispielhaften Raumformation des sozialistischen Städtebaus aufleuchten: „Schnurgerade eilt diese Straße ins offene Land hinaus, eine asphaltierte Straße für Automobile und eine Autobuslinie, einen zwischen schattigen Bäumen verlaufenden Weg für Fußgänger und Velofahrer und schließlich eine weiche Straße für die langsam fahrenden und den harten Belag meidenden russischen Fuhrwerke [...] Zu beiden Seiten zunächst große Fabriken mit mehrstöckigen Gebäuden [...] Fabrikschulen, Klubgebäude, eine neu angelegte Wohnungsgruppe, eine große modern gebaute

Speiseanstalt mit einer Leistungsfähigkeit von 16,000 Mahlzeiten pro Tag, die von den Arbeitern der nächsten Fabriken auf dem schönen Weg zwischen den Bäumen erreicht werden kann [...] weiter wieder Fabriken für mechanische Instrumente mit Speisehalle und einfachem Klub an der Straße, eine Schule für das Anlernen von Invaliden, ein ‚Park der Erholung und Kultur' [...] jetzt schon Ausblicke ins freie Land, eine große Kooperative für Gemüsebau [...] zwischen den alten abbruchreifen Holzhäusern der Vergangenheit eine Siedlung moderner Holzstandardhäuser [...] drunten der Fluß [Moskwa], der hier im Frühjahr nach der Schneeschmelze einen richtigen See bildet und im Sommer ... von tausenden badenden Menschen bevölkert wird. Seht Genossen; das ist die Zukunft [...] wenn wir [...] von der Auflösung der Großstädte, von der Verbindung zwischen Stadt und Land"[14] sprechen. Schmidt vergaß nicht zu erwähnen, dass diese Leningrader Chaussee noch „Stückwerk" war, „selbst eben erst mit Asphalt belegt, selbst noch [...] mit Baracken und baufälligen Häusern bestanden." Aber Schmidt hoffte auf den Einsatz der „amerikanischen Maschinen", mit deren Hilfe und dem US-amerikanischen Know-how die moderne Sowjetstadt entstehen würde – für ihn kein Widerspruch zu Aussagen, die man im sozialistischen Baukollektiv programmatisch betont hat: „In der Burg der Hochfinanz Amerika und dem ersten Arbeiterstaat der U.d.S.S.R stehen sich heute die Pole der Welt gegenüber."[15] In der Sowjetunion zur Zeit des Fünfjahresplans aber galt dieser „Klassenfeind" als nützlich.

„Die Stadt als Hotel und Fabrik" – Die Bandstadt

Wie wir wissen, hat die Realisierung der *Proletarischen Bauausstellung* im Wesentlichen in den Händen der politisch engagierten Studenten Arthur Korns gelegen; Gerhard Kosel, damals Aktivist im Roten Studentenclub an der Technischen Hochschule Charlottenburg, hat später betont, dass es auch Studenten Bruno Tauts und Hans Poelzigs waren, die an diesem Projekt maßgeblich beteiligt waren. In welchem Ambiente und wie die Themenschwerpunkte im Kontext einer Kapitalismuskritik damals gezeigt worden sind, ist heute eher der atmosphärischen Berichterstattung der Presse zu entnehmen. So schrieb Siegfried Kracauer kurz vor dem Ausstellungsende am 29. Juni abermals in der *Frankfurter Zeitung:* „Propagandistisch wirksam hergerichtetes Anschauungsmaterial bedeckt die getünchten Wände. Es besteht aus Schriftsätzen, Ziffern und Photos und verfolgt selbstverständlich nur eine Tendenz: für das herrschende Wohnungselend die gegenwärtige Wirtschaftsordnung verantwortlich zu machen und hinzuweisen auf die besseren Zustände in Rußland."[16] Zur Einschätzung dessen, was sich im Bereich des Städtebaus in der Sowjetunion tat, konnten sich die in Berlin beheimateten Ausstellungsmacher auf zahlreiche Berichte der die Sowjetunion bereisenden Architekten, auf Beschlüsse der KPdSU ebenso wie auf authentische Konzepte, allen voran die 1930 erschienene Veröffentlichung Nikolaj Miljutins und seines Bandstadtkonzepts *Socgorod*, stützen. Arthur Korn, als Motor des Ausstellungskollektivs und intellektueller Kopf des Konzepts einer „Stadt als Fabrik und Hotel", hat Miljutins Bandstadtidee offensichtlich als Idealtypus dieser neuen Stadtorganisation propagiert.[17] Korn, der 1914 für einige Monate im „Zweckverband Groß-Berlin" gearbeitet hatte, also mit Städteplanung im großen Maßstab aus der Sicht seiner „bourgeoisen" Antipoden wie Martin Mächler wohl vertraut war, hatte schon 1928 ein Projekt für Berlin entwickelt, in dem er die seit Toni Garniers Cité Industrielle (1917) virulente funktional gegliederte Stadtidee aktualisierte. Wie Korn sich später erinnerte, hat sein Bandstadtkonzept auf der Vorlage einer Planung von „Ginsberg [sic]" den neuen Berliner Stadtraum in zwei parallel gegliederten Funktionssträngen eher schematisch vereinfachend gegliedert:, „[...] one for living and one for working, and in between a spine with a cultural centre, shopping facilities and a power grid. A similar solution was put forward by Miljutin in 1929 as a basis of towns in Russia."[18] Korn hat sein Bandstadtprojekt von 1928 offenbar auch in der *Proletarischen Bauausstellung* präsentiert, das einen Plan zeigte, „Berlin einfach verfallen zu lassen und an der Havel als Bandstadt neu aufzubauen."[19]

Von den Schautafeln, die Korns Parole für die neue „Stadt als Hotel und Fabrik" in einem künftigen „Sowjetdeutschland" illustrierten, geben jene Tafeln eine Vorstellung, die der am Dessauer Bauhaus unter Walter Gropius studierende, inzwischen in Berlin ansässige Hubert Hoffmann 1930 in einem Seminar Arthur Korns angefertigt hat. In Anlehnung an Miljutins diagrammatisch-grafische Bildargumentation, wenn auch vereinfacht, sind auf Hoffmanns Ausstellungstafel die Funktionsstränge des Produktions- und Wohnungsstreifens durch den Kulturstreifen getrennt und führen in den Peripherien in nicht weiter definierte Erholungsgeländezonen. Dazu las man: „Die Stadt ist die Produktionsstätte und die Wohnung des Proletariats. Die Stadt als Hotel und Fabrik. Die Industrie drängt heute zur Konzentration. Dem hat die Stadt zu folgen (Hochhäuser). Deshalb kurze Verbindungswege. Die Querverbindung von der Wohnung zur Fabrik erfordert 5 Minuten. Der heutige Verkehr mit 50 Minuten kostet 2 Milliarden Mark. Die Wohnungen liegen im Park. Zum ungehinderten Verkehr ist das Erdgeschoß offen [...] mehrere Menschen können ihre Zellen gemeinsam zusammenfassen. Alle Innen und Aussenwände sind beweglich, der Bau ist montagemäßig auszuführen und leicht."[20]

Alles, was sich hier in die Stadtstruktur einschreibt, folgt einem technokratisch organisierenden Planungsdenken, dem man auch auf der *Deutschen Bauausstellung* begegnen konnte. Walter Gropius sollte einige Aspekte in der Novembernummer des *Zentralblattes der Bauverwaltung* 1931 als „Wohnhäuser im Grünen" diskutieren und dabei eine architektonisch und haustechnisch vom Kommunehauskonzept inspirierte Stadtorganisation für die Großstadt vorstellen. In seinem Beitrag plädierte er für das „mehretagige Großhaus" mit „zentralen Bewirtschaftungsanlagen. [...] (Es sollte) auch gemeinsame Klubräume, Sportanlagen und Kindergärten" geben, die im Hochhaus konzentriert waren, mit dem Ziel, die Mietkosten für alle Familien senken zu können. Ein Hochhaus dieser Art verschaffe, so Gropius, einen weiteren ökonomischen Vorteil, da es der Sinn dieser Wohnform sei, den in dieser Raumbewirtschaftung enthaltenen „Zeitgewinn in das Allerwichtigste umzumünzen, in Lebensgewinn!"[21] Gropius plädierte hier nicht, wie der Kollege Bruno Taut es getan hatte, für die Auflösung jener Stadtstrukturen, die in der Verdichtung von Mietwohnungen mit der Mietskasernenstadt des 19. Jahrhunderts entstanden waren. Er propagierte vielmehr deren „Auflockerung" durch Integration des Grüns, das er im übrigen auf die Dachgärten der Hochhäuser zurückholen wollte – ein Konzept, das derzeit wiederbelebt wird.

Trotz seiner Kritik an den skrupellosen Spekulanten verabschiedete Gropius den Eigentumsbegriff nicht vollständig; auch die Familie als politisch geschützte Institution stellte er nicht infrage. In der Besiedelungskonzeption einer größtmöglichen Nähe von Produktions- und Wohnarealen mit Gemeinschaftseinrichtungen (z. B. Siedlung Siemensstadt ab 1929), hat Gropius damals eine kommunal gelenkte Administration vorausgesetzt, die, wie Kracauer richtig bemerkt hat, dem „Charakter der Planwirtschaft" vergleichbar war.[22]

Im Bandstadtkonzept der „Stadt als Hotel und Fabrik" des Gropius-Schülers Hubert Hoffmann sind die Parallelen zur Typologie der von Gropius angesprochenen Stadtarchitektur sichtbar. Allein in den soziologisch definierten Strukturen konkretisierte die Ausstellungsprogrammatik der *Proletarischen Bauausstellung* jene Bedingungen, die als Alternativen zum Erscheinungsbild der kapitalistischen Stadtökonomie die grundlegend neue Stadtorganisation begründen mussten. In der Programmatik des sozialistischen Baukollektivs sind die Aspekte einer neuen Soziologie des Städtebaus skizziert worden, die alle um das Konzept zur Transformation der bürgerlichen Familie in der Sowjetunion und ihrer Reproduktionsleistungen kreisten. Solche Ideen, eine sozialistische Alternative zum herkömmlichen, „bürgerlich" klassifizierten Familienverband und seiner Arbeitsteilung zu entwickeln, spielten im Projekt der *Proletarischen Bauausstellung* im Leitbild des „Wohnkombinats"[23] eine wichtige Rolle.

Schon dieser Begriff offenbart seine Bindung an die Bedingungen konzentrierter Produktivität der rationalisierten Industriearbeit, die im Gesellschaftsaufbau der proletarischen „Stadt als Fabrik" eine entscheidende Rolle spielte und darin immer auf diese eine Bezugsgröße hin gedacht wurde: Man plante räumliche Strukturen, die Zeit einsparen halfen, um sie auch als Arbeitszeit (hier immer als produktive Fabrikarbeit gedacht) nutzen zu können. Das damit verknüpfte emanzipatorische Konstrukt des „Wohnkombinats" galt zunächst ganz allgemein im Gleichstellungspostulat von Mann und Frau, die durch die Freistellung von der Kindererziehung „entlastet" ist. Die neue Persönlichkeit der im Kollektiv betreuten Kinder konnte hinfort in eigens dafür einzurichtenden Institutionen erarbeitet werden. Schließlich wurden die Frauen auch von der individuellen Haushaltung (Kochen, Putzen, Pflege, etc.) freigestellt. Die bestehenden Klein- und bäuerlichen größeren Familien gingen jetzt in kollektiven Versorgungsformationen auf, und die künftige Stadtstruktur des siegreichen Proletariats sollte diesen Ansprüchen, die alle den industriellen Produktivitätsanforderungen entsprachen, dienen.[24] Das so ausgerichtete Proletariat unterlag im Konzept der „Stadt als Fabrik" der rationalisierten Fabrikarbeit, um die frei gesetzte Reproduktionszeit zunächst für Arbeitsleistungen aufbringen zu können – und das Bandstadtkonzept war doch auch mit dem Effekt betraut, den Arbeiterinnen und Arbeitern eine angenehme, naturnahe Freizeitnutzung zu garantieren, oder, wie Gropius das nannte, um „Zeitgewinn als Lebensgewinn" realisieren zu können.

Die sozialistische Stadt, die keine sein darf

Diese Vorstellung eines qualitativ höher stehenden Lebensgewinns für das Proletariat hat sich in der Formel von der „Stadt als Hotel“ mit einer merkwürdigen Überlagerung von mentalitätsprägenden Erfahrungswerten verknüpft, die einerseits den modernisierten, luxuriös-großstädtischen Lebensstilen einer Stadt wie Berlin um 1930 geschuldet waren, die sich nun andererseits in revolutionär aufgeladene Zukunftsbilder einer von Zwängen des Alltags befreiten, klassenlosen Gesellschaft einschleusten.[25] Dass der Proletarier im Hotelkonzept die Privilegien einer wie auch immer verteilten Dienstbarkeit Anderer im Alltag genießen konnte, setzte eine Form der Arbeitsteilung voraus, die mit dem Blick auf die Sowjetunion der Jahre um 1930 als frei gewählt erscheinen mochte, wäre aber de facto nach wie vor allein in Strukturen der klassischen Dienstleistungsgesellschaft denkbar gewesen. Vom Programm eines Servicehauses wie es Le Corbusier plante, ist die Idee einer proletarischen „Stadt als Hotel“ daher nur im räumlichen Maßstab entfernt.[26]

In diesem Zusammenhang ist es wichtig, sich kurz die Gegenposition zu vergegenwärtigen, die Korn und seine Mitstreiter in Deutschland vor Augen hatten und die sie mit den Namen Martin Mächlers und dem des damaligen Stadtbaurats Martin Wagner verbanden. Mit dem Bandstadtkonzept richtete man sich gegen die Vertreter der „Siedlungswissenschaftlichen Arbeitsgemeinschaft“ (Siewag), die, wie Martin Mächler, den Städtebau aus der wirtschaftlichen und kulturellen Position der konsumverteilenden City heraus entwickeln wollten. Auch der durch Berlins Stadtbaurat Martin Wagner propagierte Slogan, die „Stadt als Betrieb“ unter den gesetzgebenden Augen einer regulierenden Bauadministration gleichsam unternehmerisch zu entwickeln, hatte ja im Programm der „Stadt als Fabrik“ bereits ihr gleichsam proletarisch konnotiertes Korrektiv erhalten. Mächler, der die *Proletarische Bauausstellung* 1932 abermals kommentierte, fand Korns Formel „Stadt als Hotel und Fabrik“ amüsant, aber untauglich, um die Stadtentwicklung der Zukunft aus der Perspektive der Ökonomie überhaupt fassen zu können.

Wie kontrovers das Konzept Arthur Korns beurteilt wurde, hat Gerhard Kosel in einem Brief an Kurt Junghanns später betont. Es sei nicht das (Studenten-) Kollektiv gewesen, das diese Formel wählte; sie war vielmehr „[...] eine Erfindung von Arthur Korn. Er vertrat die Ansicht, daß die Menschheit im Kommunismus die ‚Seßhaftigkeit überwinden‘ und sich den Zugvögeln gleich im Sommer in die kühleren, im Winter in die wärmeren Regionen der Erde begeben werde. Dabei sollten die Städte als ‚Hotel und Fabrik‘ Lebens- und Arbeitsbedingungen für die modernen Nomaden bieten. Diese Vorstellung von Arthur Korn wurde von den meisten Mitgliedern des Kollektivs für sozialistisches Bauen mit Recht als Utopie abgelehnt.“[27] Geradezu vernichtend lautete ein Urteil, das 1933 aus den Reihen der *Arbeitsgemeinschaft Sozialistischer Architekten* in der *Deutschen Bauzeitung* über Korns Ausstellungsteil zu lesen war: „[...] in der Darstellung und Formulierung eine abstrakte, barbarische Verflachung dialektischer Betrachtungsweise (sic), in der Wirkung auf Fachwelt und Laien eine verfälschte Begriffsbildung über die bestimmenden Elemente des Städtebaus“.[28] Und mit dem Blick auf Miljutins antiurbanistisch projektierte „Fließstädte“ für Magnitogorsk und Stalingrad war das Urteil insofern klar, als der Autor Rudolf Rücker die städtebauliche Dominanz dieses spezifischen Planungsansatzes bemängelte, der „[...] sichtlich bestimmt [ist] durch die produktionstechnischen Anlagen“. Da in diesen Konzepten die Funktion des Marktes in der Raumfigur der City als „bestimmendem Element des Städtebaus“ bedeutungslos geworden zu sein schien, diese aber „im abgeleiteten Sinne als politisches oder kulturelles Zentrum [...] auch in der sozialistischen Stadt durchaus gegeben [...]“ sein dürfte, kam den Bandstadtkonzepten eines Miljutin zum Zeitpunkt der Neuorientierung im sowjetischen Städtebau das Alleinstellungsprädikat einer sozialistischen Stadt nicht mehr zu. In dieser Kritik von 1933 zeigte die große städtebauliche Wende in der sowjetischen Städtebaupolitik von 1931/32 ihre Wirkung. Das Fazit lautete: „Die ausschließliche sozialistische Stadt, die sozialistische Stadt ist die Bandstadt nicht.“[29]

Was Arthur Korn übersehen hatte, war, dass sich die Jahre der städtebaulichen Experimentierfreude der sowjetischen Avantgardearchitekten um 1930 im Rahmen des Fünfjahresplans bereits ihrem Ende zuneigten. Miljutins *Socgorod*-Untersuchung landete auf dem Index und machte Positionen stalinistischer Prägung Platz, die im Wettbewerb zum Palast der Sowjets 1931/32 schließlich die Demission Ernst Mays einleiteten. Was das Kollektiv für sozialistisches Bauen in seiner Versenkung in die städtebaulichen Theoriemodelle der russischen Avantgarde übersehen hat und vermutlich aus ideologischem Kalkül auch übersehen wollte, waren die wirklichen Arbeits- und Lebensverhältnisse der sowjetischen Arbeiter und Bauern jener vom Stalinismus geprägten Jahre. In den Positionen, die in Korns „Stadt als Hotel“ visualisiert wurden, gerann das postrevolutionäre Russland zur Schablone für Wunschbilder westlich/amerikanisch orientierter Erfahrungswelten eines guten Lebens. Hans Schmidt berichtete damals von dem „großen Eindruck, den alles

Amerikanische auf das junge neue Rußland macht […]".[30]

Die politische Lage des Landes unter den Bedingungen der Zwangskollektivierung und der forcierten Industrialisierung wurde unter diesen Voraussetzungen im Berliner Kollektiv ebenso wenig zur Kenntnis genommen wie die Tatsache, dass man in der Sowjetunion nach fordistischem Muster im Akkordsystem produzierte und die Fabrikanlagen durch US-amerikanische „Konsulenten" (Hans Schmidt) um Albert Kahn geplant und gebaut wurden. Letztlich hatte das fordistische Fließbandsystem die raumdominanten Faktoren der Bandstadt vorgeprägt, die dann als Band-Fließgeschwindigkeit im Verkehrsfluss mit den angegliederten Funktionseinheiten parallelisiert wurde. Diese Blindheit gegenüber dem sozialen Milieu der Städte Sowjetrusslands dokumentierten die Ausstellungstafeln zur „Stadt als Hotel und Fabrik" eines Hubert Hoffmann, die nur gebaute Raumstrukturen zeigten, gleichsam abstrakte, menschenleere Welten in Wartestellung.

1 Siegfried Kracauer, „Eröffnung der deutschen Bau-Ausstellung (Privattelegramm der ‚Frankfurter Zeitung')", in: Ders., *Werke 5.3*, Berlin 2011, S. 520.

2 Ebd. In seinem Bericht vom 12.5.1931 nennt Kracauer die Zahl dreiundzwanzig.

3 Josef Gantner, „Deutsche Bauausstellung Berlin 1931. Abteilung ‚Das Bauwerk unserer Zeit'", in: *Zentralblatt der Bauverwaltung* 51, 49/50, 1931, S. 725.

4 Siegfried Kracauer, „Deutsche Bauausstellung. Vorläufige Bemerkungen", in: Kracauer, *Werke 5.3*, S. 521.

5 Ebd., S. 522. Thomas Flierl zitiert in seiner Untersuchung zu den „Standardstädten" eine Äußerung Anatolij Lunačarskijs, der angesichts der Hufeisensiedlung von Bruno Taut in Berlin-Britz diese als „gebauten Sozialismus" bezeichnet habe. Wegweisende Literatur sind immer noch die Aufsätze zum Kapitel „Architektur" in: NGBK Berlin (Hg.), *Wem gehört die Welt. Kunst und Gesellschaft in der Weimarer Republik*, Berlin 1977, S. 9–137.

6 Kracauer, *Werke 5.3*, S. 522.

7 Der Deutsche Baugewerksbund veröffentlichte 1932 die Arbeitslosenzahlen für 1930 und 1931; in diesem Jahr war die Arbeitslosenquote im Baugewerbe auf 68,7 Prozent gestiegen. Auch die Architekten waren von dieser Entwicklung nachhaltig betroffen. Dieser Umstand führte dazu, dass einige von ihnen nicht nur aus Überzeugung in die Sowjetunion gingen, um dort am Aufbau mitzuarbeiten. Bruno Taut war es deshalb wichtig zu betonen, dass er 1932 nicht aus Gründen „der Erwerbslosigkeit" in die SU gegangen sei. Siehe dazu Barbara Kreis (Hg.), *Schönheit, Sachlichkeit und Sozialismus. Bruno Taut. Moskauer Briefe 1932–1933*, Berlin 2006.

8 Siegfried Kracauer, „Sozialistische Städte. Zu einem Vortrag von Ernst May", in: Kracauer, *Werke 5.3*, S. 552.

9 Die Programmatik zur *Proletarischen Bauausstellung* ist in einem Programmentwurf niedergelegt worden. Ein Exemplar hat sich im Nachlass von Cornelis van Eesteren erhalten: Collection Het Nieuwe Instituut / collection Van Eesteren-Fluck & Van Lohuizen Foundation, archive (code): EEST; inv.nr.: 4.40-3. Nicht alle Seiten sind paginiert, Programm hier o. S. (Seite 1). Ich danke dem Team von *Wohnungsfrage* für den Hinweis.

10 Siehe dazu: Kurt Junghanns, „Vor 50 Jahren. Erste Proletarische Bauausstellung in Berlin 1931", in: *Architektur der DDR 30*, 1981. Für Korn war die Berliner Ausstellung offenbar ein Vorlauf auf den geplanten *Internationalen Kongress für Neues Bauen* in Moskau 1932, der nicht mehr stattfand.

11 Programm zur *Proletarischen Bauausstellung*, S. 7a.

12 Ernst May auf dem *Internationalen Kongreß für Neues Bauen* am 5. Juni in Berlin, zitiert nach Ilse Balg, *Martin Mächler – Weltstadt Berlin. Schriften und Materialien*, Berlin 1986, S. 273.

13 Aus der reichhaltigen Literatur seien genannt: Selim O. Khan-Magomedov, *Pioneers of Soviet Architecture. The Search for New Solutions in the 1920s and 1930s*, London 1987 (zuerst Dresden 1983 in deutscher Sprache); Harald Bodenschatz und Christiane Post (Hg.), *Städtebau im Schatten Stalins. Die internationale Suche nach der sozialistischen Stadt in der Sowjetunion 1929–1939*, Berlin 2003.

14 Martin Kieren (Hg.), *Schweizer Staedtebauer bei den Sowjets. Hans Schmidt, Hannes Meyer, Basel-Moskau*, um 1935, Reprint Basel 1990, S. 7.

15 Programm zur *Proletarischen Bauausstellung*, S. 7.

16 Siegfried Kracauer, „Bauausstellung im Osten", in: Kracauer, *Werke 5.3*, S. 563. Selbst der nicht gerade für eine kommunistisch geprägte Gesinnung bekannte Landesbezirk Niedersachsen des BDA forderte 1932 in einem Manifest, dass man sich auch im krisengeschüttelten Deutschland an dieser „Lebenshaltung des russischen Volkes" orientieren möge. S. *Die Baugilde* 7, 1932, S. 345 f.

17 Vgl. Nikolaj A. Miljutin, *Sozgorod. Die Planung der neuen Stadt*, Moskau/Leningrad 1930, Nachdr. Basel/Berlin/Boston 1995. Zur Frage, wie sich das Bandstadtkonzept in kapitalistisch organisierten Stadtstrukturen ausgeprägt hat, s. Karin Wilhelm, „‚The Earth, a Good Domicile': Ambivalences of the Modern City", in: Katrin Klingan und Kerstin Gust (Hg.), *A Utopia of Modernity: Zlín. Revisiting Bata's Functional City*, Berlin 2009, S. 225 ff.

18 Arthur Korn, „1891 to the present", in: *Architectural Association Journal* 34/35/36, 1957, S. 118 (Kopie im Archiv der Akademie der Künste Berlin). Korn legt hier nahe, dass er parallel zu Miljutin am Bandstadtkonzept arbeitete.

19 Rudolf Rücker, „Die sozialistische Stadt", in: *Deutsche Bauzeitung*, 18.1.1933, zitiert nach Balg, *Martin Mächler*, S. 280.

20 Diese Ausstellungstafeln befinden sich im Nachlass Hubert Hoffmanns in der Akademie der Künste, Berlin. Benny Heumann, der als Student im Kollektiv aktiv war, berichtete, dass „die Studenten alles aus eigenen Mitteln machten [...] sie machten Fotos und machten Schemata." U. a. verwendete man Abbildungen aus Miljutins *Socgorod*-Untersuchung. In: Nachlass Kurt Junghanns, Akademie der Künste, Berlin.

21 Walter Gropius, „Wohnhäuser im Grünen. Eine groszstädtische Wohnform der Zukunft", in: *Zentralblatt der Bauverwaltung* 51, 49/50, 1931, S. 743. Gropius diskutiert in diesem Zusammenhang die gängigen Vorbehalte gegen das Hochhaus als Weltbild-Zeichen Amerikas.

22 Zuweilen sprach Gropius tatsächlich vom „unsittlichen Recht des privaten Eigentums am Boden", so in der Zeitschrift *Das neue Rußland*, zitiert nach: NGBK, *Wem gehört die Welt*, S. 156.

23 Programmentwurf zur *Proletarischen Bauausstellung*, S. 5.

24 In der historischen Sowjetforschung ist darauf hingewiesen worden, dass die „ideologisch motivierte Tendenz" der Frauen zur „Übererfüllung des Plansolls mit einer Erhöhung ihres Selbstwertgefühls" einherging. „So vermochten sie ihre untergeordnete Stellung im sozialistischen System zu kompensieren." Daniel Wechlin, „Der Mensch im Fokus der Totalitarismusanalyse. Stalinismusforschung auf der Spur des historischen Subjekts", in: *Neue Zürcher Zeitung*, 20./21.12.2003, Nr. 296.

25 In diesem Zusammenhang sei auf den Artikel von Hannes Meyer hingewiesen, in dem er die Organisation der kollektiven Haushaltung im Luxushotel „an der Riviera" vorgebildet fand, das im Rahmen einer sozialistischen Prägung umstrukturiert werden müsste. Korn hat diesen Beitrag sicher gekannt. Siehe dazu Hannes Meyer, „Die neue Welt" (2. Fassung 1928), in: Klaus-Jürgen Winkler, *Der Architekt Hannes Meyer. Anschauungen und Werk*, Berlin 1989, S. 229 ff.

26 Im Übrigen muss man Korns Idealisierung der Fabrik in Hinsicht auf den Städtebau auch auf Le Corbusier zurückführen. In *Vers une architecture* hatte dieser schon 1922 geschrieben: „Im gegenwärtigen Wartezustand (der moderne Städtebau ist noch nicht geboren) müßten die Fabrikviertel von Rechts wegen die schönsten Bezirke unserer Städte sein [...] Im Inneren der Fabrikhallen [...] herrscht bewundernswerte Ordnung [...]." Le Corbusier, „Ausblick auf eine Architektur", in: *Bauwelt Fundamente 2*, 1969, S. 52. In wie weit neue Haustechnologien diese Idee der Freisetzung des Menschen von körperlich zu leistender Hausarbeit künftig durch Automatisierung des Haushalts und des Hauses selbst Wirklichkeit werden lassen könnten, kann hier nur angedeutet werden.

27 Anmerkungen in einem Brief von Gerhard Kosel an Kurt Junghanns vom 17.3.1981, in: Nachlass Junghanns, Akademie der Künste, Berlin.

28 Rudolf Rücker, zitiert nach Balg, *Martin Mächler*, S. 277.

29 Ebd., S. 280.

30 Kieren, *Schweizer Staedtebauer*, S. 11.

Karin Wilhelm

Remarks on the Reconstruction of a (Pseudo-)Conflict: The Proletarian Building Exhibition and the German Building Exhibition in Berlin, 1931

In 1931, Siegfried Kracauer, holder of a doctoral degree in architecture, and editor of the culture section of the *Frankfurter Zeitung*, wrote a series of short essays on the *Deutsche Bauausstellung* (German Building Exhibition), staged on the trade fair site near to the Kaiserdamm, which was just nearing completion at the time. In his first critical account, published on the day of the official inauguration, May 31, 1931, Kracauer remarked on the "confusion" of his first impression, caused by the "abundance of objects" and the large number of exhibitors squeezed in alongside representatives of the construction industry, the Prussian Civil Engineering Administration, *Bausparkassen* (building societies), the architectural elite of the *Deutscher Werkbund* (which, however, as an organization was later to withdraw from the exhibition), and the *Bund Deutscher Architekten* (Association of German Architects). Nevertheless, Kracauer found the ride on the "miniature railway" across the vast exhibition site delightful, and opined that "even today," after just a cursory viewing, the building exhibition represented an "astonishing feat" despite being held "in the midst of the economic crisis."[1]

Discovering much to admire, the reviewer predicted that above all the section entitled *Internationale Fachmesse für Stadtplanung und Wohnungswesen* (International Exhibition of Urban Planning and Housing) would attract huge public interest since as many as "twenty-two states"[2] had presented their positions on contemporary urban planning. Yet in contrast to other critics such as Josef Gantner, who could only discern a "potpourri"[3] in the bewildering cornucopia of the exhibited themes and sections, Kracauer discovered in such "fragments of many melodies" (Gantner) the plausibility of the factual. He concluded that: "the juxtaposition ... comports well with the anarchical conditions prevailing in the economy ... it is always better to reflect actual circumstances rather than whitewash over them."[4]

As previously announced, Kracauer dedicated his comprehensive review, published three days after the opening, to urban planning and housing. He reacted with astonishment to the fact that international urban planning was evidently facing a structural dilemma, since many of the basic planning parameters underlying the envisaged urban planning concepts were moving imperceptibly towards an inherent systemic contradiction. Within the publicly funded urban renewal policies—*Hauszinssteuer* (rent tax) and compensation for compulsory purchase orders—familiar to Kracauer from the *Siedlungen*, residential buildings realized under Ernst May in Frankfurt, from the work of Berlin's pioneering chief planning officer Martin Wagner, and from his experience of Bruno Taut's architectural practice—he perceived a "spirit ..., which has become virtually incompatible with a number of private-sector and political principles."[5] It did not escape his analytical gaze that urban planning across the world had begun to assume the "character of a planned economy" on a local level, leading Kracauer to infer that the urban planning exhibition itself—albeit beneath the surface—represented "a signal of profound social change."[6]

This signal of social transformation which Kracauer claims to have "heard" in international urban planning, whose importance however, he only vaguely acknowledges, doubtless came to the fore in 1931 in the wake of the social ructions triggered by the global economic recession of 1929 and the attendant alarmingly high unemployment rate.[7] The repercussions of the stock market crash prompted a dramatic collapse in the building sector worldwide, in the local municipalities of the Weimar Republic, and in the largely co-operative housing-assistance programs. Against this background, the widely and fiercely debated political issues of socially-equitable property rights, policies on social-housing management, and not least the idea of nationalizing land and property ownership, all left their indelible anti-capitalist imprint upon the International Exhibition of Urban Planning and Housing. With great insight, Kracauer was able to identify that within urban planning at the time, the concepts of a socialist-inspired land economy were amalgamating with the free-market mechanisms of an urban space management—which it was beginning to call into question. Consequently, it was only logical that, within this febrile culture of debate, Kracauer's interest also centered on strategies which were gaining currency both within Social Democratic circles and the Communist Party of Germany at the time, and which within this intellectual orbit were informed by developments in the nascent Soviet state.

The USSR and the Proletarian Building Exhibition

After the founding of the USSR in 1922, German urban planners and architects had focused increasingly on the country's project to socialize the means of production and on the concomitant land collectivization programs. Just how the ideas for a Socialist city were to be implemented in this period of unparalleled systemic change became apparent in October 1928 with the promulgation of an ambitious Five-Year Plan for the construction of new Soviet industrial cities. Quite naturally, the existing, diverse concepts of innovative models for organizing the living and working environment for the newly emerging proletarian lifestyle could expect to command attention during the weeks of the Building Exhibition. Furthermore, the construction of the new urban agglomerations was a task in which young, politically engaged architects from Germany, Austria, and Switzerland—above all Ernst May, Frankfurt's former chief planning officer—were instrumentally involved. When Ernst May, who had been working in the young Soviet state since 1930, reported in Berlin on the development of these Socialist cities, Kracauer published a full account of his remarks in the *Frankfurter Zeitung*. Despite his unmistakable enthusiasm at the "boldness" of the buildings, his commentary did not shy away from the difficulties highlighted by May in his lecture: the lack of a modern transport infrastructure, an underdeveloped construction industry, and not lastly the perceived backwardness of the population in some "rural areas," who still find themselves in "a totally uncivilized state."[8] Notwithstanding Kracauer's emphasis on the "heroism" of the reconstruction effort in the new Soviet industrial cities, he retained enough realism at least to acknowledge the problems in giving concrete expression to such a romanticized notion of Socialism. In contrast to this view, however, a group of architects had formed in Berlin dedicated to exploring the possibilities offered by history and to publicly mediating their visionary ideas for a "city of the future" based on "the solution ... of proposals in the USSR."[9]

Parallel to the German Building Exhibition, these Soviet planning processes were featured in the 1931 *Proletarische Bauausstellung* (Proletarian Building Exhibition) as a vision to be aspired to. As a counter-position to the presentation unveiled in the "bourgeois" west of Berlin, the Proletarian Building Exhibition chose to locate its exhibition site ostentatiously in the "proletarian north," namely in a derelict, former button factory in the Köpenicker Straße. Acting as organizer was the *Kollektiv für sozialistisches Bauen* (Collective for Socialist Architecture), which was founded in 1930 in the apartment of the Berlin-based successful Jewish architect Arthur Korn, who was a proponent of the *Neues Bauen* and the group's ideological linchpin.[10] He was responsible for the hallmark policies guiding the "proletarian urban planning department," which, in addition to a historically evolved urban development, also addressed individual issues such as the problems of traffic management, urban economy, housing, and urban greenery. This approach found its apogee in the notion of the "city of the future," distilled in their program into the slogan of "The City as Hotel and Factory," a combination which was to be conceived as the proto-typical "city of the classless society." Envisaged as a counter-model to the class-defined city, which, as formulated by the members of the collective in their program, was dominated by the "city (see Le Corbusier, Mächler) ... (and the) market ... a shrine of Capitalism."[11] Supplanting the city, as the center of the productive capitalist forces in the exchange of goods, which inexorably fueled the divisive segregation of urban space between rich and poor, the bourgeoisie and the proletariat, was to be the factory. As the locus of genuine wealth-creation in the newly structured classless city, it would become the hub of the collectivized proletarian environment and be elevated to the constitutive element of urban space. In his lecture of June 5, 1931, given at the meeting of the *Comité International pour la Réalisation du Problème Architectural Contemporain* (Committee for the Realization of Problems of Contemporary Architecture—CIRPAC) in Berlin, Ernst May gave a clearer articulation of this theoretical construct and its correlation to the structures of the new Soviet collective economy: "The cities of the West arise from the needs of trade and on the basis of private ownership. In the Soviet Union the new city will be created in direct proximity to industry and accompanied by the formation of large-scale collective industries and state farms."[12] The urban planning templates for an economic model of this kind were of a diverse nature; in addition to strategies for dissolving the old urban structures and for undertaking their reconstruction and expansion into satellite models, priority was accorded to the re-founding of industrial cities, which, devoid of traditional structures, could be redesigned from scratch.[13] The plan on which the "city of tomorrow" was to be built for the future "Soviet Germany," so fervently aspired to by members of the Collective for Socialist Architecture, was ideologically unambiguous in respect of the dominance of the dictatorship of the proletariat. However, the detailed planning of the concrete spatial structures underpinning this societal form remained rather vague, despite the fact that the young Berlin exhibition organizers from the collective were able to rely on helpful guidance from the Soviet Union. At the time, many specialist journals were publishing details of the latest trends to emerge from the urban planning measures adopted there. The architect Hans Schmidt, who left Switzerland for the Soviet Union in 1931, was one of the first to report in vivid detail on the emerging cityscapes. Shortly after his arrival in Moscow, he wrote of the impressive modernization measures implemented in the new Moscow in the Communist-oriented *Basler Vorwärts* (1931). Using as an example, the line of a road, the Leningrad Avenue, he showcased photos of an archetypal spatial formation in Socialist urban planning: "As straight as an arrow, this road heads out into the open countryside, a tarmacked road for cars and buses, and between the shadowy trees [is] a path for pedestrians and velo drivers, and finally a softer road for slower motorists and Russian vehicles unsuitable for the hard surface .... On both sides, we initially encounter large factories with multi-story buildings, factory schools, club premises, a newly built residential estate, a large, modern refectory producing some 16,000 meals a day, which can be accessed by the workers from the nearest factories along a beautiful tree-lined avenue .... and then more factories manufacturing mechanical instruments, replete with refectory, and lining the road a simple club, a school for the vocational training of invalids, a 'park of recreation and culture' ... and then already a view into the open countryside, a large cooperative vegetable farm ... between the old derelict wooden houses of the past, an estate comprising standard, modern wooden dwellings ... beneath them the river [Moskwa], which in the spring is transformed by the melting snow into a proper lake and in summer ... is frequented by thousands of bathers. Behold, Comrades, this is the future ... when we ... talk of the dissolution of the large cities, of the connection between city and land."[14] Schmidt did not fail to mention that the Leningrad Avenue was still a "patchwork," and "had only just been laid with tarmac ... and was still lined with barracks and dilapidated houses." But Schmidt trusted in the application of the "American machinery," and US know-how, with whose assistance the modern Soviet city would arise. He saw no contradiction between this statement and others, which were given prominence in the program of the Collective for Socialist Architecture: "With America, the global capital of high finance and the first workers' state, the USSR, the two poles of the world stand opposite each other."[15] In the Soviet Union of the Five-Year Plan, however, this "class enemy" was regarded as useful.

"The City as Hotel and Factory" —the Linear City

As we have already learned, the organization of the Proletarian Building Exhibition lay essentially in the hands of the politically committed students of Arthur Korn; Gerhard Kosel—at the time an activist in the *Roter Studentenclub* (Red Students' Club) at Berlin's *Technische Hochschule* in Charlottenburg—subsequently pointed out that the students of Bruno Taut and Hans Poelzig were also instrumentally involved in this project. Both the ambiance and the manner in which the main issues were framed within the context of an anti-capitalist critique, can be gleaned from the rather evocative press accounts at the time. For example, shortly before the end of the exhibition on June 29, the following report appeared once again in the *Frankfurter Zeitung*: "The whitewashed walls were covered in eye-catching propaganda material comprising essays, statistics, and photos, which, of course, all served one purpose: to hold the current economic system responsible for the housing crisis and highlight the better conditions prevailing in Russia."[16] In order to keep abreast of urban planning trends in the Soviet Union, the Berlin-based exhibition organizers were able to rely on the numerous reports from architects who had traveled there, on the resolutions adopted by the Communist Party of the Soviet Union (CPSU), and finally on the many authentic ideas, first and foremost the 1930 publication by Nikolay Milyutin and his linear-city concept *Sotsgorod*. As the driving force behind the exhibition collective and the intellectual progenitor of the concept of "The City as Hotel and Factory," Korn had evidently been championing Milyutin's idea of the linear city as the ideal form of this new urban organization.[17] Having worked for several months in the *Zweckverband Groß-Berlin* (Greater Berlin Association) in 1914, and therefore probably familiar with large-scale urban planning from the perspective of his "bourgeois" antipodes such as Martin Mächler, Korn had already elaborated a project for Berlin in 1928, in which he had revised the virulently functional urban concept first mooted in Toni Garnier's drawings *Une Cité Industrielle* (1917). As Korn himself later recalled, Garnier's linear-city concept, based on the draft of a plan from "Ginsberg [sic]," organized the new Berlin's urban space more schematically and simply into two parallel functional strands: "one for living and one for working, and in between a spine with a cultural center, shopping facilities, and a power grid. A similar solution was put forward by

Milyutin in 1929 as a basis of towns in Russia."[18] Korn had also evidently unveiled his own linear-city project in 1928 at the Proletarian Building Exhibition, which encompassed a plan to "allow Berlin to decay and be rebuilt on the Havel as a linear city."[19]

Among the display boards graphically illustrating Korn's slogan for "The City as Hotel and Factory" in a new, future "Soviet Germany," was one compiled in one of his seminars in 1930 by the then-Berlin based Hubert Hoffmann, who was studying under Walter Gropius at the Bauhaus in Dessau. Based on Milyutin's schematic visual argumentation, albeit in simplified form, Hoffmann's exhibition display showed the functional strands of the production and housing axes separated by the cultural strand, before leading into the undefined recreational zones on the peripheries. The accompanying text explained that: "the city is the production plant and the dwelling of the proletariat. The city as hotel and factory. Industry today is becoming increasingly concentrated. And the city is obliged to follow this trend (of skyscrapers). Hence, the short transport routes. The journey from dwelling to factory takes five minutes. Today's average journey time of fifty minutes costs [the economy] 2 billion marks. The residences are located in the park. The ground-floor is open to enable unhindered access to vehicles ... people can combine their separate cells. All the interior and exterior walls are moveable, and the building can be easily assembled."[20]

Everything inscribed into the urban structure adheres to a technocratically organized mode of planning, which was also in evidence at the German Building Exhibition. Walter Gropius was to discuss a number of these aspects in the November 1931 issue of the *Zentralblatt der Bauverwaltung*, in an article entitled "Housing in Nature," in which he unveiled an urban organization for a metropolis, which in terms of architecture and domestic technology, was inspired by the communal house concept. In his contribution, he campaigned for "multi-story tower blocks" with "centralized service-management units .... [Where there should] also be collective club premises and kindergartens," accommodated within the tower block, with the aim of being able to reduce rents for all families. According to Gropius, tower blocks of this kind boast a further economic advantage, as the purpose of this form of communal living is to translate "the time gained" under such a spatial management into the most important asset: quality of life!"[21] However, in contrast to his colleague Bruno Taut, Gropius was not advocating the dissolution of the urban structures created within the tenement city and its concentration of nineteenth-century rented housing. Instead, he campaigned for their "deconcentration" through the integration of green spaces, which, incidentally, were to be reintroduced on the roof gardens of high-rise buildings—a concept which is currently undergoing a renaissance.

Despite his criticism of unscrupulous speculators, Gropius did not entirely abandon the concept of private ownership; neither did he call into question the status of the family as a politically sacrosanct institution. Envisaging the closest possible proximity between production and housing replete with communal amenities (e.g. the Siemens housing estate from 1929), the foundations of Gropius' estate concept was a collectively operated administration, which, as Kracauer rightly remarked, was comparable to the "character of a planned economy."[22]

The linear-city concept of "The City as Hotel and Factory," conceived by the Gropius student Hubert Hoffmann, bears visible parallels to the typology of urban architecture mentioned by Gropius. Alone in its sociologically defined structures, the exhibition program of the Proletarian Building Exhibition specified the very conditions on which the fundamentally new urban organization would be founded as the alternative to the cityscapes of the capitalist urban economy. Outlined in the program of the Collective for Socialist Architecture were aspects of the new sociology of urban planning, which in the Soviet Union all revolved around the concept of transforming the bourgeois family and its reproductive capacity. Such notions of formulating a socialist alternative to the conventional "bourgeois" family and its division of labor, featured strongly in the Proletarian Building Exhibition project, embodied in the principle of the *Wohnkombinat* (collective house).[23]

The term alone reveals its close links to the concentrated productivity of rationalized industrial labor, which, as the ultimate objective, played a decisive role in the creation of the proletarian "city as factory": the plans envisaged spatial structures designed explicitly to save time, which, in turn, could be used as working time (here always defined as productive factory work). The concomitant emancipatory construct of the "collective house" was initially applied to promote the postulate of gender equality between men and women, who were thus "relieved" of the burden of raising children. Under the supervision of the collective, in the future, the development of children's personalities could be accomplished in specially established institutions, which would liberate women from domestic chores (cooking, cleaning, caring, etc.). The existing small and larger rural families were assimilated into collective-care facilities and the future urban structure of the victorious proletariat was expected to underpin these aspirations, all geared towards achieving industrial production targets.[24] Under the concept of the "city as factory," the proletariat was subordinated to the primacy of the rationalized factory work to enable the time saved from the exemption from reproductive functions to initially be invested into boosting output—which under the linear-city concept also had the added effect of guaranteeing the workers agreeable periods of recreation surrounded by nature; or as Gropius formulated it, in order to be able to translate "time gains into quality of life."

The Socialist City Rejected

Under the slogan of the "city as hotel," the notion of an enhanced quality of life for the proletariat became oddly freighted with formative empirical experiences, which, on the one hand, owed much to the modernized, luxurious cosmopolitan lifestyle of a city such as Berlin in and around 1930, and which, on the other hand, were channeled into a revolutionary vision of a future classless society liberated from quotidian constraints.[25] The fact that under the hotel concept the proletariat was able to benefit from the service of others in their daily routine, required a form of division of labor which, in respect of the Soviet Union of 1930, may appear voluntary, but which was *de facto* only conceivable within the structures of the classical service society. Thus, the idea of a proletarian "city as hotel" differs from the concept of a "service house" devised by Le Corbusier, for example, only in spatial terms.[26]

In this context, it is important to consider the counter-position that confronted Korn and his colleagues in Germany and which they associated with the names of Martin Mächler and that of the then-chief planning officer Martin Wagner. The concept of the linear-city stood in opposition to proponents of the *Siedlungswissenschaftlichen Arbeitsgemeinschaft* (Working Group on Settlement and Housing), or *Siewag*, who, like Mächler, sought to formulate urban planning policy on the basis of an economic and cultural position in which the city was the center of consumption.

Similarly, under the legislative and regulatory planning administration, any notion of translating into entrepreneurial reality the slogan "city as company" propagated by Berlin's chief planning officer Martin Wagner, was countered by the concept of the proletariat-oriented concept of the "city as factory." Mächler, who in 1932 had commented on the Proletarian Building Exhibition, found Korn's formula of the "city as hotel and factory" amusing, but impracticable for addressing future urban development from an economic perspective.

The controversy greeting Arthur Korn's concept was subsequently illustrated in a letter sent by Gerhard Kosel to Kurt Junghans. It was not the (student) collective's formula, he wrote, but "an invention by Arthur Korn. He took the view that under Communism humanity must 'overcome its sedentariness' and in the manner of migrating birds head towards the cooler regions of the earth in summer, and towards the warmer ones in winter. At the same time, the cities 'as hotel and factory' should provide the living and working conditions for these modern nomads. This idea from Arthur Korn was rightly rejected by most members of the Collective for Socialist Architecture as utopian."[27] And the verdict delivered in the *Deutsche Bauzeitung* in 1933 from the ranks of the *Arbeitsgemeinschaft Sozialistischer Architekten* (Association of Socialist Architects) on Korn's section of the exhibition was anything if not crushing: "in its representation and formulation an abstract, barbarically shallow dialectic perspective [sic]; in its impact on experts and laymen alike a false concept of the constitutive elements of urban planning."[28] And with a nod to Milyutin's anti-urbanistic project of continuous linear cities for Magnitogorsk and Stalingrad, the judgment was unequivocal to the extent that author Rudolf Rücker criticized the dominance of urban planning in this specific planning approach, which "is visibly determined by the production plants." Since, under these concepts, the function of the market within the spatial configuration of the city seems to have been rendered meaningless as a "constitutive element of town planning," despite the fact that "it can be easily inferred to exist as a political or cultural center ... also in the socialist city," Milyutin's concept of the linear city was, at this juncture in the re-orientation of Soviet urban planning, no longer the distinguishing feature of the socialist city. This critique from 1933 highlighted the impact of the great urban planning turn in Soviet town planning policies from 1931/32 onwards. In conclusion, it stated, "The exclusively socialist city, the socialist city is not the linear city."[29]

What Arthur Korn had overlooked was that the years of enthusiastic experimentation in urban planning by the Soviet architectural avant-garde were coming to an end around 1930 under the Five-Year Plan. Milyutin's *Sotsgorod* study landed on the list of banned publications and was replaced by Stalinist-influenced positions, which in the competition for the Palace of the Soviets in Moscow in 1931/32 ultimately prompted the resignation of Ernst May. What the Collective for Socialist Architecture had overlooked in its obsession with the theoretical urban planning models of the Russian avant-garde, and what it was probably also keen to overlook for ideological reasons, were the real working and living conditions of the Soviet workers and peasants in these years under Stalinism. In the positions visualized in Korn's "city as hotel," post-revolutionary Russia resolved into the template for creating the ideal of a "good life," based on the experience of Western/American lifestyles. Hans Schmidt reported at the time of the "strong impression which everything American made on young new Russia."[30]

Yet the political situation obtaining in the country under the conditions of forced collectivization and industrialization was accorded just as little attention by the Berlin Collective as the fact that manufacturing in the Soviet Union was operating on Fordist principles, and that the production plants were built and planned by American "consultants" (Hans Schmidt) led by Albert Kahn. Ultimately, the Fordist assembly-line system determined the spatially dominant factors of the linear city, which, together with its attached functional units, was mirrored in the rapid conveyor belt-like flow of traffic. This myopia shown toward the social conditions prevailing in the Soviet Russian cities was also documented on the exhibition display boards promoting the "city as hotel and factory" á la Hubert Hoffmann, which only depicted constructed spatial structures, and quasi-abstract, deserted worlds—marking time.

Translated from the German by John Rayner.

1 Siegfried Kracauer, "Eröffnung der deutschen Bau-Ausstellung" (Dispatch from the *Frankfurter Zeitung*), in: Siegfried Kracauer, *Werke*, 5, 3 (Berlin 2011), 520.

2 Ibid. In his review of May 12, 1931, Kracauer cited twenty-three states.

3 Josef Gantner, "Deutsche Bauausstellung Berlin 1931. Abteilung 'Das Bauwerk unserer Zeit,'" in: *Zentralblatt der Bauverwaltung*, 51, 49/50 (November 25, 1931), 725.

4 Siegfried Kracauer, "Deutsche Bauausstellung. Vorläufige Bemerkungen," in: Kracauer, *Werke*, 5, 3, 521.

5 Ibid., 522. In his study of "standard cities," Thomas Flierl cites a remark made by the Soviet politician and writer Anatoly Lunacharsky, who in view of the so-called "horseshoe" estate designed by Bruno Taut in Berlin Britz, dubbed this "constructed Socialism." Among the recommended trail-blazing literature are still the essays in the chapter on architecture in NGBK Berlin (ed), *Wem gehört die Welt. Kunst und Gesellschaft in der Weimarer Republik* (Berlin 1977), 9–137.

6 Kracauer, "Deutsche Bauausstellung. Vorläufige Bemerkungen," 522.

7 In 1932, the German Building Union published the unemployment figures for 1930 and 1931; in this year, the jobless rate in the construction industry rose to 68.7 percent. Architects, too, were severely affected by this trend and it was this, rather than political conviction, which prompted some of them to migrate to the Soviet Union to participate in the reconstruction. Consequently, Bruno Taut was anxious to point out that he did not leave for the USSR due to "unemployment." Cf. Barbara Kreis (ed.), *Schönheit, Sachlichkeit und Sozialismus. Bruno Taut. Moskauer Briefe 1932–1933* (Berlin 2006).

8 Siegfried Kracauer, "Sozialistische Städte. Zu einem Vortrag von Ernst May," in: Kracauer, *Werke*, 5, 3, 552.

9 The political objectives underpinning the Proletarian Building Exhibition were set down in a draft program paper, a copy of which has survived in the estate of Cornelis van Eesteren. "Kollektiv für sozialistisches Bauen," Anon, no title, typescript, Berlin, probably June 1931, Het Nieuwe Instituut Archives (Cornelis van Eesteren Papers, EEST no. IV, 40–43; not all pages are paginated, this page, p. 1). My gratitude to *Wohnungsfrage* colleagues for providing me with this information.

10 See Kurt Junghanns, "Vor 50 Jahren: Erste Proletarische Bauausstellung in Berlin 1931," in: *Architektur der DDR*, 30 (May 1981): 305–07. For Korn, the Berlin exhibition was evidently a dress rehearsal for the planned *Congrès internationaux d'architecture moderne* (International Congresses of Modern Architecture—CIAM) in Moscow, in 1932, which was eventually canceled.

11 Program of the *Proletarische Bauausstellung*, 7a.

12 Ernst May at the Congress on June 5, in Berlin, quoted from Ilse Balg, *Martin Mächler—Weltstadt Berlin. Schriften und Materialien* (Berlin 1986), 273.

13 Recommended from among the rich body of literature are: the English translation of the German (Dresden 1983) volume by Selim O. Khan-Magomedov, *Pioneers of Soviet Architecture: The Search for New Solution in the 1920s and 1930s* (London 1987); and Harald Bodenschatz and Christiane Post (eds), *Städtebau im Schatten Stalins. Die internationale Suche nach der sozialistischen Stadt in der Sowjetunion 1929–1939* (Berlin 2003).

14 Martin Kieren (ed.), *Schweizer Staedtebauer bei den Sowjets. Hans Schmidt, Hannes Meyer, Basel—Moskau* (c.1935), reprinted (Basel 1990), 7.

15 Program of the *Proletarische Bauausstellung*, 7.

16 Siegfried Kracauer, "Bauausstellung im Osten," in: Kracauer, *Werke*, 5, 3, 563. Not exactly renowned for its Communist sympathies, even the Lower Saxony branch of the *Bund Deutscher Architekten* (Association of German Architects—BDA) in a manifesto called for an orientation in crisis-riven Germany toward the "way of life of the Russian people." See: *Die Baugilde*, 7 (1932), 345 f.

17 Nikolay A. Milyutin, *Sotsgorod. The Problem of Building Socialist Cities* (Moscow/Leningrad 1930); translated from the Russian by Anatole Senkevich (Cambridge, MA 1974; reprinted Basel et al. 1995). For more information on the impact of the linear-city concept on capitalist urban structures, see Karin Wilhelm, "The Earth, a Good Domicile: Ambivalences of the Modern City," in: Katrin Klingan and Kerstin Gust (eds), *A Utopia of Modernity: Zlin. Revisiting Bata's Functional City* (Berlin 2009), 225 ff.

18 Arthur Korn, "1891 to the Present," *Architectural Association Journal*, nos 34/35/36 (December 1957): 118 (copy in the Akademie der Künste Archive, Berlin). Korn implies that he was working in parallel to Milyutin on the linear-city concept.

19 Rudolf Rücker, "Die sozialistische Stadt," *Deutsche Bauzeitung* (January 18, 1933), quoted from Balg, *Martin Mächler*, 280.

20 The display boards are held at the Baukunstarchiv, Akademie der Künste, Berlin (Estate of Hubert Hoffmann). Benny Heumann, who as a student was active in the collective, reported that "the students made everything themselves from scratch ... including the photos and diagrams." Among other things, they also used illustrations from Milyutin's *Sotsgorod* study. See Baukunstarchiv, Akademie der Künste, Berlin (Pre-death estate Kurt Junghanns, archive material on the Proletarian Building Exhibition, 1931, class. 02.03, no. 60).

21 Walter Gropius, "Wohnhäuser im Grünen. Eine groszstädtische Wohnform der Zukunft," *Zentralblatt der Bauverwaltung*, 51, 49/50 (1931): 743. In this context, Gropius discusses the conventional reservations towards the skyscraper as the global emblem of America.

22 Occasionally Gropius did in fact speak of "the immoral right of private property ownership," as in the journal *Das neue Rußland*, quoted from NGBK Berlin (ed), *Wem gehört die Welt*, 156.

23 Program, *Proletarische Bauausstellung*, 5.

24 In historical research into the Soviet Union, reference is made to the fact that the "ideologically motivated tendency" of women to exceed their production targets coincided with a "raising of their self-esteem." "In this way they were able to compensate for their subordinate position within the Socialist system." Daniel Wechlin, "Der Mensch im Fokus der Totalitarismusanalyse. Stalinismusforschung auf der Spur des historischen Subjekts," *Neue Zürcher Zeitung*, 296, 20 (December 20, 2003), 73.

25 In this context, reference is made to the article by Hannes Meyer, in which he speaks of finding the model for the organization of the collective housekeeping in the luxury hotels "on the Riviera," which, would, of course, require socialist-style restructuring. Korn was doubtless aware of this essay. See Hannes Meyer, "Die neue Welt" (2nd edition, 1928), in: Klaus-Jürgen Winkler, *Der Architekt Hannes Meyer. Anschauungen und Werk* (Berlin 1989), 229 ff.

26 Incidentally, Korn's idealization of the factory under his urban planning concepts should also be traced back to Le Corbusier. In *Vers une architecture*, Le Corbusier wrote in 1922, "In the present state of marking time (for modern town-planning is not yet born) the most noble quarters of our towns are inevitably the manufacturing ones .... In the interior of workshops ... an admirable order reigns." See Le Corbusier, *Vers une architecture* (Paris 1922); *Towards a New Architecture*, tr. John Rodker (London 1927); "Ausblick auf eine Architektur," in: *Bauwelt Fundamente*, 2 (Gütersloh/Berlin 1969), 52. The extent to which new housing technologies were able to facilitate the notion of relieving people from the burden of physical housework in future, by the automation of the household and the house itself, can only be adumbrated here.

27 Notes in a letter from Gerhard Kosel to Kurt Junghans, March 17, 1981, Baukunstarchiv, Akademie der Künste, Berlin (Pre-death estate of Kurt Junghanns, archive material on the Proletarian Building Exhibition 1931, class. 02.03, no. 60).

28 Rudolf Rücker, quoted from Ilse Balg, *Martin Mächler*, 277.

29 Ibid., 280.

30 Kieren, *Schweizer Staedtebauer*, 11.

Kollektiv für sozialistisches Bauen, Programm der *Proletarischen Bauausstellung,* 1931 / Collective for Socialist Architecture, Program of the Proletarian Building Exhibition, 1931
Collection Het Nieuwe Instituut / Collection Van Eesteren-Fluck & Van Lohuizen Foundation, Den Haag

PROLETARIAN
BUILDING EXHIBITION

ORGANIZED BY
THE COLLECTIVE FOR SOCIALIST ARCHITECTURE

ENGELS:

POOR HOUSING IS AN INSOLUBLE
COMPONENT OF THE CAPITALIST SYSTEM

Duitsland
[4-1931]

PROLETARISCHE BAUAUSSTELLUNG

VERANSTALTET VOM

KOLLEKTIV FÜR SOZIALISTISCHES BAUEN

ENGELS:

DAS WOHNUNGSELEND IST EIN UNLÖSBARER BESTANDTEIL DES KAPITALISTISCHEN SYSTEMS

In opposition to the bourgeois *Deutsche Bauausstellung* (German Building Exhibition), the *Kollektiv für Sozialistisches Bauen* (Collective for Socialist Architecture) is organizing a proletarian building exhibition.
The bourgeois building exhibition is presenting material on all areas of construction; however, it is neither capable of offering a proper analysis nor a proper perspective with a plan derived from it for future development. In particular, its rigid methodology is not equal to the dialectical process of building. In essence, the exhibition is a sheer trade fair and serves the rationalization of the construction industry, which has been previously seriously neglected. But in common with all capitalist rationalizations, this leads to greater exploitation, lower wages, and increased unemployment among the proletariat. – For visitors to *Die Wohnung unserer Zeit* (The Dwelling of our Time) the section attracting most visitors, the organizers have this message: "The dwelling of our time does not exist yet." Yet it does exist without doubt: 100 people have to "live" in an old horse stable, 12 people have to call one room home! That is the housing of our day!
This is what the proletarian building exhibition shows. It presents what needed to be done in residential construction and what was not done. It investigates the most important individual issues in urban development, demonstrates the futility of looking to resolve the housing question in the capitalist state, and shows the resolution proposed in the U.S.S.R.

The program of the proletarian building exhibition:

1. Housing

2. Urban development

3. Transportation

Das Kollektiv für sozialistisches Bauen veranstaltet im Gegensatz zur bürgerlichen "Deutschen Bauausstellung" eine proletarische Bauausstellung.
Die bürgerliche Bauausstellung bringt auf allen Gebieten des Bauens Material; sie ist aber weder im Stande eine richtige Analyse noch eine richtige Perspektive mit einem davon abgeleiteten Plan der zukünftigen Entwickelung zu geben. Besonders ist ihre starre Methode dem dialektischen Ablauf des Bauens nicht gewachsen. Die Ausstellung ist im Grunde genommen eine reine Geschäftsmesse und dient der bisher stark vernachlässigten Rationalisierung im Baugewerbe. Aber wie alle kapitalistische Rationalisierungen bringt sie als Folge vergrösserte Ausbeutung, verringerten Lohn und vergrösserte Arbeitslosigkeit unter dem Proletariat. - Zu der die Besucher am meisten interessierenden Abteilung -Die Wohnung unserer Zeit- sagen die Veranstalter: " Die Wohnung unserer Zeit gibt es noch nicht. " Aber gewis gibt es sie: 1oo Personen müssen in einem alten Pferdestall "wohnen", 12 Personen müssen in einem Zimmer hausen! Das ist die Wohnung unserer Zeit!
Dies zeigt die proletarische Bauausstellung. Sie zeigt was im Wohnungsbau hätte getan werden müssen und was unterlassen wurde. Sie untersucht die wichtigsten Einzelfragen des Städtebaus, zeigt die Aussichtslosigkeit der Lösung der Wohnfrage im kapitalistischen Staat und die Vorschläge zur ihrer Lösung in der U. d. S. S. R.

Programm der proletarischen Bauausstellung:

1. Wohnen

2. Städtebau

3. Verkehr

1. Housing.

Engels, The Housing Question:
"It is perfectly clear that the existing state is neither able nor willing to do anything to remedy the housing difficulty. The state is nothing but the organized collective power of the possessing classes, the landowners, and the capitalists as against the exploited classes, the peasants, and the workers. What the individual capitalists ... do not want, their state also does not want. If therefore the individual capitalists deplore the housing shortage, but can hardly be persuaded even superficially to palliate its most terrifying consequences, then the collective capitalist, the state, will not do much more."[1] –

All social reforms are pointless as well; every forced reduction of rents is followed by a corresponding cut in wages, as was the case in Vienna. In this way, the lower rents provide a means for big business to compete cheaply against countries abroad. In this respect, a remark by the social democrat Bauer is typical in addressing the workers to sing the praises of how wonderfully far they have come by abolishing the original rent tax while at the same time clearly indicating to industrialists what a splendid export premium has fallen into their laps. –

The Nazis' proposals on the housing question are highly reactionary: dispersing the large cities and creating in their place garden estates with the desired effect of a return to self-sufficiency. The small settler on the estate can then no longer afford the pay for the lease, and works under any conditions just to safeguard his property.

The same applies to the social democratic watchword of "House, yard, and garden for everyone." Engels himself already refuted this claim with the simple observation: "The proletariat is as free as a bird. Chaining them to an apartment or even to a little house and garden is the right way to turn workers into moral cowards. It kills the revolutionary in them. For the sake of their own small property, they leave themselves unconditionally at the mercy of the ruling class and their state."[2] – Big industry has understood this sentence well enough, the industrialist builds working-class estates, so-called company housing estates, and puts on airs as the workers' benefactor while not only connecting this with a business by extorting a rent from the worker, but deliberately securing the most terrible means of exerting pressure. If the workers do not knuckle under or even dare to go on strike, they will simply be thrown out onto the street. In general, rather than such

– 2 –

1. Wohnen.

Engels, Zur Wohnungsfrage:
Dass der heutige Staat der Wohnungsfrage weder abhelfen kann, noch will, ist sonnenklar. Der Staat ist nichts anderes als die organisierte Gesamtmacht der besitzenden Klasse, der Grundbesitzer und Kapitalisten gegenüber den ausgebeuteten Massen der Bauern und Arbeiter. Was die einzelnen Kapitalisten nicht wollen, das will auch der Staat nicht. Wenn also die einzelnen Kapitalisten die Wohnungsnot zwar beklagen, aber kaum zu bewegen sind, ihre erschreckendsten Konsequenzen oberflächlich zu vertuschen, so wird der Gesamtkapitalist, der Staat , auch nicht viel mehr tun."-

Auch alle sozialen Reformen sind zwecklos; jeder zwangsweisen Herabsetzung der Mieten folgt eine entsprechende Lohnsenkung, wie es in Wien der Fall war. Für die Unternehmer werden so die niedrigen Mieten ein Mittel zur verbilligten Konkurrenz dem Ausland gegenüber. Hierzu ist eine Äusserung des Sozialdemokraten Bauer charakteristisch, der den Arbeitern vorschwärmte, wie herrlich weit sie es durch die Abschaffung des eigentlichen Mietzins gebracht hätten und den Industriellen gleichzeitig vor Augen führte, was für eine prächtige Exportprämie ihnen in den Schoss gefallen ist.-

Streng reaktionär sind die Vorschläge der Nazis zur Wohnungsfrage: Auflösung der Grossstädte, an deren Stelle Gartensiedlungen und der damit angestrebte Rückkehr zur Selbstversorgung. Der kleine Siedler kann ja die Pacht garnicht mehr bezahlen, er arbeitet jetzt zu jeder Bedingung, nur um sein Eigentum zu bewahren.

Dasselbe gilt für die sozialdemokratische Parole: "Haus, Hof und Garten für jedermann." Schon Engels entkräftet diesen Vorschlag mit der einfachen Feststellung: "Die Proletarier sind vogelfrei. Die Fesselung an eine Wohnung, oder gar an ein Häuschen mit Garten ist geeignet, aus einem Arbeiter einen Duckmäuser zu machen. Der Revolutionär wird in ihm getötet. Er ergibt sich um seines eigenen kleinen Besitztums willen auf Gnade und Ungnade der herrschenden Klasse und ihrem Staat." - Die Grossindustrie hat diesen Satz ziemlich deutlich begriffen, der Industrielle baut Arbeitersiedlungen, sogen. Werksiedlungen, spielt sich als Wohltäter der Arbeiter auf und verbindet hiermit nicht nur ein Geschäft, indem er aus dem Arbeiter Miete herauspresst, sondern sichert sich gleichzeitig ein Druckmittel furchtbarster Art. Wenn die Arbeiter nicht parieren oder gar zum Streik übergehen, werden sie ein-

- 2 -

company housing estates resolving the housing question, they actually first create the distress!

Engels emphasizes that building programs with state subsidies generate lucrative business for construction-firm owners and businesses, and this is an area where local-level corruption and the worst type of speculation easily flourishes. Here, every day we find profiteering with plots of land, private entrepreneurs swallowing up millions, even billions, or tax money, and so-called not-for-profit housing associations. The *Hauszinssteuer* (rent tax), supposed to be collected from house owners who have been freed from their mortgage debt by the stabilization of the Mark, is never paid by the owner, but by the tenants. The house owners even increase their own wealth through this tax. The tenants pay 2200 million rent tax every year, and the house owners keep no less than 350 million for themselves.

What happens to the rent tax which is handed over? 54% of it flows into the general budget and is used for such expenses as battle cruisers, contributions towards the police, and so on. In Germany, the entire rent tax generates a tax revenue totaling 2200 million, yet only 850 million is ploughed back into housing. In 1931, this sum is to be cut to as little as 400 million.

The *Wohnungsfürsorgegesellschaft* (housing assistance association) administers the money earmarked for residential construction. It provides low-interest loans for contractors if they can demonstrate that they have financial resources equivalent to 10% of the building costs. This rent tax mortgage provides 45%, and a bank then lends the other 45%. Everyone knows that the 10% owner's capital is virtually never available and only exists on paper, usually in the form of an unencumbered plot of land. The building speculator acquires the plot of land as assets by overestimating the declared building costs when applying for the mortgage so that the mortgage granted is far higher than the builder's actual needs and then uses part of this to pay off a bridging loan designed to function as the owner's equity or for the price of the plot of land not yet purchased. In this way, the contractor ends up owning the plot of land, the house, and the rent tax it generates without actually doing any of the work!

The success of this method: The rents are presently so high that they are beyond the means of 90% of the population (90% of the working population earns less than 200

fach auf die Strasse geworfen. Im allgemeinen lösen diese Werksiedlungen die Wohnungsfrage nicht, sondern schaffen erst die Not durch die Wohnung!

Engels betont, dass das Bauen mit staatlichen Zuschüssen auf ein fettes Geschäft für Baugesellschaften und Unternehmer hinausläuft, da gedeihen auch leicht kommunale Korruption und übelste Spekulation. Die Schiebungen mit Grundstükken, das Verschlucken von Millionen, ja Milliarden Steuergelder durch Privatunternehmer und sogenannte Gemeinnützige Wohnungsbaugesellschaften erleben wir täglich. Die Hauszinssteuer, die angeblich von dem durch die Stabilisierung der Mark von seinen Hypothekenlasten entschuldeten Hausbesitz eingezogen werden sollte, wird ja garnicht von den Hausbesitzern, sondern von den Mietern gezahlt. Die Hausbesitzer bereichern sich sogar an dieser Steuer. Die Miter zahlen jährlich 22oo Millionen Hauszinssteuer, davon behalten die Hausbesitzer nicht weniger als 35o Millionen für sich.

Was geschieht mit der abgelieferten Hauszinssteuer? 54% fliessen in den allgemeinen Etat und werden dort für Ausgaben wie Panzerkreuzer, Polizeizuschüsse etc. verwendet. In Deutschland beträgt das gesamte Hauszinssteueraufkommen 22oo Millionen, aber nur 85o Millionen wurde für den Wohnungsbau verwendet. Im Jahre 1931 soll diese Ausgabe sogar auf 4oo Millionen herabgedrückt werden.

Die für den Wohnungsbau bestimmten Gelder verwaltet die Wohnungsfürsorgegesellschaft. Sie gibt Unternehmern, wenn er 1o% der Bausumme nachweisen kann, Hypotheken zu einem minimalen Zinssatz. 45% beträgt diese Hauszinssteuerhypothek, weitere 45% leiht eine Bank. Jedermann weiss, dass die benötigten 1o% Eigenkapital fast niemals vorhanden sind, sie werden nur rechnerisch nachgewiesen, meist in Form eines schuldenfreien Grundstückes. In den Besitz eines Grundstückes kommt der Bauspekulant, indem er bei Beantragung der Hypothek eine zu hohe Veranschlagung der Baukosten angibt, bekommt demnach eine viel zu hohe Hypothek, zahlt aus dieser einen für die Zwischenzeit aufgenommenen Zwischenkredit, der das"Eigenkapital" darstellen soll oder den Preis des noch nicht bezahlzen Grundstückes. Er kommt somit in Besitz des Grundstückes, des Hauses und somit seiner Rente, ohne jede Leistung!

Der Erfolg dieser Methoden: Die Mieten sind derart hoch, dass 9o % der Bevölkerung sie nicht bezahlen können (9o % der Werktätigen verdienen unter 2oo Mark!). Würde der volle Betrag der Hauszinssteuer für Wohnungsbauten verwendet, und

Marks!). If the full rent tax was ploughed back into housing construction and the housing solely financed by these funds, a third more apartments could be built and they would be over 50% cheaper. But here too, from the Nazis to the SDP social democrats, politicians prove to be the instrument of the capitalist classes and vote against the use of the full amount of rent tax for the provision of housing.

Engels: "The housing shortage is a necessary product of the bourgeois social order. It cannot fail to be present in a society in which the great masses of the workers are exclusively dependent upon wages ... in which improvements of the existing machinery continually throw masses of workers out of employment; in which violent and regularly recurring industrial vacillations determine on the one hand the existence of a large reserve army of unemployed workers, and on the other hand drive large masses of the workers temporarily unemployed onto the streets; in which the workers are crowded together in masses in the big towns, at a quicker rate than dwellings come into existence for them under existing conditions; in which, therefore, there must always be tenants even for the most infamous pigsties ... In such a society the housing shortage is no accident; it is a necessary institution and can be abolished together with all its effects on health, etc., only if the whole social order from which it springs is fundamentally refashioned."[3]

According to official figures, there is a shortfall of one million apartments, i.e., one million families live as subtenants. From this very small number drawn out of thin air, 300,000 people alone live in hovels. In Berlin, 40,000 live in cellar flats and 28% in Harburg,[4] yet there are as many rooms as people in every town with over 5000 inhabitants so that taking the housing into local authority ownership would solve the entire housing shortage at one fell swoop! 80% of people are living in one- and two-room apartments. An English doctor working for the health system has shown that the mortality rate in one-room flats is twice as high as, for instance, in three-room flats. In Berlin, there are between 12,000 and 15,000 large apartments standing empty, and 300,000 apartments are condemned yet continue to be lived in. 40% of all those dying of tuberculosis lived in one-room flats. In Berlin's Neukölln district, three-quarters of those with open tuberculosis do not have their own room, 38% share their bedroom with children and, due to the lack of space in their living conditions, 16% of these ill people do not even have their own bed!

Torgau: A proletarian's family is evicted. The municipal authorities say: If you have nowhere to stay, there are enough prison cells ... The people preferred to move into

– 4 –

die Wohnungsbauten ausschliesslich aus diesen Mitteln finanziert werden, könnten ein Drittel mehr Wohnungen gebaut werden und diese um mehr als die Hälfte billiger. Aber von den Nazis bis zur S.P.D. erweisst man sich auch hier als Werkzeug der Kapitalistenklasse und stimmt gegen die volle Verwendung der Hauszinssteuer zum Wohnungsbau.

Engels: "Die Wohnungsnot ist ein notwendiges Erzeugnis der bürgerlichen Gesellschaftsordnung. Eine Gesellschaft in der die grosse arbeitende Masse auf Arbeitslohn angewiesen ist, in der fortwährend neue Verbesserung der Maschinerie usw. Massen von Arbeitern ausser Arbeit setzen, in der heftige, regelmässig wiederkehrende industrielle Schwankungen einerseits das Vorhandensein einer zahlreichen Reservearmee, andererseits die grosse Masse der Arbeiter arbeitslos auf die Strasse treiben, in der Arbeiter massenhaft in den grossen Städten zusammengedrängt werden, und zwar rascher als unter den bestehenden Verhältnissen Wohnungen für sie entstehen, in der also für die infamsten Schweineställe sich immer Mieter finden müssen . . . kann nicht ohne Wohnungsnot entstehen. In einer solchen Gesellschaft ist die Wohnungsnot kein Zufall, sie ist eine notwendige Institution, die kann mitsamt ihren Rückwirkungen auf die Gesundheit usw. nur beseitigt werden, wenn die ganze Gesellschaftsordnung, der sie entspringt, von Grund aus umgewälzt wird."

Nach den amtlichen Meldungen fehlen eine Million Wohnungen, d.h. eine Million Familien wohnen in Untermiete. Von dieser sehr klein gegriffenen Zahl wohnen allein 300ooo in Baracken. In Berlin wohnen 40ooo in Kellerwohnungen, in Harburg 28%, aber in allen Städten über 5ooo Einwohnern gibt es ebensoviel Räume wie Menschen, das bedeutet, dass bei einer Komunalisierung der Wohnungen mit einem Schlage jede Wohnunsnot beseitigt wäre! 8o % wohnen in Ein und Zweizimmerwohnungen. Ein englischer Arzt des Gesundheitswesen stellte fest, dass die Sterblichkeit in Einzimmerwohnungen doppelt so hoch ist wie z.B. in Dreizimmerwohnungen. 12 - 15ooo Grosswohnungen stehen in Berlin leer, 300ooo Wohnungen sind abbruchsreif, werden aber witerbewohnt. 4o % aller die an Tuberkulose starben, wohnten in Einzimmerwohnungen. In Neukölln hat 3/4 der Kranken mit offener Tuberkulose kein eigenes Zimmer, 38 % teilen den Schlafraum mit Kindern, 16 % dieser Kranken hat we wegen Raummangel kein eigenes Bett!

Torgau: Eine Proletarierfamilie wird exmittiert. Der Magistrat sagt: Wenn Sie keinen Platz haben, so sind ja noch Gefängniszellen da... Die Leute zogen vor, einen Hühnerstall

a henhouse.

The smaller, worse, and less adequate the flats, the more expensive they are, with, for example, a luxury apartment in Berlin's Schöneberg district costing 2.85 Marks a cubic meter, while a small apartment costs 3.36 Marks per cubic meter. Marx: "... everyone knows that the dearness of houses stand in inverse ratio to their quality, and that the mines of misery are exploited by house speculators with more profit and at less cost than the mines of Potosí ..."[5]

In contrast, the solution of the housing question in the first proletarian state, the U.S.S.R.: The five-year plan has budgeted around 20 billion for housing and the construction of social facilities. 200 new industrial cities and settlements and 1000 country towns are to be built. The most massive task ever undertaken in the history of humankind. In the Soviet Union, the proletariat is the ruling class, and it will put an end to the housing shortage because it oppresses them. The means used by the proletariat to achieve this goal will be the socialist society. The family is the basic social component of today's society. The family satisfies an entire series of individual and social needs in the apartment where it lives. In every apartment, meals are cooked and eaten, the laundry is washed, and children are raised. This entire approach is a monstrous and irrational waste of people's energies and based on the total enslavement of women. Housing in the socialist city: The individual unit in the socialist state is not the family. The socialist city is divided into communities whose size is determined by their functional nature. The phrase "communal apartment" has been coined in the Soviet Union. Such communal housing comprises individual bedroom/living rooms for each adult member, dining rooms for the entire community, common club rooms for the needs of communal living (reading, playing, discussions, bathrooms, hall), rooms provided for individual members for a particular occupation (music room, study rooms for scholars and students), and children's rooms. Today, an adult's room in a communal apartment measures around 9 sq m, and will become larger as the entire socialist society becomes wealthier. Although this 9 sq m may seem small today, it still has an enormous significance compared with the present conditions in capitalist countries where the proletariat is herded together in unhealthy rooms. Moreover, this room is actually only for the individual to sleep in and rest, since the communal rooms provide for all other needs. The entire city is fed from one single central point where the meals are prepared and then distributed to the individual communal apartments and

– 5 –

zu beziehen.

Je kleiner, je schlechter, je unzureichender die Wohnungen sind, desto teurer sind sie, so kostet z.B. in Schöneberg in einer Luxuswohnung der cbm Mk.2.85, der cbm ein kleinen Wohnung Mk.3.36. Marx:"Jeder weiss, dass die Teuerung der Wohnungen im umgekehrten Verhältnis zu ihrer Güte steht und dass die Minen des Elends von Häuserspekulanten mit mehr Profit und weniger Kosten ausgebeutet werden, als jemals die Silberminen von Potosie."

Demgegenüber die Lösung der Wohnungsfrage im ersten proletarischen Staat, der U.d.S.S.R.:
Der Fünfjahresplan sieht etwa 2o Milliarden für Wohnungs und sozialen Bau vor. 2oo neue Industriestädte und Siedlungen, 1ooo neue Landstädte werden gebaut. Die gewaltigste Aufgabe, die in der Geschichte der Menschheit überhaupt gestellt wurde. In der Sowjetunion ist das Proletariat die herrschende Klasse, und es wird die Wohnungsnot aufheben, weil es von ihr bedrückt ist. Die Mittel hierzu wird ihm die sozialistische Gesellschaft werden. Das soziale Grundelement der heutigen Gesellschaft ist die Familie. Eine ganze Reihe der individuellen und sozialen Bedürfnisse befriedigt die Familie in ihrer Wohnung. In jeder Wohnung wird Essen gekocht und gegessen, Wäsche gewaschen, Kinder aufgezogen. Das Ganze ist eine ungeheuer unrationelle Kräftevergeudung und auf der völligen Versklavung der Frau aufgebaut. Das Wohnen in der sozialistischen Stadt: Die Einzelzelle im sozialistischen Staat ist nicht die Familie. Die sozialistische Stadt ist in Gemeinschaften eingeteilt, deren Grösse durch die Zweckmässigkeit bestimmt ist. In der Sowjetunion ist das Wort Wohnkombinat geprägt worden. Ein solches Wohnkombinat besteht aus einzelnen Wohn- und Schlafräumen für je ein erwachsenes Mitglied, aus den Speiseräumen für die ganze Gemeinschaft, aus den Aufenthalts-Klubräumen, die die Bedürfnisse des gemeinschaftlichen Zusammenlebens befridiegen (Lese, Spiel, Sprech, Baderäume, Saalbau), aus den Räumen , die dem einzelnen zwecks einer besonderen Beschäftigung zur Verfügung gestellt werden (Musikzimmer, wissensch. Studienräume) und Räume für Kinder. Das Wohnkombinat eines Erwachsenen ist heute ca. 9 qm und wird mit der Bereicherung der ganzen sozialistischen Gesellschaft wachsen. Obwohl diese 9 qm heute wenig erscheinen können, bedeuten sie noch immer ungeheuer viel gegenüber den heutigen Zuständen in den kapitalistischen Ländern, wo das Proletariat in ungesunden Zimmern zusammengepfercht wird. Ausserdem dient dieser Raum eigentlich nur dem Schlafen und Ausruhen des Einzelnen, denn seine

- 5 -

factories. – The task of bringing up children is to be organized in such a way as to take this burden off the shoulders of working mothers. From birth until they are three years old, children live in the communal nursery located in the house where their mothers live. Every mother can look after her child during her free time, but is freed from all the unpleasant aspects of raising children. In the socialist state, the desire for culture is also satisfied communally as far as possible. Each communal apartment will not only be a community of people living together, but also a cultural community.
Rather than a dream and pie in the sky, socialist cities are already a fact today. Around Stalingrad at the mouth of the Volga-Don Shipping Canal, five such socialist cities are being built to house a population of around 300,000 people. In this same way, around 500,000 people are being settled around the massive Dneprostroi hydroelectric power station.

2. Urban Development.

a. The most universal condition for founding a city is the division of labor between the city and the land.
b. The city's growth and decline is dependent on the major historical economic flows.
c. The urban structure is determined by the mode of production.
d. The design reflects class antagonism through the development of the *Stadtkrone* ("city crown") and housing for the masses.

Characteristic turning-points of history:
The classical world, via Egypt, Babylon, and Greece, reached the climax of its display of power around the Mediterranean basin in Rome.
After its destruction, development came to a halt, and it took three centuries before the first seeds of something new appeared in Northern Europe.
The Crusades and the trade from the Middle East to northern Europe favored the southern German cities and the major port cities of Venice and Genoa, which were then the heart of Europe.

– 6 –

anderen Bedürfnisse werden in gemeinschaftlichen Räumen befriedigt. Die Ernährung der ganzen Stadt erfolgt von einem zentralen Punkt aus, wo die Speisen zubereitet und dann in die Speiseräume der einzelnen Wohngemeinschaften und Betriebe verteilt werden.- Die Kindererziehung wird auf eine Weise organisiert, die den arbeitenden Müttern die Last der Kindererziehung abnimmt. Die Kinder leben von der Geburt bis zum dritten Lebensjahr in der Kinderkrippe, die sich im Hause, in dem die Mutter wohnt, befindet. Jede Mutter hat die Möglichkeit sich in ihren Freistunden ihrem Kind zu widmen, sie wird aber von allen Unannehmlichkeiten der Kindererziehung befreit. Die kulturellen Bedürfnisse werden in der sozialistischen Stadt möglichst gemeinschaftlich befriedigt. Jedes Wohnkombinat wied nicht nur eine Wohngemeinschaft, sondern auch eine kulturelle Gemeinschaft sein.
Die sozialistischen Städte sind nicht Traum und Zukunftmusik, sie sind eine Tatsache von heute. Um Stalingrad an der Mündung des Wolga-Don- Kanal befinden sich fünf sozialistische Städte im Bau, für eine Bevölkerung von ca. 300ooo. Um das gewaltige Wasserkraftwerk Dnjeprostroj werden auf diese Weise 500ooo Menschen angesiedelt.

2. Städtebau.

a. Die allgemeinste Bedingung der Stadtgeburt ist die Arbeitsteilung von Stadt und Land.
b. Die Stadt wächst und verfällt abhängig von dem grossen historischen Wirtschaftsstrom.
c. Die Stadtgestalt wird bestimmt durch die Produktionsweise.
d. In der Gestalt zeigt sich der Klassengegensatz durch die Ausbildung der "Stadtkrone" und die Unterbringung der Menschenmassen.

Charakteristische Wendepunkte der Geschichte:
Über Ägypten, Babylon und Griechenland findet die Antike ihren Höhepunkt in der Machtentfaltung um das Mittelmeerbekken in Rom.
Nach dessen Zerstörung bricht die Entwickelung ab, und es bedarf dreier Jahrhunderte, bis sich in Nordeuropa die ersten neuen Keime zeigen.
Die Kreuzzüge, der Handel vom Orient nach Nordeuropa begünstigen die süddeutschen Städte und die Einfallshäfen Venedig und Genua, die damals das Herz Europas darstellen. -6-

These cities were doomed to wither away after the discovery of America and the states on the Atlantic coastline started to flourish (Spain, Holland, France, England). Today, the poles of the world facing each other are the United States, the stronghold of high finance, and the U.S.S.R., the world's first workers' state.

The city in antiquity was based on consumption ("Comparable to the lair where the predator drags its prey"), an army camp, refuge, and an urban setting for displays of magnificence.

Until 1500, the medieval city was independent (*Stadtluft macht frei* [city air makes you free]); it comprised the guild streets, city hall, church, and city walls as distinct constituent elements. The most important aspect was defense. – This form was destroyed by Absolutism; new fortifications were necessary and, hence, so were garrisons, which depend on larger masses of the population (Populationism). This required the standardized founding of complete city districts. Compared to the medieval guild, production (workshop system and manufacturing) was reduced to a minor role and consequently no longer appears in the cityscape. – Production only takes a leading role again in Capitalism. The cityscape is shaped by the metropolitan Ruhrstadt, or the Siemenstadt company estate, etc.

The class antagonism is displayed in the development of prestige and prestigious buildings and the accommodation for the masses. – If we describe the prestige and cult buildings as the apex and the remainder of the city as the mass, then these prominent elements can be found stereotypically in the designs of all cities. From Beijing to New York, the "city crown" symbolizes the particular holder of power. – Changes in the productive forces lead to changes in the spatial and weighting ratios. The administrative quarter of Beijing, a consumption agglomeration, fills virtually half the entire city while, in comparison to the massive sea of houses in New York, the space occupied by the business quarter there is shrinking.

While all previous stages of society were distinguished by the ruling classes creating a prestigious setting to display themselves, the coming proletarian rule faces the historical task of overcoming this antithesis between the apex and the mass. In the process, it will also abolish the inhumane and degrading state of affairs in urban development that characterizes the "prehistory" of humankind.

– 7 –

Diese Städte sind zum Sterben verurteilt nach der Entdeckung Amerikas und dem Aufblühen der Staaten an der atlantischen Küste (Spanien, Holland, Frankreich, England.) In der Burg der Hochfinanz Amerika und dem ersten Arbeiterstaat der Welt, der U.d.S.S.R. stehen sich heute die Pole der Welt gegenüber.

Die antike Stadt ist auf Konsumption gegründet ("Der Höhle vergleichbar in die das Raubtier seine Beute schleppt") Heerlager, Fliehburg, Repräsentationsstadt.
Die mittelalterliche Stadt bis 15oo ist unabhängig (Stadtluft macht frei); sie enthält deutlich erkennbar die Zunftstrassen, das Rathaus, die Kirche, die Stadtmauer und repräsentiert diese Elemente klar. Die Verteidigung spilet die allergrösste Rolle. - Der Absolutismus vernichtet dieses Gebilde, neue Befestigungswerke werden notwendig und damit Garnisonen, die von grösseren Bevölkerungsmassen abhängig sind (Populationismus). Dies bedingt einheitliche Gründung ganzer Stadtviertel. Die Produktion (Verlagssystem und Manufaktur) wird gegenüber der mittelalterlichen Zunft degradiert und tritt dementsprechend im Stadtbils nicht mehr hervor.- Erst im Kapitalismus tritt die Produktion wieder führend hervor. Die Ruhrstadt, Siemensstadt etc. bestimmen das Stadtbild.

Der Klassengegensatz zeigt sich in der Ausbildung der Machtbauten und der Unterbringung der Menschenmassen.- Wenn wir die Repräsentations- und Kultbauten als Spitze und die übrige Stadt als Masse bezeichnen, so treten im Schema aller Städte diese ausgeprägten Elemente stereotyp auf. Die "Stadtkrone" von Peking bis New York ist das Wajrzeichen des jeweiligen Machthabers.- Mit der Wandlung der Produktivkräfte ändert sich das Raum- und Gewichtsverhältnis. Das Verwaltungsviertel der Konsumaglomeration Peking nimmt fast die Hälfte der Gesamtstadt ein, während das Geschäftviertel New Yorks räumlich gegenüber dem ungeheuren Häusermeer verschwindet.

Während sich alle bisherigen Gesellschaftsstufen dadurch auszeichneten, dass die herrschende Klasse sich selbst repräsentier, wird es die geschichtliche Aufgabe der kommenden proletarischen Herrschaft sein, diesen Gegesatz zwischen Spitze und Masse aufzuheben. Damit wird sie auch im Städtebau den menschenunwürdigen Zustand aufheben, der die "Vorgeschichte" der Menschheit charakterisiert.

- 7 -

The City as Hotel and Factory

In today's class society, the downtown area dominates the city (see Corbusier, Mächler), it is the market and so the sanctum of capital which confronts the proletariat's wretched mass accommodation. This opposition is only resolved in the classless society.
The city of the classless society is
The City as Hotel and Factory.
The city is not fixed. It follows the progressive development of the productive forces.
Today, Leningrad has less development, Moscow more, and Magnitogorsk a stormy development. In a Soviet Germany, Berlin would develop slowly, while the metropolitan Ruhrstadt would develop quickly.
Today, there is a drive to concentration in industry and agriculture. This concentration results in the new city (high-rises). As in every form of production, the objective here, too, is to have short transport routes.
In the present era, the powerful development of the forces of production results in the factories and hence the buildings already being obsolete after ten years. Housing should follow the same rule. So it needs to be amortized within ten years.
Since in certain branches of industry which are not fixed to one site, some production facilities will change their location, the apartments are to be easy to dissemble and re-assemble. Housing is to be produced as a model in the style of a commodity.
In this way, it can easily be expanded from 1000 people to 10 million. In Germany, this would mean 62 million rooms for 62 million people, so that everyone would initially have one room.
For new buildings, the basic standard for every person is 24 sq m.
This figure is to rise from year to year.
Housing is located in a park landscape.

– 7a –

Die Stadt als Hotel und Fabrik.

In der heutigen Klassengesellschaft beherrscht die City die Stadt(Siehe Corbusier, Mächler), sie ist der Markt und deshalb das Heiligtum des Kapitals, dem die elenden Massenquartiere des Proletariats gegenüber stehen. Erst in der klassenlosen Gesellschaft ist dieser Gegensatz aufgehoben. Die Stadt der klassenlosen Gesellschaft ist

die Stadt als Hotel und Fabrik

Die Stadt ist nicht starr. Sie folgt der fortschreitenden Entwickelung der Produktivkräfte.

Heute hat Leningrad eine geringe, Moskau eine stärkere, Magnetogorsk eine stürmische Entwickelung. In einem Sowjetdeutschland wird Berlin sich langsam, die Ruhrstadt sich schnell entwickeln.

Die Industrie auch die Landwirtschaft drängt heute zur Konzentration. Dieser Konzentration hat die neue Stadt zu folgen (Hochhäuser). Wie in jeder Produktionsform gelten auch hier kurze Verkehrwege.

Die starke Entwickelung der Produktionskräfte führt in heutiger Zeit schon nach lo Jahren zur Überalterung der Betriebe und damit auch der Bauten. Dem hat die Wohnung zu folgen. Deshalb lo jährige Amortisation.

Bestimmte Produktionszweige, die nicht an den Boden gefesselt sind, werden mitunter ihren Standort wechseln, deshalb sind auch die Wohnungen montagemässig leicht auf und abzubauen.-

Die Wohnung ist als Type warenmässig herzustellen. Sie ist dadurch von looo Menschen bis lo Millionen leichtzu erweitern.-

In Deutschland entsprechen den 62 Millionen Menschen 62 Millionen Räume, so dass für jeden Menschen zunächst ein Raum vorhanden ist.

Bei Neubau werden für jeden Menschen 24 qm zugrundegelegt.

Die Zahl wird von Jahr zu Jahr steigen.

Die Wohnungen liegen im Park.

- 7a -

3. Transportation.

Every year, there are over 1.8 billion journeys on the German national railroad. The working population commutes to work and back again. 53% of all journeys are short-distance trips to the place of daily work, and the commute by the working population in Berlin, Hamburg, and the Ruhr area accounts for 40% of all journeys.
The propertied classes travel for pleasure or for business.
0.03% travel first class,
ca. 5% travel second class,
and all the other journeys are third class!
The mass of the working population travels slowly on inconvenient lines with awkward connections, and on tiring seats in overcrowded railcars. The lords and masters, though, travel at 100 km an hour in luxury trains and long-distance express trains on comfortable seats in empty railway cars.

In air transport, only 150,000 flights are made annually. The cost price for one air mile is 75 Pfennigs, but the passenger only pays 15 Pfennigs, and the difference is paid by the state from your taxes! In this way, Germany pays an annual 27 million Marks for the aviation business, enough to send 270,000 children on vacation every year! Why are vast sums provided for the aviation business? Because the airplane renders a major service as a war machine! The French air fleet, for example, is capable of dropping 300 tons of poisonous gas in a "single operation" (12 tons would be enough to gas Berlin)!

Berlin's traffic reflects the chaos of the Capitalist economy. In this haphazardly developed city, the working population usually spends 1½ hours rushing to and fro between home and work. Every year, two billion journeys on Berlin's transportation system, i.e., 250 million Marks from the pockets of the workers, i.e., the individual worker uselessly loses ten full weeks on commuting back and forth to work! In capitalist countries, the industrialists arrange everything in their factories to follow the principle of the shortest way (since short distances inside factories increase profit), but they are not interested in a rational system of transportation between home and workplace.
We are calling for short distances, good connections, enough space in the means of transportation, cheaper tickets, travel time set off against working time, and companies to pay for the ticket.

– 8 –

3. Verkehr.

Auf der Reichsbahn werden jährlich 1,8 Milliarden Fahrten gemacht. Die Werktätigen fahren zur Arbeit und wieder zurück.
53% aller Fahrten sind Kurzfahrten zur täglichen Arbeit,
4o% aller Fahrten sind die Arbeitswege der Werktätigen in Berlin, Hamburg und Ruhrgebiet.
Die Besitzenden reisen zum Vergnügen oder für das Geschäft.
o.o3% fahren 1.Klasse,
ca.5% " 2. " ,
alle anderen Fahrten sind 3.Klasse!
Die Masse der Werktätigen fährt langsam mit umständlichen Verbindungen und Anschlüssen, in überfüllten Wagen, aufermüdenden Sitzen. Die Herren aber reisen mit loo km Stundengeschwindigkeit in Luxuszügen und Fern-D-Zügen, in leeren Wagen, auf bequemen Plätzen.

Im Flugzeugverkehr werden jährlich nur 150ooo Flüge gemacht. Der Selbstkostenpreis für 1 Flugkm ist 75 Pfg., der Fahrgast zahlt aber nur 15 Pfg., den Rest zahlt der Staat aus Deinen Steuern! 27 Millionen Mark zahlt Deutschland auf diese Weise jährlich für das Flugwesen, dafür könnte man jährlich 270ooo Kinder zur Erholung schicken! Warum werden ungeheure Summen dem Flugwesen zur Verfügung gestellt? Weil das Flugzeug als Krieginstrument grosse Dienste leistet! Die französische Luftflotte z.B. ist im Stande in einem "Arbeitsgang" 3oo t Giftgase abzuwerfen (12 t genügen, um Berlin zu vergasen)!

Der berliner Verkehr spiegelt das Chaos der kapitalistischen Wirtschaft wieder.In der planlos entstandenen Stadt wird der Werktätige meist 1½ Std. täglich zwischen Wohn-und Arbeitsstätte hin und hergehetzt. 2 Milliarden Fahrten jährlich auf den berliner Verkehrsmitteln,d.h. 25o Millionen Mark aus den Taschen der Werktätigen,d,h, lo volle Wochen die dem einzeln für die Arbeitswege nutzlos verloren gehen! In den kapitalistischen Ländern legen die Unternehmer in ihren Betrieben alles nach dem Grundsatz der kürzesten Wege an,(denn kurze Wege im Betrieb vergrössern den Profit) aber für einen rationellen Verkehr zwischen Wohnung und Arbeitsstätte haben sie kein Interesse.
Wir fordern kurze Wege, gute Verbindungen, genügend Platz in den Verkehrsmitteln, billigere Fahrten, Anrechnung der Fahrzeit auf die Arbeitszeit, Bezahlung des Fahrgeldes durch den Unternehmer.

1 Online: https://www.marxists.org/archive/marx/works/1872/housing-question/ch02.htm (accessed 03/18/2015).

2 Translator's note: This appears to be more a summary of Engels than a direct quote, as with the "citation" on the cover page. In these cases, the English has been translated for this article. Where the quotations are taken directly from "The Housing Question," the source of the English translation is given in the footnotes.

3 Online: https://www.marxists.org/archive/marx/works/download/Marx_The_Housing_Question.pdf (accessed 03/18/2015).

4 Harburg might refer to a quarter in Hamburg or a district in Lower Saxony. However, since the original manuscript contains various typographical errors, this could also be intended to read "Hamburg."

5 Karl Marx, *Capital*, vol. 1, tr. Ben Fowkes, 12th edition (London 1990), 812.

Andreas Zeese

Arthur Korn und das Kollektiv für sozialistisches Bauen

Das Jahr 1931 bildete für Arthur Korn einen Wendepunkt in seiner Karriere. Der 1891 in Breslau geborene Architekt – er gehörte seit 1922 der Novembergruppe, seit 1926 dem Ring und seit 1928 den Internationalen Kongressen für Neues Bauen (CIAM) an – war zuvor vor allem als Planer von Villen, Industriebauten und Läden in Erscheinung getreten. Sein 1922 mit Siegfried Weitzmann gegründetes Berliner Architekturbüro hatte sein Betätigungsfeld vornehmlich in der deutschen Hauptstadt und bearbeitete Direktaufträge für eine solvente Klientel aus dem Umfeld des Zionismus – einer nationaljüdischen Strömung, mit der Korn und Weitzmann seit den 1910er Jahren eng verbunden gewesen waren. Zu den wichtigsten Auftraggebern des Büros zählten in der zweiten Hälfte der 1920er Jahre die Parfümerie Kopp & Joseph, der Präservativhersteller Fromms Act sowie die mit der Zionistischen Weltorganisation zusammenarbeitende Versicherungsanstalt Phönix.

Mit dem Auftragsrückgang im Zuge der Weltwirtschaftskrise veränderte sich Korns Tätigkeitsfeld. War er vor 1930 hauptsächlich als Architekt für das Berliner Großbürgertum in Erscheinung getreten, wandte er sich nun verstärkt der Stadtplanungstheorie zu. Damit einher – und parallel zur zunehmenden Radikalisierung der deutschen Politik in der Endphase der

Weimarer Republik – ging eine politische Neuorientierung vom Zionismus zum revolutionären Sozialismus. Wenngleich sich beide Strömungen wesentlich voneinander unterschieden, war ihnen doch eine utopische Komponente gemeinsam – in beiden Fällen ging es um die Konzeption einer neuen Gesellschaft, bei deren Ausgestaltung den Architekten eine maßgebliche Rolle zukam. Während die ersten stadt- und regionalplanerischen Ansätze Korns noch eng mit der Entwicklung Palästinas zur „Heimstätte" des jüdischen Volkes verknüpft waren (wie sein Vorschlag zur Durchführung eines „Wettbewerbs für den technischen und künstlerischen Aufbau Palästinas" von 1921), versuchte er ab 1930, die Bestrebungen zur Neugestaltung des Siedlungswesens in der UdSSR auf ein postrevolutionäres „Sowjetdeutschland" zu übertragen.[1]

Kollektiv für sozialistisches Bauen und *Proletarische Bauausstellung* 1931

Den Auslöser für Korns radikales politisches Engagement zu Beginn der 1930er Jahre bildete eine mehrwöchige Arbeitsreise in die Sowjetunion, die den Architekten vermutlich 1930 auf Einladung der Reiseagentur Intourist nach Moskau, Baku, Batumi, Taschkent und Tiflis führte. Hier sollte er offenbar die Ausarbeitung von Standardplänen beziehungsweise Wettbewerbsausschreibungen für neue Hotelanlagen vorbereiten. Zudem traf er mit bekannten sowjetischen und deutschen Architekten zusammen (Moisej Ginzburg, Ernst May, Aleksandr Vesnin). Von seinen Erfahrungen in der Sowjetunion tief beeindruckt, unterrichtete Korn nach seiner Rückkehr ab dem Wintersemester 1930/31 an der Marxistischen Arbeiterschule in Berlin (MASCH).[2] Dort beteiligte er sich zunächst gemeinsam mit Hugo Häring, Walter Gropius und Bruno Taut an der Ringvorlesung „Probleme des Städtebaus".[3] Die anschließenden Lehrveranstaltungen in den Jahren 1931–1933 – Titel waren unter anderem „Der zeitgemäße Städtebau. Unter besonderer Berücksichtigung des Bauwesens in der Sowjetunion"[4] und „Einführung in die Probleme des Städtebaus"[5] – führte er hingegen alleine beziehungsweise in Zusammenarbeit mit Ludwig Hilberseimer[6] oder dem Kollektiv für sozialistisches Bauen durch.

Dieses Kollektiv, dem unter anderen Benny Heumann, Hubert Hoffmann, Gerhard Kosel und Hermann Mattern[7] angehörten und das sich vor allem aus Mitgliedern des „roten Studentenclubs" der TH Berlin,[8] aber auch aus Studierenden des Dessauer Bauhauses rekrutierte, ging Anfang Januar 1931 aus Korns Lehrveranstaltung an der MASCH hervor.[9] Zunächst als „Arbeitsgemeinschaft proletarischer Architekten" gegründet,[10] war es Ende Februar 1931 in „Kollektiv für sozialistisches Bauen" umbenannt worden.[11] Das Hauptprodukt der Tätigkeit bildete die *Proletarische Bauausstellung*, die vom 2. Juni bis zum 1. August 1931 in einem Hinterhaus der Köpenicker Straße 111 veranstaltet wurde.[12] Zuvor hatte man offenbar fieberhaft nach einem Präsentationsort gesucht, da der Beginn der Ausstellung zunächst „in der ersten Maihälfte am Wedding" vorgesehen[13] und später für eine Lokalität an der Neuen Promenade in Berlin-Mitte angekündigt worden war.[14]

Die Ausstellung, zu deren Besuch die *Rote Fahne* als Parteizeitschrift der KPD wiederholt aufgefordert hatte,[15] bestand gemäß zeitgenössischen Rezensionen aus drei Abteilungen. Diese widmeten sich dem Wohnen, der historischen Entwicklung der Stadt aus „dialektisch-materialistische[r]" Perspektive und der Verkehrsfrage.[16] Darüber hinaus waren „proletarische Bücher, Bilder, Plastiken"[17] sowie Grafiken zu sehen, darunter offenbar auch der „Entwurf zu einem revolutionären Denkmal" von Ludwig Peters.[18] Gemäß ihrem aufklärerischen Anspruch wurde die Ausstellung von einem Begleitprogramm ergänzt,[19] das Vorträge über die „Neuplanung von Moskau" (Kurt Meyer),[20] das Dessauer Bauhaus,[21] „Die neue sozialistische Stadt"[22] und zu den Themen „Weltwirtschaftskrise und Bauen"[23] sowie „Wohnung und Gesundheit"[24] (Richard Schmincke) umfasste.

Den Schwerpunkt der Tätigkeit Korns,[25] der die *Proletarische Bauausstellung* nicht nur mit initiiert und organisiert, sondern auch einen Teil der Zeichnungen und Texte beigesteuert hatte,[26] bildete die Untersuchung des Kulturphänomens Stadt. Als „proletarische Vollendung"[27] ihrer geschichtlichen Entwicklung präsentierte das Kollektiv, das die kapitalistische Metropole mit ihrer zentralen Geschäfts-„City" ablehnte,[28] das Ideal einer „Stadt als Hotel und Fabrik"[29]: Sie sollte aus zwei Streifen für Wohnen und Arbeiten beiderseits einer zentralen Verkehrsader bestehen und linear erweiterbar sein – im konkreten Fall Berlins war als fiktiver Standort der Bereich entlang der AVUS und der Stadtbahn im Grunewald vorgesehen.[30] Die vom Kollektiv vorgeschlagene langgestreckte Bandstadt ohne übergeordnetes Zentrum basierte dabei nicht nur auf verkehrstechnischen und tayloristischen Motiven, sondern sollte in ihrer egalitären Grundform auch die klassenlose Gesellschaft widerspiegeln. Das Vorbild der radikalen Planung, die auch von den Teilnehmern der Anfang Juni 1931 durchgeführten Berliner CIRPAC-Tagung wahrgenommen wurde[31] – sie sollte den geplanten 4. CIAM-Kongress in Moskau vorbereiten –,[32] bildeten zeitgenössische sowjetische Bandstadtkonzepte (insbesondere Nikolaj Miljutins *Socgorod*-Idee aus dem Jahr 1930)[33].

Weiterentwicklung

Als Gründer des Kollektivs wurde Korn zur Führungspersönlichkeit einer Gruppe linker Studenten und junger Praktiker – und geriet gleichsam in Opposition zur „bourgeoisen" Mehrheit der politisch nicht organisierten beziehungsweise reformistisch orientierten Mitglieder des Rings. Für Korn selbst markierte die Tätigkeit als Leiter des Kollektivs für sozialistisches Bauen und die Organisation der *Proletarischen Bauausstellung* zum einen einen Endpunkt seiner Karriere als Architekt, zum anderen aber auch eine Brücke in die Zukunft. So geriet er als jüdischer Kommunist nach der Machtübernahme 1933 früh in das Visier der Nationalsozialisten. Nach der traumatischen Erfahrung seiner erzwungenen Auswanderung aus Deutschland 1934 ermöglichten ihm jedoch seine internationalen Kontakte, die er als Teilnehmer der *CIRPAC*-Kongresse in Berlin 1931 und London 1934 aufgebaut hatte, sich im Exil in Zagreb (1935–1937) und London (1934, ab 1937) niederzulassen. Da aufgrund der Berufsstandsregelungen in den Zufluchtsländern eine Erwerbstätigkeit als selbstständiger Architekt nicht leicht realisierbar war, bildete die Beschäftigung mit urbanistischen Themen für Korn eine Möglichkeit, sich in den lokalen Fachzirkeln zu etablieren.

Letztlich basierte Korns bekanntestes stadtplanerisches Projekt – der unter seiner Leitung mit der britischen CIAM-Gruppe ab 1938 ausgearbeitete MARS-Plan für London[34] – wiederum auf den Grundsätzen, die er mit dem Kollektiv für sozialistisches Bauen entwickelt hatte. Das Berliner Konzept einer bipolaren Bandstadt, die funktional als „Hotel und Fabrik" organisiert war, wurde in London zu einem zweihüftigen System mit einem Rückgrat aus Arbeitsstätten und beidseitig anschließenden Wohnbändern weiterentwickelt. Mit diesem im zeitgenössischen Diskurs umstrittenen Vorschlag konnte sich Korn in Großbritannien einen Namen als radikaler Stadtbautheoretiker machen, was letztlich auch 1945 zu seiner Berufung als „lecturer" und „studio master" für Stadtplanung an der Londoner Architectural Association führte (seit 1941 war er Lecturer an der Oxford School of Architecture gewesen). 1953 veröffentlichte er schließlich sein Buch *History Builds the Town*, dessen historisch-materialistischer Überblick über die Entwicklung der Stadt von der Antike bis in die Gegenwart auf den 1931 entwickelten Ansätzen beruhte.[35] Als charismatischer und utopisch denkender Theoretiker – dessen fast vergessenes architektonisches Werk der 1920er Jahre erst 1966 im Rahmen einer kleinen Ausstellung an der Architectural Association bekannt wurde[36] – prägte der „alte kommunistische Professor" Korn in der Folge junge Architekturstudenten wie Kenneth Frampton, Denise Scott Brown, Richard Rogers und Stephen Rosenberg. Nach den Mitgliedern des Kollektivs für sozialistisches Bauen und der MARS-Gruppe bildeten diese die dritte Generation von Nachwuchsarchitekten, denen der Lehrer Korn sein Ideal einer umfassenden Planung der menschlichen Lebenswelt „von der Region über die Stadt [...] bis zur individuellen Zelle" vermittelte.[37]

Was bleibt?

Abschließend sei die Frage erlaubt, ob und welche Erkenntnisse heute aus dem Wirken Korns und aus der *Proletarischen Bauausstellung* gezogen werden können. Dabei ist zunächst festzuhalten, dass die Tätigkeit des Kollektivs für sozialistisches Bauen den politischen und gesellschaftlichen Umständen der frühen 1930er Jahre entsprang. Vom heutigen Standpunkt – insbesondere vor dem Hintergrund einer Demokratie auf (sozial-)marktwirtschaftlicher Basis – scheint die dezidierte Parteinahme zugunsten einer radikalen Ideologie befremdlich; politische Betätigung durch Architekten als auf dem Markt operierende und sich parteipolitisch zumeist neutral positionierende Dienstleister findet gegenwärtig vor allem im Rahmen berufsständischer oder kammerrechtlicher Prozesse, aber auch auf parlamentarischer Ebene statt. Zudem treten Architekten heute – in einer Zeit, in der „der „Markt [...] die Ideologie ersetzt" hat (Rem Koolhaas, 2006)[38] – eher als Erfüller von Bedürfnissen und weniger als gesellschaftspolitische Visionäre auf. Der seit den 1970er Jahren erkennbare Ansatz, sich etwa im Wohnungsbau in den Dienst partizipativer Prozesse zu stellen, zeigt dabei den Glauben heutiger Planer an die Möglichkeit einer evolutionären Weiterentwicklung individueller Lebensformen in einer pluralistischen Gesellschaft.

Die vom Kollektiv für sozialistisches Bauen betriebene Reflexion über das Zusammenleben von Menschen – insbesondere auf der Ebene der Stadt als Wohn- und Arbeitsort – ist jedoch überzeitlich. So reihen sich die Vorstellungen der Gruppe in eine Folge von utopischen beziehungsweise visionären Stadtmodellen ein, die von Architekten und Stadtplanern als Abbild oder auch als Generator neuer Gesellschaftsformationen vom späten 18. bis ins 20. Jahrhundert erdacht worden waren. Einen Nachfolger in West-Berlin – zumindest in der Art, die offizielle Baupolitik und die zeitgenössische Bauproduktion von studentischer und professioneller Seite aus zu kritisieren – fand die *Proletarische Bauausstellung* dabei in gewisser Weise in der Schau der „Aktion 507" im Jahr 1968.[39]

Letztlich zeigt die *Proletarische Bauausstellung* 1931 auf, inwieweit Architekten und Planer bereit sind, sich in Zeiten gesellschaftlicher und wirtschaftlicher Umbruchsituationen politisch und ideologisch zu betätigen, auch wenn sie damit in Opposition zur zeitgenössischen Politik geraten. Die Wurzeln dieses Engagements – soziales und gesellschaftliches Verantwortungs- oder auch Sendungsbewusstsein – sind in einem generalistisch ausgebildeten Berufsstand grundsätzlich vorhanden. Wenn Architekten und Planer dabei nicht demiurgisch auftreten, sondern ihre kommunikativen und kreativen Kompetenzen mit anderen Disziplinen in eine Debatte einbringen, ist auch für heutige stadt- und regionalplanerische Fragestellungen etwas gewonnen.[40] Dabei könnten räumliche und das Zusammenleben verbessernde Potenziale aufgedeckt werden, die bisher in konventionellen Planungsprozessen nicht abgerufen werden. Insofern können die *Proletarische Bauausstellung* und Korns Wirken als Lehrer in Großbritannien auch heute noch dazu anregen, stadtplanerische und soziale Fragen grundlegend zu untersuchen und tragfähige Ideen für die Weiterentwicklung unseres Lebensumfelds zu entwickeln.

1 Hierzu, zum Kollektiv für sozialistisches Bauen und zur *Proletarischen Bauausstellung* vgl. Andreas Zeese, *Die vergessene Moderne. Arthur Korn – Architekt, Urbanist, Lehrer (1891–1978). Leben und Werk eines jüdischen Avantgardisten in Berlin und London*, Dissertation, Wien 2010, Bd. 1, insb. S. 47–53. Teile des vorliegenden Beitrags beruhen auf diesen Passagen.

2 Vgl. den Beitrag von Heinz Deutschland in diesem Band. Siehe auch Hermann Duncker (Red.), *Marxistische Arbeiterschule. Die Hochschule der Werktätigen, 5. Schuljahr 1930/1931*, Berlin 1930, S. 12.

3 Vgl. ebd. Die Veranstaltung begann im Oktober 1930.

4 Johann Schmidt (Red.), *MASCH. Marxistische Arbeiterschule Groß-Berlin, 7. Schuljahr, 1932–33, 1. Quartal Okt.–Dez.*, Berlin 1932, S. 16.

5 Vgl. Klaus Schlowag, *Die Bewahrung und Weiterführung kultureller Traditionen der Arbeiterklasse, dargestellt am Beispiel der Bildungsarbeit der Marxistischen Arbeiterschule (MASCH) Berlin*, Diplomarbeit, Berlin 1988, S. 97.

6 Vgl. ebd., S. 85.

7 Zur Mitgliedschaft Matterns im Kollektiv für sozialistisches Bauen siehe dessen Brief an Arthur Korn vom 31.1.1964 (Universitätsarchiv TU Berlin, Nachlass Herrmann Mattern, Privat-Schriftwechsel K–Z).

8 Erwin Gräff, *Meine Jahre in Deutschland*, Manuskript, Bauhaus-Archiv Berlin, Nachlass Gräff (Kollektiv für sozialistisches Bauen, S. 1). S. auch Benny Heumann, „Der Einfluß der Entwicklung von Städtebau und Architektur der Sowjetunion auf die Diskussion unter den deutschen Architekten und Architekturstudenten am Anfang der 30er Jahre", in: *Deutsche Architektur* 21, 12, 1972, S. 728; Gerhard Kosel, „Mein Lehrer Bruno Taut", in: *Architektur der DDR* 29, 4, 1980, S. 204–208, S. 206 f.; ders., *Unternehmen Wissenschaft. Die Wiederentdeckung einer Idee*, Berlin 1989, S. 22 f.; Heinrich H. Waechter, „Bruno Taut an der Technischen Hochschule Berlin 1930–1932", in: *Bruno Taut 1880–1938*, Ausstellungskatalog, Berlin 1980, S. 95–103, S. 101. S. auch Werner Durth, Jörn Düwel und Niels Gutschow, *Ostkreuz. Personen, Pläne, Perspektiven (= Architektur und Städtebau der DDR, Bd. 1)*, Frankfurt/New York 1998, S. 24–26.

9 Vgl. Bauhaus-Archiv Berlin, Bestand Erwin Gräff [Benny Heumann als Sekretär], *Antrag Arbeitsprogramm, Bericht über das Kollektiv 1.1.–1.7.1931*, 1931, S. 2.

10 O. A., „Arbeitsgemeinschaft proletarischer Architekten", in: *Bauwelt* 22, 4, 1931, S. 128.

11 O. A., „Ein Kollektiv für sozialistisches Bauen", in: *Das neue Frankfurt* 5, 6, 1931, S. 116; o. A., „Marxistische Bauwissenschaft", in: *Rote Fahne* 52, 1931, Beilage.

12 Die Ausstellung sollte zunächst nur bis zum 1. Juli 1931 zu sehen sein, wurde dann aber verlängert. Vgl. *Rote Fahne* 116, 1931, Beilage; *Der Rote Student* 2, 5, 1931, Einband innen.

13 *Die Linkskurve* 3, 5, 1931, S. 31; o. A., „Proletarische Bauausstellung", in: *Rote Fahne* 93, 1931, Beilage.

14 Vgl. *Magazin für Alle. Zeitschrift der ‚Universum-Bücherei für Alle'* 6, 6, 1931, S. 22.

15 So heißt es dort etwa: „Jeder, der sich für den sozialistischen Städtebau interessiert, besuche die Proletarische Bauausstellung, Köpenicker Straße 111, geöffnet täglich von 11 bis 20 Uhr; Eintritt 20 Pfennig, für Erwerbslose 5 Pfennig." (*Rote Fahne* 121, 1931, Beilage). An anderer Stelle wird der Leser direkt angesprochen: „Hast Du die Proletarische Bauausstellung des ‚Kollektivs für sozialistisches Bauen' [...] schon gesehen? Wenn nicht, dann beeile dich, denn dort sind Sachen ausgestellt, die jeden Proletarier etwas angehen." (*Rote Fahne* 122, 1931, Beilage).

16 Vgl. hierzu und zum Folgenden vor allem: o. A., „Ausstellung des Kollektivs für sozialistisches Bauen", in: *Die Linkskurve* 3, 7, 1931, S. 32; Durus, „Proletarische Bauausstellung", in: *Magazin für Alle. Zeitschrift der ‚Universum-Bücherei für Alle'* 6, 7, 1931, S. 26.

17 O. A., „Ausstellung des Kollektivs für sozialistisches Bauen", in: *Die Linkskurve* 3, 7, 1931, S. 32.

18 Durus, „Proletarische Bauausstellung", S. 26. Zur Mitarbeit weiterer Abteilungen der Assoziation revolutionärer Bildender Künstler (ARBKD) s. *Rote Fahne* 114, 1931, Beilage.

19 Den Eröffnungsvortrag hielt Hermann Duncker. Siehe o. A., „Proletarische Bauausstellung", in: *Bauwelt 22, 26*, S. 886. Einen sehr guten Überblick über die Ausstellung und die Begleitaktivitäten bietet Kurt Junghanns, „Vor 50 Jahren: Erste Proletarische Bauausstellung in Berlin 1931", in: *Architektur der DDR* 30, 5, 1981, S. 305–307, insb. S. 306.

20 O. A., „Neuplanung von Moskau. Vortrag des Stadtbaumeisters Kurt Meyer", in: *Rote Fahne* 117, 1931, Beilage. Eine Zusammenfassung bei o. A., „über den vortrag von stadtbaurat meyer, leiter des sozialistischen städtebaues moskau, gehalten anlässig der proletarischen bauausstellung", in: *Bauhaus. Organ der Kostufra – Sprachrohr der Studierenden* 6, 1931, S. 38 f.

21 Vgl. o. A., „Was ist in der proletarischen Bauausstellung los?", in: *Rote Fahne*, 4.6.1931 (Rubrik: Unsere rote Versammlungsfront).

22 *Rote Fahne*, 7.6.1931 (Rubrik: Unsere rote Versammlungsfront).

23 O. A., „Was ist in der proletarischen Bauausstellung los?", in: *Rote Fahne*, 1.7.1931 (Rubrik: Unsere rote Versammlungsfront).

24 *Rote Fahne* 121, 1931, Beilage. Die Vorträge fanden anfangs mehrmals in der Woche statt. Siehe R., „Proletarische Bauausstellung", in: *Rote Fahne* 116, 1931, Beilage.

25 Interessanterweise gehörte Korn Mitte 1931 auch dem Fachausschuss der Abteilung „Die Wohnung unserer Zeit" der Deutschen Bauausstellung an – ein erstaunlicher Widerspruch zur offiziellen Ablehnung der Konkurrenzschau durch die Organisatoren der *Proletarischen Bauausstellung*. Siehe hierzu: *Programm. Deutsche Bauausstellung Berlin 1931 vom 9. Mai bis 9. August auf dem Ausstellungsgelände am Kaiserdamm*, Berlin 1931, o. S. [vor S. C1]

26 Vgl. Benny Heumann, *Benny Heumann, Jahrgang 1907. Ein politischer Architekt*, Berlin 1997, S. 86; Hubert Hoffmann, „Erinnerungen an Arthur Korn", in: *Bauforum* 15, 90, 1982, S. 35–37, S. 37; Akademie der Künste Berlin, Baukunstarchiv, Vorlass Kurt Junghanns, Materialsammlung über die Proletarische Bauausstellung 1931, Klass. 02.03., Nr. 60; Notizen eines Telefongesprächs mit Benny Heumann, 7.2.1980.

27 O. A., „Ausstellung des Kollektivs für sozialistisches Bauen", in: *Die Linkskurve* 3, 7, 1931, S. 32.

28 Vgl. Kollektiv für sozialistisches Bauen (Hg.), *Proletarische Bauausstellung*, Ausstellungskatalog, Berlin 1931, S. 7a.

29 Zu dieser Idee siehe auch den Brief Gerhard Kosels an Kurt Junghanns vom 14.3.1981, in: Akademie der Künste Berlin, Baukunstarchiv, Vorlass Kurt Junghanns, Materialsammlung über die Proletarische Bauausstellung 1931, Klass. 02.03., Nr. 60.

30 Zur Planung s. Andreas Zeese, „Von der ‚Stadt ohne Zentrum' zur ‚zentralisierten Bandstadt'. Arthur Korns Idealstadtprojekte für Berlin 1931 und London 1938–1942", in: Hans-Georg Lippert, Rut-Maria Gollan und Anke Köth (Hg.), *Agora und Void: Die Funktion der Mitte in Architektur und Städtebau (= unplanbar 2)*, Dresden 2013, S. 44–69.

31 S. u. a. Peter Bücking, „Mezinárodní kongresy nového stavení", in: *levá fronta* 29–30, 1931, S. 122; Arthur Korn, „55 years in the Modern Movement", in: *Arena. The Architectural Association Journal* 81, 901, S. 263–265, S. 265.

32 Als einer der beiden Wortführer der deutschen CIAM-Gruppe beteiligte sich Korn aktiv an der Berliner CIRPAC-Tagung Anfang Juni 1931. Seine im Protokoll festgehaltenen Redebeiträge belegen Korns Auffassung, dass eine historische Untersuchung von Städten nur „auf marxistischer Grundlage" erfolgen könne. So seien „die Produktivkräfte der einzelnen Epochen und die in jeder historischen Zeit auftretenden Klassengegensätze [...], die der Stadt die charakteristische Prägung geben," zu untersuchen. Im Gegensatz zu Ludwig Mies van der Rohe war Korn zudem der Meinung, dass der Städtebau „unter anderem auch eine politische Frage" sei. Siehe hierzu ETH Zürich, gta, CIAM Archiv (Material zur DV Berlin, 1931), *Protokoll der I. Plenar-Sitzung des Außerordentlichen internationalen Kongresses für neues Bauen in Berlin*, 5.6.1931, S. 29, S. 56. Ich danke Herrn Daniel Weiss, Zürich, für die Übersendung einer Kopie des Dokuments.

33 Vgl. auch Junghanns, „Vor 50 Jahren", S. 306.

34 Vgl. Arthur Korn und Felix J. Samuely, „A Master Plan for London. Based on Research carried out by the Town Planning Committee of the M.A.R.S. Group. Analysed and described by Arthur Korn and Felix J. Samuely", in: *The Architectural Review 91, 546*, 1942, S. 143–150. S. hierzu auch Andreas Zeese, „Arthur Korns MARS Plan für London (1938–42). Kontinuitäten und Brüche eines didaktischen Konzepts", in: *Arch+* 209, 2012, S. 24–29.

35 Vgl. Arthur Korn, *History builds the Town*, London 1953.

36 Vgl. Korn, „55 years in the Modern Movement", S. 263.

37 Arthur Korn, „Arthur Korn. 1891 to the present day", in: *AA Journal* 73, 817, 1957, S. 114–135, S. 118 (Übers. durch den Autor).

38 „‚Das Böse kann auch schön sein.' Der niederländische Architekt Rem Koolhaas über Prada und Politik, das Bauen in aristokratischen Staaten und den Reiz des Hässlichen", in: *Der Spiegel* 60, 13, 2006, S. 168–170, S. 168.

39 In der sogenannten „Aktion 507" schlossen sich 1968 gemäß einer Eigenbeschreibung „diejenigen zusammen, die [...] die kritische Analyse des Baugeschehens und der Arbeitsbedingungen in Westberlin" für erforderlich hielten. Zu den Forderungen der jungen Gruppe gehörten u. a. die „Abschaffung des Berufsbeamtentums", eine „gesellschaftliche Verfügung über Grund und Boden" sowie eine „wissenschaftliche und gesellschaftlich orientierte Bedarfs-Programm-Ermittlung". Die seinerzeit durchgeführte Ausstellung im Gebäude der Architekturfakultät der TU Berlin stand unter dem Titel „Diagnose zum Bauen in West-Berlin". Siehe hierzu: Gerhard Rump, *Manifest. Materialien zur Diskussion. Diagnose zum Bauen in West-Berlin*, Berlin 1968, Einband. S. a. Marion Schreiber, „Aktion 507. Jungarchitekten kritisieren die Berliner Baupolitik", in: *Die Zeit*, 20.9.1968, S. 12.

40 Siehe hierzu auch die interessanten Überlegungen zur Rolle des Architekten: Tatjana Schneider und Jeremy Till, „Agency oder Über die Fähigkeit anderweitig zu agieren", in: Österreichische Gesellschaft für Architektur (Hg.), *Status Quo Vadis. Die Zukunft der Architektur als Prognose und Programm* (= *UmBau* 26), Salzburg/München 2013, S. 28–42.

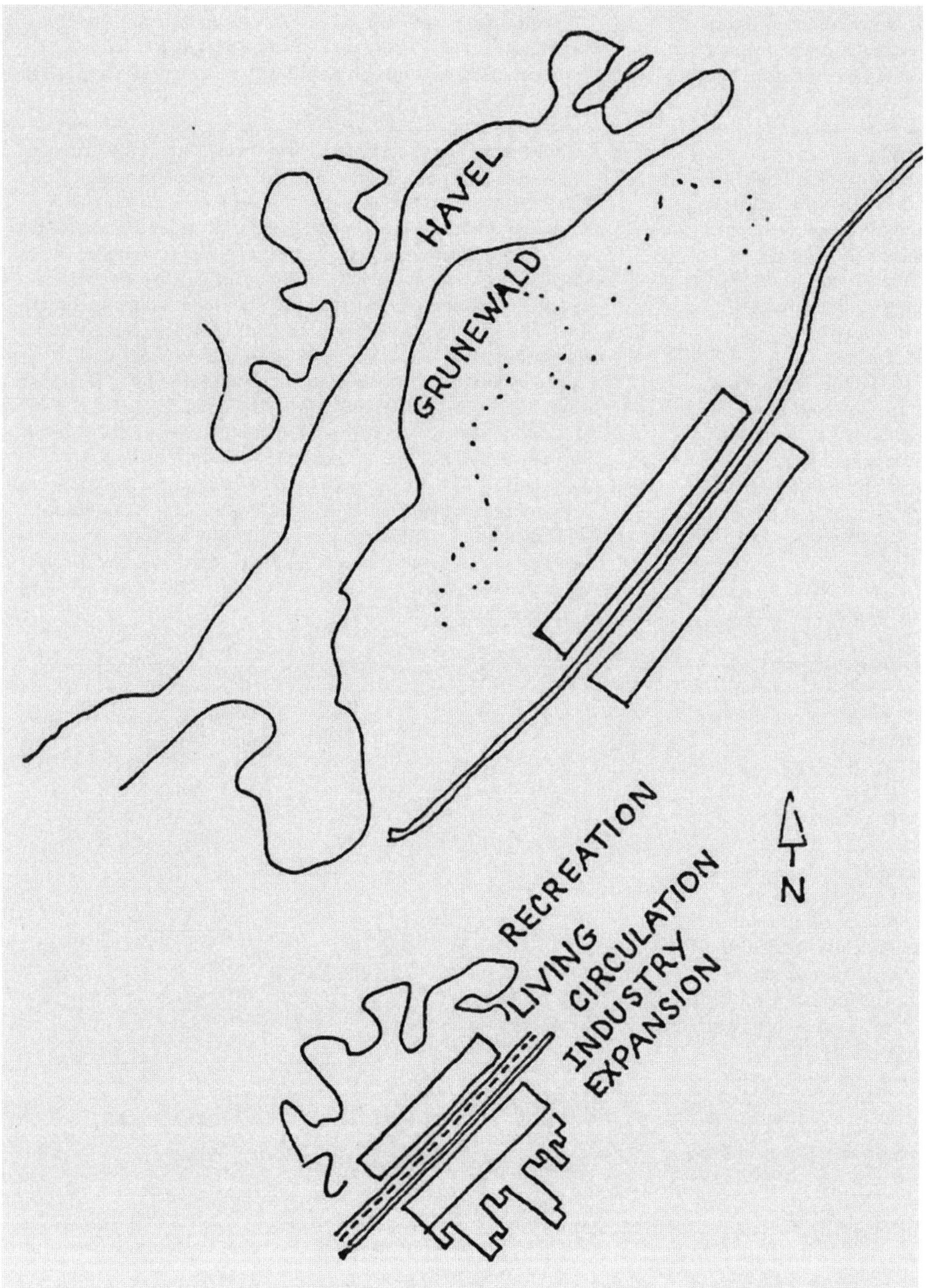

Arthur Korn: Retrospektive Skizze des vom Kollektiv für sozialistisches Bauen entwickelten Berlin-Plans, 1929/1931. Die Zeichnung basiert auf einem Original von Arthur Korn aus dem Jahr 1929; 1957 wurde sie von Korn an Stephen Rosenberg übergeben. / Retrospective sketch of the Berlin plan devised by the Collective for Socialist Architecture, 1929/1931. The sketch was based on an original by Arthur Korn made in 1929 and given by him to Stephen Rosenberg in 1957.
Stephen Rosenberg, "Berlin and the 'Hauptstadt Berlin' competition," in: Trevor Dannatt (Hg./ed.), *Architects' Yearbook* 9, London 1960, S. / p. 72

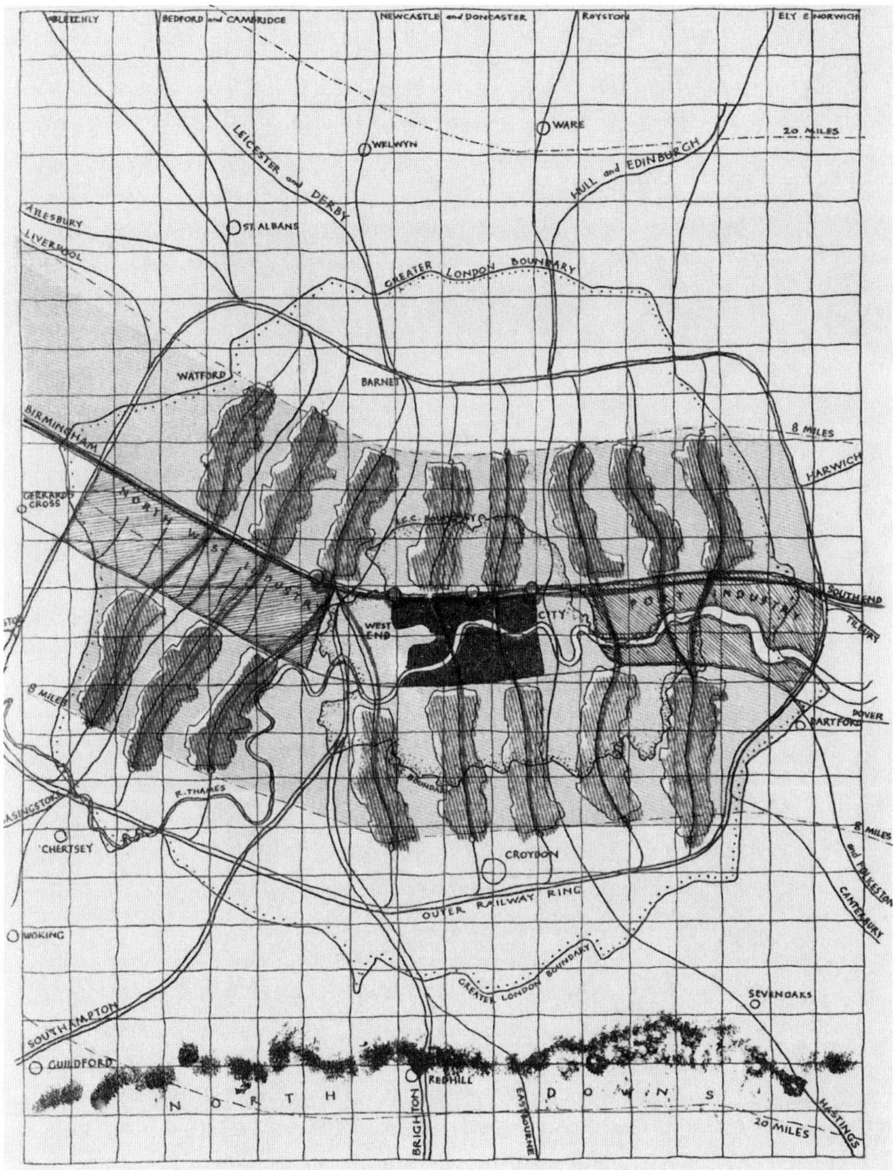

Arthur Korn, MARS-Group, MARS-Plan für / for London (City District Diagram), 1938–42
Maxwell Fry, *Fine Building*, London 1944, Fig. 15

Arthur Korn, *History Builds the Town*, **London 1953**

Andreas Zeese

Arthur Korn and the Collective for Socialist Architecture

The year 1931 marked a turning point in the career of Arthur Korn. Born in Breslau in 1891, the architect had been a member of the November Group since 1922, the Ring since 1926, and of the *Congrès internationaux d'architecture moderne* (International Congresses of Modern Architecture—CIAM) since 1932. In the preceding years, he had established a reputation as a designer of villas, industrial buildings, and commercial stores. Founded in Berlin in 1922 together with Siegfried Weitzmann, his architectural practice was primarily focused on the German capital, processing contracts directly for a prosperous clientele from Zionist circles—a Jewish nationalist movement, with which Korn and Weitzmann had been closely affiliated since the 1910s. In the latter half of the 1920s, the practice's most important clients included the perfumery Kopp & Joseph, the condom manufacturers Fromms Act, and the insurance company Phoenix, which worked closely together with the World Zionist Organization.

With the slowdown in contracts caused by the global economic crisis, Korn's focus of activity shifted. Whereas prior to 1930 he was chiefly engaged as an architect for Berlin's upper bourgeoisie, he subsequently dedicated himself more vigorously to the theory of urban planning. Coinciding with this—and parallel to the increasing radicalization of politics in Germany during the latter phases of the Weimar Republic—was a political reorientation from Zionism to revolutionary Socialism. Even if both movements evinced substantial differences, they shared the same utopian components—and both were elaborating a vision of a new society, which architects were to play an important role in shaping. Whereas Korn's initial urban and regional planning approaches were closely tied to the development of a "homeland" for the Jewish people in Palestine (i.e. the proposal to stage a "competition for the technological and artistic development of Palestine," 1921), from 1930 onwards, he endeavored to transfer the aspirations for designing new forms of human settlement in the USSR onto a post-revolutionary "Soviet Germany."[1]

Collective for Socialist Architecture and the Proletarian Building Exhibition, 1931

The trigger for Korn's political radicalization in the early 1930s was a working trip he made to the Soviet Union, during which the architect visited the cities of Moscow, Baku, Batumi, Tashkent, and Tbilisi in 1930, presumably at the invitation of the Soviet Intourist travel agency. His task was evidently to prepare the groundwork for drawing up standard plans or competitive tenders for new hotel sites. In addition, he also met with well-known German and Soviet architects (Moisei Ginzburg, Ernst May, and Alexander Wesnin). Deeply impressed by his experiences in the Soviet Union, upon his return, Korn taught at the Marxist Workers' School (MASCH)[2] in Berlin during the winter semester 1930/31. Here he collaborated with Hugo Häring, Walter Gropius, and Bruno Taut in holding the so-called Ring lectures on *Probleme des Städtebaus* (Issues in City Planning).[3] In contrast, he conducted the subsequent study course from 1931 to 1933—among the titles were *Der zeitgemäße Städtebau. Unter besonderer Berücksichtigung des Bauwesens in der Sowjetunion* (Modern City Planning. With a particular focus on architecture in the Soviet Union)[4] and *Einführung in die Probleme des Städtebaus* (Introduction to the Problems of City Planning)[5]—either alone, or in collaboration with Ludwig Hilberseimer[6] or the *Kollektiv für sozialistisches Bauen* (Collective for Socialist Architecture).

Including such figures as Benny Heumann, Hubert Hoffmann, Gerhard Kosel, and Hermann Mattern,[7] this collective, which was primarily comprised of members of the *Roter Studentenclub* (Red Students' Club) from the *Technische Hochschule* (later the Technical University, Technische Universität (TU) Berlin),[8] alongside students from the Dessau Bauhaus, was launched in early January 1931 as a spin-off from Korn's study course at the MASCH.[9] Initially founded as the "Association of Proletarian Architects,"[10] it was renamed the "Collective for Socialist Architecture" in late February 1931.[11] The focus of their activities was devoted to the *Proletarische Bauausstellung* (Proletarian Building Exhibition), which was staged from June 2 to August 1, 1931 in an empty factory unit the rear of a courtyard in in the Köpenicker Straße 111.[12] Preceding the event was a frantic search for a suitable venue as the exhibition had initially been scheduled to open "in the first half of May in Wedding"[13] before subsequently being relocated to the Neue Promenade in Berlin-Mitte.[14]

According to contemporary reviews, the exhibition, which the party journal of the Communist Party of Germany (KPD), *Die Rote Fahne*, called upon people to attend,[15] consisted of three sections. These were dedicated to housing, the historic development of the city from a "dialectic-materialist" perspective, and the traffic issue.[16] In addition, "proletarian" books, paintings, and sculptures[17] as well as graphics were on view, among them the "draft design of a revolutionary monument" by Ludwig Peters.[18] In keeping with its educational aspirations, the exhibition also featured an accompanying program of events,[19] which incorporated lectures on the "Re-planning of Moscow" (Kurt Meyer),[20] the "Bauhaus in Dessau,"[21] the "New Socialist City,"[22] and on the themes of the "Global economic crisis and architecture"[23] and "Housing and health"[24] (Richard Schmincke).

Forming the main thrust of Korn's activities,[25] who not only initiated and organized the Proletarian Building Exhibition, but also contributed some of the drawings and texts,[26] was the examination of the city as a cultural phenomenon. Having rejected the capitalistic metropolis with its central "business city,"[27] the collective unveiled the ideal of "The City as Hotel and Factory"[28] as the "proletarian apogee"[29] of its historical development. The plan envisaged two strands, for living and working, running both sides of a central traffic axis, which could be extended linearly; in the concrete case of Berlin, the area along the *Automobile-Verkehrs und Übungsstrasse* (Automobile Traffic and Training Road, or AVUS) and the city railway in Grunewald was chosen as the fictitious location.[30] Stripped of an overarching center, the elongated linear city proposed by the collective was predicated on not only transportation and Taylorist considerations, but was also intended to reflect the classless society in its basic egalitarian form. This radical plan, which was unveiled to the participants of the *Comité International pour la Réalisation du Problème Architectural Contemporain* (Committee for the Realization of Problems of Contemporary Architecture—CIRPAC) Congress held in early June 1931 in Berlin,[31] at which preparations for the planned Fourth CIAM Congress in Moscow were also made,[32] was modeled on the contemporaneous Soviet linear-city concepts (particularly Nikolay Milyutin's *Sotsgorod* idea from 1930).[33]

Further Development

As founder of the collective, Korn became the leading figure within a group of left-wing students and young professionals—and, at the same time, found himself pitched into opposition to the "bourgeois" majority of the politically non-affiliated or reformist members of the Ring. On a personal level, Korn's activities as head of the Collective for Socialist Architecture and in organizing the Proletarian Building Exhibition marked, on the one hand, the end of his career as an architect, and, on the other, a bridge into the future. Consequently, as a Jewish communist he quickly stepped into the crosshairs of the National Socialists following Hitler's accession to power in 1933. After the traumatic experience of his enforced emigration from Germany in 1934, the international contacts he forged as a participant of the CIRPAC Congresses in Berlin (1931) and London (1934), enabled him to settle in exile in Zagreb (1935–37) and then London (1934, and from 1937). As by virtue of the regulations governing professional recognition in the countries in which he sought refuge, gainful employment as a freelance architect proved rather difficult, his preoccupation with urbanistic themes afforded Korn the opportunity of establishing himself among local circles of experts.

Ultimately Korn's most well-known urban planning project—the MARS Plan for London, which he elaborated together with the CIAM Group from 1938 onwards[34]—was based on principles formulated in conjunction with the Collective for Socialist Architecture. The Berlin concept of a bipolar city, functionally organized as "hotel and factory," was further developed in London into a double-row system with a spine comprising workshops, followed on both sides by rows of houses. Arousing fierce controversy in contemporary discourse, Korn's proposal helped to establish him in Great Britain as a radical urbanist, which ultimately led to his appointment as "lecturer" and "studio master" for urban planning at the London Architectural Association (AA) in 1945 (from 1941 he was a lecturer at the Oxford School of Architecture). In 1953 he finally published his book *History Builds the Town*, whose historical-materialist overview of the development of the city from Antiquity until the present day was based on the principles he set forth in 1931.[35] As a charismatic and utopian theorist—whose almost-forgotten architectural work written in the 1920s only came to prominence in 1966 as part of a minor exhibition at the AA[36]—the "old Communist professor" went on to influence young architecture students such as Kenneth Frampton, Denise Scott Brown, Richard Rogers, and Stephen Rosenberg in the ensuing years. Following on from the members of the Collective for Socialist Architecture and the MARS group, they constituted the third generation of rising young architects to whom the teacher Korn had imparted his ideal of a comprehensive plan for the human living environment "from the whole region, to the town ... down to the individual cell."[37]

What remains?

What insights, if any, can be drawn today from Korn's body of work and from the Proletarian Building Exhibition? Firstly, one can conclude that the activities of the Collective for Socialist Architecture were born out of the political and social conditions obtaining in the early 1930s. From today's perspective—and particularly against the backdrop of a (social) market democracy—the pronounced bias in favor of a radical ideology appears disconcerting; operating as politically neutral service-providers on the market, architects nowadays engage in political activity either within the framework of their professional bodies or at the parliamentary level. Furthermore, at a time in which "the market ... has replaced ideology" (Rem Koolhaas 2006),[38] architects today serve more as "satisfiers of needs" rather than as a sociopolitical visionaries. Emerging since the 1970s, the trend of placing oneself in the service of participatory processes, such as in housing construction, highlights the faith today's planners invest in the possibility of a continuing evolution of individual lifestyles in a pluralistic society.

The reflections over human coexistence undertaken by the Collective for Socialist Architecture—particularly on the scale of the city as both a domicile and workplace—are, however, timeless. For example, concepts of the group form part of a series of utopian or visionary city models, which have been elaborated by architects and urban planners as either a mirror or driver of new societal forms from the late eighteenth century into the twentieth. The Proletarian Building Exhibition found a successor of sorts in West Berlin—at least in the manner in which criticism is leveled at official planning policy and contemporary building production by both professionals and students alike—namely in the show staged by Aktion 507 in 1968.[39]

Ultimately the Proletarian Building Exhibition of 1931 illustrated the extent to which architects and planners are prepared in times of social and economic upheaval to engage both politically and ideologically—even if they find themselves drifting into opposition to prevailing contemporary policies. In principle, the roots of political activism—a sense of social and public responsibility or even mission—exist within any generically qualified professional body. Thus, even if architects and planners do not act as demiurges, but channel their communicative and creative competences, in concert with other disciplines, into the contemporary discourse, this can only be of benefit in resolving today's urban and regional problems.[40] In the process, greater potential for spatial planning and enhancing the quality of our coexistence can be released, which remains untapped in conventional planning processes. As such, the Proletarian Building Exhibition and Korn's body of work as a teacher in Great Britain can today serve as an incentive to conduct a fundamental appraisal of urban planning and social issues, and to develop sustainable ideas for the further development of our living environment.

Translated from the German by John Rayner.

1 For more information on the Collective for Socialist Architecture, which staged the Proletarian Building Exhibition see: Andreas Zeese, "Die vergessene Moderne. Arthur Korn—Architekt, Urbanist, Lehrer (1891–1978). Leben und Werk eines jüdischen Avantgardisten in Berlin und London," unpublished PhD thesis (University of Vienna 2010), vol. 1, esp. 47–53. Passages from which form part of the current essay.

2 Cf. the essay by Heinz Deutschland in this volume. See also Hermann Duncker (ed.), *Marxistische Arbeiterschule. Die Hochschule der Werktätigen, 5. Schuljahr 1930/1931* (Berlin 1930), 12.

3 Ibid., 12; the event began in October 1930.

4 Johann Schmidt (ed.), *MASCH. Marxistische Arbeiterschule. Groß–Berlin, 7. Schuljahr, 1932–33, 1. Quartal Okt.–Dez* (Berlin 1932), 16.

5 Klaus Schlowag, "Die Bewahrung und Weiterführung kultureller Traditionen der Arbeiterklasse, dargestellt am Beispiel der Bildungsarbeit der Marxistische Arbeiterschule. (MASCH) Berlin," unpublished Dipl.Arb. Masch, dissertation (Berlin 1988), 97.

6 Ibid., 85.

7 For more on Mattern's membership of the Collective for Socialist Architecture, see his letter to Arthur Korn, dated January 31, 1964, University Archive TU Berlin (Estate Herrmann Mattern, Private Correspondence K–Z).

8 Erwin Gräff, "Meine Jahre in Deutschland," manuscript, Bauhaus Archive, Berlin (Estate Gräff, Collective for Socialist Architecture, p. 1). See also Benny Heumann, "Der Einfluß der Entwicklung von Städtebau und Architektur der Sowjetunion auf die Diskussion unter den deutschen Architekten und Architekturstudenten am Anfang der 30er Jahre," *Deutsche Architektur*, 21, 12 (1972): 728; Gerhard Kosel, "Mein Lehrer Bruno Taut," *Architektur der DDR*, 29, 4 (1980): 204–08, here 206 f.; Gerhard Kosel, *Unternehmen Wissenschaft. Die Wiederentdeckung einer Idee* (Berlin 1989), 22 f.; Heinrich H. Waechter, "Bruno Taut an der Technischen Hochschule Berlin 1930–1932," in: *Bruno Taut 1880–1938*, exhibition catalogue (Berlin 1980), 95–103, here 101. See also Werner Durth et al., *Ostkreuz. Personen, Pläne, Perspektiven* [= *Architektur und Städtebau der DDR*, vol. 1] (Frankfurt/New York 1998), 24–26.

9 "Bestand Erwin Gräff [Benny Heumann as secretary]," Bauhaus Archive, Berlin (Antrag Arbeitsprogramm, Bericht über das Kollektiv (Application work program, Report on the Collective) January 1–July 1, 1931, p. 2).

10 Anon., "Arbeitsgemeinschaft proletarischer Architekten," *Bauwelt*, 22, 4 (1931): 128.

11 Anon., "Ein Kollektiv für sozialistisches Bauen," *Das neue Frankfurt*, 5, 6 (1931): 116; Anon., "Marxistische Bauwissenschaft," *Die Rote Fahne*, features section, no. 52 (March 3, 1931), supplement.

12 Originally, the exhibition was scheduled to run until July 31, 1931, but was then extended. See *Die Rote Fahne*, features section, no. 116 (June 4, 1931), supplement; *Der Rote Student*, 2, 5 (1931): inside cover.

13 *Die Linkskurve*, 3, 5 (1931): 31; Anon., "Proletarische Bauausstellung," *Die Rote Fahne*, features section, no. 93 (April 22, 1931), supplement.

14 *Magazin für Alle. Zeitschrift der "Universum –Bücherei für Alle,"* 6, 6 (1931): 22.

15 The text reads, "Anyone interested in socialist town planning, should visit the Proletarian Building Exhibition, Köpenickerstraße 111, open daily from 11 a.m. to 8 p.m.; admission 20 pfennig, unemployed 5 pfennig" (*Die Rote Fahne*, features section, no. 121 (June 10, 1931) supplement). Elsewhere the reader is addressed directly: "Have you visited the Proletarian Building Exhibition staged by the 'Collective for Socialist Architecture' yet ... ? If not, then hurry up as it features exhibits which affect every member of the proletariat." (*Die Rote Fahne*, features section, no. 122 (June 11, 1931), supplement).

16 See also, A., "Ausstellung des Kollektivs für sozialistisches Bauen," *Die Linkskurve*, 3, 7 (1931), 32; Durus, "Proletarische Bauausstellung," *Magazin für Alle. Zeitschrift der "Universum–Bücherei für Alle,"* 6, 7 (1931): 26.

17 A., "Ausstellung des Kollektivs für sozialistisches Bauen," 32.

18 Durus, "Proletarische Bauausstellung," 26. For more on the co-operation of further sections of the Association of Revolutionary Visual Artists (ARBKD) see: *Die Rote Fahne*, features section, no. 114 (June 2, 1931), supplement.

19 The inaugural address was held by Hermann Duncker. See Anon., "Proletarische Bauausstellung," *Bauwelt*, 22, 26 (n.d.): 886. An excellent overview of the exhibition and the accompanying events is furnished by Kurt Junghanns, "Vor 50 Jahren: Erste Proletarische Bauausstellung in Berlin 1931," in: *Architektur der DDR*, 30 (May 1981), 305–07, esp. 306.

20 Anon., "Neuplanung von Moskau. Vortrag des Stadtbaumeisters Kurt Meyer," *Die Rote Fahne*, features section, no. 117 (June 5, 1931), supplement. A summary, Anon., "über den vortrag von stadtbaurat meyer, leiter des sozialistischen städtebaues moskau, gehalten anlässig der proletarischen bauausstellung," is seen in: *Bauhaus. Organ der Kostufra—Sprachrohr der Studierenden*, no. 6 (1931): 38 f.

21 Anon., "Was ist in der proletarischen Bauausstellung los?," *Die Rote Fahne* (June 4, 1931) section: "RoteVersammlungsfront."

22 *Die Rote Fahne* (June 7, 1931), section: "Unsere rote Versammlungsfront."

23 Anon., "Was ist in der proletarischen Bauausstellung los?," *Die Rote Fahne* (July 1, 1931), section: "Unsere rote Versammlungsfront."

24 *Die Rote Fahne*, features section, no. 121 (June 10, 1931), supplement. Initially

the lectures were held several times a week. See R., "Proletarian Building Exhibition," *Die Rote Fahne*, features section, no. 116 (June 4, 1931), supplement.

25 It is worth noting that in mid-1931, Korn was on the Expert Committee of the section *Die Wohnung unserer Zeit* (The Dwelling of our Time) at the German Building Exhibition—which was in astonishing contradiction to the official rejection of the rival show by the organizers of the Proletarian Building Exhibition. For more see the program, *Deutsche Bauausstellung Berlin 1931 vom 9. Mai bis 9. August auf dem Ausstellungsgelände am Kaiserdamm* (Berlin 1931), front page.

26 Benny Heumann, *Benny Heumann, Jahrgang 1907. Ein politischer Architekt* (Berlin 1997), 86; Hubert Hoffmann, "Erinnerungen an Arthur Korn," in: *Bauforum*, 15, 90 (1982): 35–37, here 37. Archive material on the Proletarian Building Exhibition, 1931, Baukunstarchiv, Akademie der Künste, Berlin (Pre-death estate Kurt Junghanns, class. 02.03, no. 60, notes from a telephone conversation with Benny Heumann, July 2, 1980).

27 Collective for Socialist Architecture (promoter), *Proletarische Bauausstellung*, program (Berlin 1931), 7a.

28 For more on this concept, see also the letter sent by Gerhard Kosel to Kurt Junghanns, March 14, 1981, Baukunstarchiv, Akademie der Künste, Berlin (Pre-death estate Kurt Junghanns, archive material on the Proletarian Building Exhibition 1931, class. 02.03, no. 60).

29 A., "Ausstellung des Kollektivs für sozialistisches Bauen," 32.

30 For more information on the planning, see Andreas Zeese, "Von der 'Stadt ohne Zentrum' zur 'zentralisierten Bandstadt'. Arthur Korns Idealstadtprojekte für Berlin 1931 und London 1938–1942," in: Hans-Georg Lippert et al. (eds), *Agora und Void: Die Funktion der Mitte in Architektur und Städtebau* [= *unplanbar*, 2] (Dresden 2013), 44–69.

31 See also Peter Bücking, "Mezinárodní kongresy nového stavení," *levá fronta*, nos 29–30 (July 15, 1931): 122; Arthur Korn, "55 years in the Modern Movement," *Arena. The Architectural Association Journal*, 81, 901 (April 1966): 263–65, here 265.

32 As one of the two spokespersons for the German CIAM group, Korn was actively involved in the Berlin CIRPAC Congress in early 1931. His addresses, recorded in the minutes, pay testimony to Korn's view that a historic analysis of cities could only be affected on a "Marxist basis." Thus, "the productive forces of the individual epochs and the class conflicts emerging in every historic era ..., which have lent the city its characteristic features" should be examined. In contrast to Mies van der Rohe, Korn was also of the opinion that urban planning was "among others things, also a political issue." See also "Protokoll der I. Plenar-Sitzung des Außerordentlichen internationalen Kongresses für neues Bauen in Berlin," June 5, 1931, pp. 29, 36, gta Archives/ETH Zurich, and CIAM Archives (Material zur DV Berlin, 1931). My thanks to Daniel Weiss, Zurich, for sending me a copy of the document.

33 See also Junghanns, "Vor 50 Jahren," 306.

34 Arthur Korn and Felix J. Samuely, "A Master Plan for London. Based on research carried out by the Town Planning Committee of the M.A.R.S. Group. Analyzed and described by Arthur Korn and Felix J. Samuely," *The Architectural Review*, 91, 546 (1942): 143–50. See also Andreas Zeese, "Arthur Korns MARS Plan für London (1938–42). Kontinuitäten und Brüche eines didaktischen Konzepts," *Arch+*, 209 (December 2012): 24–29.

35 Arthur Korn, *History Builds the Town* (London 1953).

36 See Arthur Korn, "55 years in the Modern Movement," 263–5, here 263.

37 Arthur Korn, "Arthur Korn. 1891 to the present day," *Architectural Association Journal*, 73, 817 (1957): 114–35, here 118.

38 "'Das Böse kann auch schön sein'. Der niederländische Architekt Rem Koolhaas über Prada und Politik, das Bauen in aristokratischen Staaten und den Reiz des Hässlichen," *Der Spiegel*, 60, 13 (2006), 168–70, here 168.

39 In the so-called Aktion 507 a group of people joined together in 1968, who, in their own words, "deemed it necessary to conduct a critical analysis of the building sector and working conditions in West Berlin." Among the demands of the young group were the "abolition of the civil service system," "the transference of property ownership into public hands," and the introduction of a "scientific and society-oriented means test." The exhibition, staged at the time in the premises of the architecture faculty of the TU Berlin, was entitled "Diagnosis of Architecture in West Berlin." See: Gerhard Rump (print): *Manifest. Materialien zur Diskussion. Diagnose zum Bauen in West–Berlin* (Berlin 1968), cover, online: http://issuu.com/sesonasuo/docs/aktion507-manifest (accessed 5/27/2015). See also: Marion Schreiber, "Aktion 507. Jungarchitekten kritisieren die Berliner Baupolitik," *Die Zeit* (September 20, 1968), 12.

40 See also the interesting remarks on the role of the architect: Tatjana Schneider and Jeremy Till, "Agency *oder* Über die Fähigkeit anderweitig zu agieren," in: Österreichische Gesellschaft für Architektur (ed.), *Status Quo Vadis. Die Zukunft der Architektur als Prognose und Programm* [= *UmBau*, 26] (Salzburg/Munich 2013), 28–42.

Pedro Moreira

Alexander Altberg: Mitarbeiter Arthur Korns und Mitgestalter der *Proletarischen Bauausstellung*

Mitglied des „Kollektivs für sozialistisches Bauen", das unter der Ägide des Architekten Arthur Korn die *Proletarische Bauausstellung* in Berlin 1931 veranstaltete, war auch ein junger Mitarbeiter des Büros von Arthur Korn und Siegfried Weitzmann, der damals 23-jährige Architekt Alexander Altberg, der kurz darauf nach Brasilien emigrierte. Als ich Altberg – 65 Jahre später – kennenlernte und begann seine Biografie aufzuarbeiten, berichtete er auch über die *Proletarische Bauausstellung*. Drei Fotos der Ausstellung stammen aus seinem damals noch fragmentarisch erhaltenen Archiv. Altberg war in den frühen 1930er Jahren einer der Pioniere der modernen Architektur in Brasilien und setzte seine Berliner Erfahrungen aus der Zusammenarbeit mit Arthur Korn und der Organisation der Ausstellung unmittelbar um.

Alexander Altberg (1908–2009) wurde in Berlin-Wilmersdorf als Sohn einer russischen Ärztin und eines österreichischen Kaufmanns, beide jüdischer Herkunft, geboren. Der Vater war im Import-Export-Geschäft tätig und unterhielt internationale Kontakte, unter anderem nach Portugal und Brasilien, die Mutter stand der kommunistischen Ideologie nahe und war mit Rosa Luxemburg befreundet.

1925 besuchte Altberg nach eigenen Angaben den Vorkurs am Bauhaus in Dessau[1], als das neue Gebäude noch nicht fertiggestellt war und der Unterricht nach dem Umzug von Weimar in improvisierten Räumen stattfand. Er erinnerte sich an „barackenähnliche Unterrichtsräume“ und an die Ansprachen des Direktors Walter Gropius, mit denen dieser die Bauhausgemeinschaft auf die Mitarbeit am „Neubeginn“ einschwor. Besonders prägend war die Begegnung mit Herbert Bayer (1900–1985), der in diesem Jahr unmittelbar nach seiner Gesellenprüfung die Leitung der *Werkstatt für Druck und Reklame* übernommen hatte. Altbergs Vater bestand jedoch auf „einem ordentlichen Diplom“, und so wechselte Alexander um den Jahreswechsel 1925/1926 an die Staatliche Ingenieurakademie (Polytechnikum) Oldenburg. Dort engagierte er sich im jüdischen Studentenbund und erlebte erste antisemitische Anfeindungen. Er pendelte zwischen Oldenburg und Berlin und begann 1928 im Architekturbüro von Korn und Weitzmann zu arbeiten. In seinem am 31. Oktober 1931 von Siegfried Weitzmann unterschriebenen Arbeitszeugnis wird er als Mitarbeiter bei folgenden Projekten genannt: Gummiwarenfabrik Fromms Act in Cöpenick bei Berlin, Innenausbauten für die Parfümeriekette Kopp & Joseph an der Potsdamer und Tauentzienstraße sowie für das Reisebüro INTOURIST Unter den Linden, Projekte für das Konfektionshaus Heitinger am Alexanderplatz, das Bürohaus der Lebensversicherung PHOENIX an der Friedrich-Ebert-Straße und für eine schlossartige Villa Berger in Berlin-Nikolassee. Außerdem Vorprojekte für eine „Hotelstadt für INTOURIST“ an einem nicht genannten Ort, Apartmenthäuser am Fehrbelliner Platz und „verschiedene Ladenbauprojekte“. Nach eigenen Angaben beschäftigte er sich maßgeblich mit der Umsetzung der neuen Fabrikanlage des Gummiwaren- und Kondomherstellers „Fromms Act“ in Berlin-Köpenick, bestätigt wird dies durch Altbergs Unterschriften auf historischen Bauplänen. Diese Fabrikanlage zählte zu den fortschrittlichsten Industriebauten jener Zeit: Die Architektur im Geist des Neuen Bauens war das maßgeschneiderte Umfeld für einen Musterbetrieb, in dem das Wohl der Belegschaft den gleichen Stellenwert hatte wie die Arbeitseffizienz im Verwaltungs- und Produktionsbereich.

Im Büro erlebte Altberg auch die Vorbereitung von Korns damals bahnbrechender Publikation *Glas im Bau und als Gebrauchsgegenstand*, die 1929 veröffentlicht wurde, und wirkte an einem weiteren Buch über Städtebau mit, das vor Korns Emigration 1934 nicht mehr erscheinen konnte. Im Arbeitszeugnis erwähnt Weitzmann außerdem Altbergs Mitarbeit „an einer Ausstellung über Wohnungsbau“ – womit vermutlich die *Proletarische Bauausstellung* gemeint war.

Die Proletarische Bauausstellung

Arthur Korn fuhr Anfang 1930 zum ersten Mal in die Sowjetunion und kehrte hochbegeistert von den dortigen Entwicklungen in Architektur und Städtebau zurück. Er versammelte eine Gruppe um sich, die sich „Kollektiv für sozialistisches Bauen“ beziehungsweise „Kollektiv für proletarisches Bauen“ nannte. Erklärtes Ziel war, eine Alternativausstellung zur offiziellen *6. Deutschen Bauausstellung* 1931 zu veranstalten und deren Motto „Die Wohnung unserer Zeit“ aus einer explizit „nicht-bürgerlichen Perspektive“ aufzugreifen. Dabei sollten Missstände in Politik, Wohnungswirtschaft und Stadtplanung aufgezeigt und die neuesten Planungsansätze am Beispiel der Sowjetunion illustriert werden.

Alexander Altberg, der 1930 bis 1931 im Büro von Korn und Weitzmann mit der Fertigstellung der Fabrikanlage Fromms Act beschäftigt war, half in seiner Freizeit bei der Vorbereitung der Ausstellung. Da weder Korn noch Weitzmann Russisch sprachen, ist es gut möglich, dass Altberg mit seinen russischen Sprachkenntnissen bei der Ausstellungserstellung behilflich war. Er erinnerte sich, dass die Ausstellung im kollektiven Geist vorbereitet wurde; Korn war zwar die Leitfigur, es gab aber keine starre Hierarchie innerhalb der Gruppe. Die Mitglieder recherchierten, sammelten, konzipierten die Tafeln und Plakate, grafisch wie inhaltlich, und gestalteten die Ausstellung gemeinsam. Der improvisierte Charakter gehörte dazu. An Namen einzelner Teilnehmer des Kollektivs konnte sich Altberg kaum erinnern. Lebhaft schilderte er aber die Diskussionen über die Aufhängung einer langen roten Fahne an der Hausfassade und die Frage, ob diese mit Stern, Hammer und Sichel versehen werden sollte oder ob das zu einer Konfrontation mit nationalsozialistischen Schlägertruppen führen würde. Am Ende blieb die Fahne monochrom.

Die *Proletarische Bauausstellung* fand in leer stehenden Räumen eines Hinterhofs des Gebäudekomplexes Köpenicker Straße 111, Berlin SO16 statt. Die nördliche Köpenicker Straße war zu jener Zeit sehr belebt und mit dem U-Bahnhof Neanderstraße (ab 1960 Heinrich-Heine-Straße) an der 1930 nach Norden verlängerten Linie Gesundbrunnen–Neukölln (der sogenannten GN-Linie) auch hervorragend erschlossen.

Das Mietshaus und Fabrikgebäude Köpenicker Straße 111 war um 1842 von dem Architekten Eduard Knoblauch für Bauherren jüdischer Herkunft errichtet und später umgebaut sowie erweitert worden. Laut Berliner Adressbuch des Jahres 1930 waren im Gebäudekomplex die Lederwarenfabrik Adolf Kirseck

(Zigaretten- und Zigarrenetuis) und verschiedene andere klein- und mittelständische jüdische Unternehmen ansässig, darunter die Albert Alexander Gummi- und Wachstuchwäsche, Schweißblätterfabrik (Textil und Bekleidung) und die Gummizeugfabrik Gebrüder Levinstein (Chemie und Drogeriewaren).

Auf einem der drei kleinformatigen und relativ unscharfen Fotos aus Altbergs Archiv sind die Klinkerfassaden eines Hinterhofs des Gebäudekomplexes Köpenicker Straße 111 zu sehen. Am Treppenhausvorsprung hängen neben dem Schild des in der ersten Etage ansässigen Unternehmers „A. Kirseck“ und der noch erkennbaren Beschriftung einer „Fabrik für Projektions-Flächen“, das gestalterisch sehr schlichte Schild mit dem Ausstellungstitel in großformatiger Schrift auf weißem Hintergrund und die besagte rote Fahne. Die Tatsache, dass in dem Gebäudekomplex einige Firmen aus der Gummiwarenbranche und möglicherweise aus dem Umfeld des seinerzeit wichtigsten Bauherrn von Arthur Korn, Julius Fromm, stammten, könnte vermuten lassen, dass Korn so die günstigen, offenbar im Dachgeschoss gelegenen Räume für die Ausstellung organisieren konnte.

Das zweite und das dritte Foto zeigen Innenaufnahmen der Ausstellung. Die Räumlichkeiten sind rau und wirken eher düster, die Fotos verdeutlichen, dass die Ausstellung in kurzer Zeit und mit geringen Mitteln zusammengestellt wurde. Auf der Abbilddung 2 sind links die Wörter- und Satzfragmente „...NUNGSELEND ... ist ...nlösbarer ...stems“ erkennbar, vermutlich Teile des Satzes „Das Wohnungselend ist ein unlösbarer Teil des kapitalistischen Systems“, der den Inhalt von Friedrich Engels’ Artikel *Zur Wohnungsfrage* von 1872 resümiert und auch auf dem Deckblatt des Programmpapiers zur *Proletarischen Bauausstellung* abgedruckt ist.

Mit Parolen, prägnanten Bildern und Statistiken werden die Verdrängung von Mietern durch Immobilienspekulanten, „40.000 Kellerwohnungen“ in Berlin, „tausende leer stehende Arbeiterwohnungen“ oder die mangelnden Erholungsmöglichkeiten für die Arbeiterschaft im Gegensatz zur bourgeoisen Lebenswelt angeprangert. Zu sehen ist unter anderem auch der von Willy Römer 1910 festgehaltene, berühmt gewordene Blick auf die Torbogenreihe des Meyerischen Hofs in der Berliner Ackerstraße (ca. 1875) als Stereotyp der für schnellen Profit gebauten spekulativen Mietskaserne der Gründerzeit. Hingegen bleibt in diesem Zusammenhang uneindeutig, welchem Ziel ein Foto von Fritz Högers Chilehaus in Hamburg diente. Ebenfalls etwas aus dem Rahmen gefallen wirken die über der Plakatreihe aufgehängten zwei oder drei Zeichnungen von Brückenbauprojekten und einer etwas abstrahierten, rauchenden Schornsteinlandschaft.

Im Vordergrund ist eine ordentlich aufgestellte Biergartenbestuhlung zu sehen, möglicherweise das improvisierte Auditorium, vor dem der Mitbegründer der KPD und Leiter der MASCH, Hermann Duncker, seine leider nicht überlieferte Rede zur Ausstellungseröffnung hielt.[2] Das dritte Foto liefert weniger Inhalt, dafür viel Stimmung: Vor einem überdimensionierten Satz, der mit den Worten „FÜR’S VOLK“ endet, betrachtet ein offenbar jüngeres Publikum eine langgestreckte Plakatreihe mit Stadtplänen und Erläuterungen.

Emigration

Alexander Altberg verließ Deutschland im November 1931, nicht zuletzt aufgrund antisemitischer Erfahrungen, die er in Oldenburg und Berlin gemacht hatte. Seine Eltern waren bereits 1930 nach Rio de Janeiro umgezogen. Altberg kam im Dezember an und baute mit Unterstützung der Familie bis 1938 einige moderne Wohnhäuser. Parallel dazu nahm er Kontakt mit der noch jungen brasilianischen Architekturavantgarde um Gregori Warchavchik und Lúcio Costa auf und trug dazu bei, die „Moderne“ in Brasilien und die Ansätze der CIAM zu verbreiten.

Seine Erfahrungen bei der Vorbereitung der *Proletarischen Bauausstellung* kamen Altberg bei verschiedenen Anlässen zugute; 1933 als Mitorganisator des *Ersten Salons Tropischer Architektur* in Rio de Janeiro und bei der Vorbereitung zweier Ausstellungen von Käthe Kollwitz in Rio und São Paulo 1933, an denen er mitwirkte.

Auf Anraten seiner Eltern trat Altberg nicht der 1922 gegründeten und 1927 legalisierten Brasilianischen Kommunistischen Partei (PCB) bei. Er unterhielt aber Kontakte zu Kollegen trotzkistischer Überzeugung wie der Architekturpionierin Carmen Portinho, einer hohen Baubeamtin in Rio de Janeiro (und Lebensgefährtin des Architekten Affonso Eduardo Reidy), die Altberg sein einziges öffentliches Bauvorhaben in der Stadt, das Gebäude des Beamtenversorgungswerks von Rio (1935–1938), verschaffte. Während der Vargas-Diktatur in den 1930er und 40er Jahren verschlechterte sich die Situation von mittel- und osteuropäischen Immigranten erheblich. Ende 1935 scheiterte ein von der *Komintern* gesteuerter kommunistischer Putsch, gefolgt von einer Verfolgungswelle gegen Linke. Nach dem Kriegseintritt Brasiliens auf der Seite der Alliierten 1942 wurde es für Altberg, der zwar 1934 die brasilianische Staatsbürgerschaft erhalten hatte, aber zugleich Kommunist, Deutscher und Jude war, nahezu unmöglich Aufträge zu erhalten. Er zog sich aus der Architektur zurück und widmete sich fortan dem Kunst- und Antiquitätenhandel. Dies ist einer der Hauptgründe, warum sein Beitrag zur beginnenden modernen Architektur in Brasilien von der Geschichtsschreibung weitgehend übersehen wurde.

1 Ein Nachweis in den Dokumenten des Bauhauses wie etwa den Immatrikulationsbescheinigungen der Studierenden ließ sich bislang nicht finden.

2 Vgl. den Beitrag von Heinz Deutschland in diesem Band.

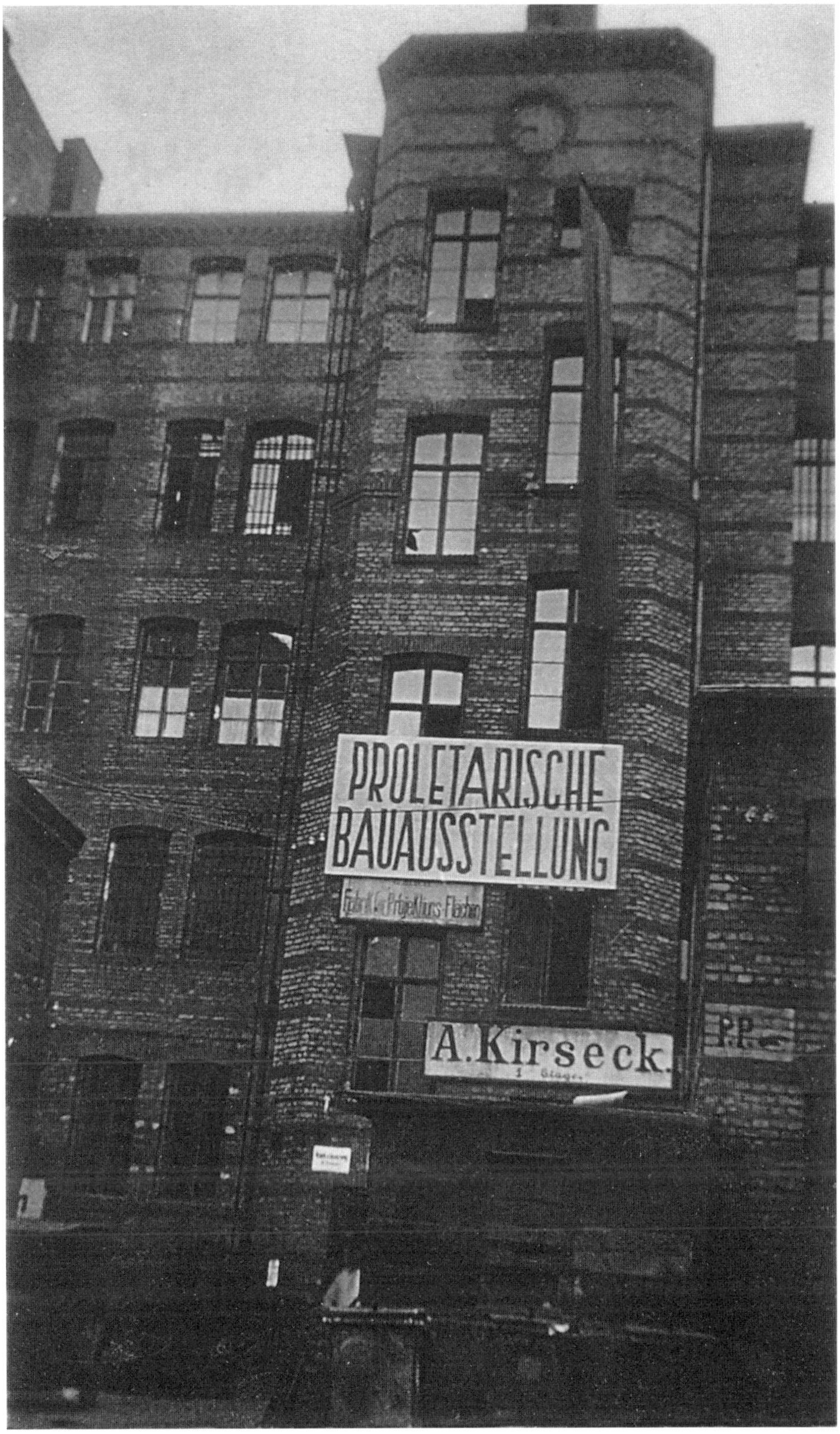

Alexander Altberg, Eingang / Entrance
Proletarische Bauausstellung, 1931

Alexander Altberg,
Ausstellungsansichten / Exhibition views
Proletarische Bauausstellung, 1931

Pedro Moreira

Alexander Altberg: Assistant to Arthur Korn and Co-organizer of the Proletarian Building Exhibition

A further member of the *Kollektiv für sozialistisches Bauen* (Collective for Socialist Architecture), which staged the *Proletarische Bauausstellung* (Proletarian Building Exhibition) in Berlin under the aegis of the architect Arthur Korn in 1931, was a young employee in the practice of Arthur Korn and Siegfried Weitzmann, the then twenty-three-year-old architect Alexander Altberg, who emigrated to Brazil a short time later. When I first became acquainted with Altberg—some sixty-five years later—and began research into his biography, I discovered his accounts of the Proletarian Building Exhibition. Three photos of the exhibition originate from his then-fragmentary archive. In the early 1930s, Altberg was one of the pioneers of modern architecture in Brazil and upon his arrival immediately translated into practice the experience he gained in collaboration with Arthur Korn and in organizing the exhibition.

Alexander Altberg (1908–2009) was born in Wilmersdorf, Berlin, the son of a Russian doctor and an Austrian businessman, both of Jewish descent. His father worked in the export-import business, maintaining a network of international contacts, extending as far as Portugal and Brazil, whilst his mother was a communist sympathizer who counted Rosa Luxemburg among her friends.

Altberg relates that, in 1925, he attended the introductory course at the Bauhaus in Dessau,[1] at a time when the building had not yet been completed, and lectures were still being held in makeshift premises following the move from Weimar. He recalls the "barrack-like seminar rooms" and the speeches delivered by the director Walter Gropius, in which he sought to rally the Bauhaus community behind the "new beginning." An enduring impression was forged by his encounter with the graphic designer Herbert Bayer (1900–85), who in the same year he completed his apprenticeship training was appointed director of the workshop for printing and advertising. Altberg's father, however, insisted on his son gaining a "proper qualification," prompting Alexander to enroll at Oldenburg's State Engineering Academy (Polytechnic) at the turn of 1926. Here he became an active member of the Jewish Students' Association and experienced his first taste of anti-Semitism. Commuting between Oldenburg and Berlin, he started work in the architectural practice of Korn and Weitzmann in 1928. On his certificate of employment signed by Siegfried Weitzmann on October 31, 1931, Altberg is named as a co-worker on the following projects: a rubber-goods plant for the firm Fromms Act in Köpenick, Berlin; interior fittings for the perfume chain-store Kopp & Joseph in the Potsdamer and Tauentzienstraße, and for the Intourist travel agency in Unter den Linden; projects for the Heitinger clothing manufacturer at Alexanderplatz; the office building for the life insurance firm Phoenix in Friedrich-Ebert-Straße, and for the castle-like Villa Berger in Nikolassee, Berlin. He also worked on preliminary projects for a "hotel-city for Intourist" at an unspecified site, for apartment buildings at Fehrbelliner Platz, and on "various store construction projects." Altberg recounts that he was heavily involved in the development of the new factory site for the rubber goods and condom manufacturer Fromms Act in Köpenick, Berlin, a fact confirmed by Altberg's own signatures on the historic building plans. This factory was among the most advanced industrial buildings of its time: for, inspired by the spirit of the *Neues Bauen* movement, the team found the ideal setting in which to design a model plant, where the well-being of the workforce was accorded the same priority as ensuring operational efficiency in the areas of administration and production.

While employed within Korn's practice, Altberg witnessed the preparations of the latter's trailblazing work *Glass in Modern Architecture*, which was published in 1929,[2] and he also collaborated on another book about urban planning which did not make it to publication before Korn's emigration in 1934. In Altberg's certificate of employment, Weitzmann also makes mention of his employee's participation in "an exhibition on housing construction," which presumably referred to the Proletarian Building Exhibition.

The Proletarian Building Exhibition

In early 1930 Arthur Korn traveled to the Soviet Union for the first time, returning full of enthusiasm for the latest trends in architecture and urban planning he observed there. He formed a group calling itself the *Kollektiv für sozialistisches Bauen* (Collective for Socialist Architecture). Its declared objective was to mount an alternative exhibition to the official *Deutsche Bauausstellung* of 1931—the Sixth German Building Exhibition—and to respond to its motto *Die Wohnung unserer Zeit* (The Dwelling of Our Time) from an explicitly "non-bourgeois perspective." Further aims included highlighting the shortcomings in policy-decisions and the mismanagement in the housing sector and urban planning generally, together with showcasing the latest planning concepts using the Soviet Union as an example.

While charged in Korn and Weitzmann's practice with the completion of the Fromms Act factory from 1930 to 1931, Alexander Altberg also assisted in organizing the exhibition during his spare time. As neither Korn nor Weitzmann spoke Russian, it is quite possible that Altberg's command of the language saw him co-opted onto the project. He recalled that a collective spirit informed preparations for the exhibition: although Korn was the lead architect, no rigid hierarchy obtained within the group. The tasks of researching, gathering materials, conceiving the billboard and the posters, and designing the exhibition itself were accomplished jointly, the improvised nature of the undertaking simply all being part of the project. Although Altberg could no longer identify the individual members of the collective, he still remembered vividly the discussions concerning the draping of a long red flag over the building's facade, whether to emblazon it with a star, hammer, and sickle and thereby risk a confrontation with the National-Socialist paramilitaries. Ultimately, the flag remained monochrome.

The Proletarian Building Exhibition was staged in the empty premises enclosing the courtyard of a building complex in Köpenicker Straße 111, Berlin SO16. The northern end of Köpenicker Straße was at this time a very popular area, ideally located in close proximity of the subway station Neanderstraße (renamed Heinrich-Heine-Straße in 1960), which ran on the Gesundbrunnen–Neukölln line (the so-called GN-Linie) and which was extended northwards in 1930.

Built in around 1842 by the architect Eduard Knoblauch for property developers of Jewish descent, the apartment block and factory site in Köpenicker Straße 111 were subsequently renovated and then extended. According to Berlin's public register of addresses from 1930, the building complex housed the Adolf Kirseck Lederwarenfabrik (cigarette and cigar cases) and various other small- and medium-sized Jewish firms, including the Albert Alexander Gummi- und Wachstuchwäsche, Schweißblätterfabrik (textiles and garments) and the Gebrüder Levinstein Gummizeugfabrik (chemicals and drugstore products).

Visible on one of the three small-format and relatively out-of-focus photos from Altberg's archive are the clinker-brick facades enclosing the rear courtyard of the building complex in Köpenicker Straße 111. Hanging in the entrance to the stairwell next to the nameplate of the firm located on the first floor, "A. Kirseck," and the still-discernible inscription "Fabrik für Projektions-Flächen," are the plainly designed plaque bearing the title of the exhibition in large lettering on a white background, and the aforementioned red flag. The fact that the building housed several firms from the rubber-goods sector which possibly derived from the circle of Korn's most important client at the time, namely Julius Fromm, may explain how Korn was able to secure such favorably-priced, evidently top-floor premises to host the exhibition.

The second and third photos show interior views of the exhibition. The rooms appear to be in poor repair and rather dingy, and the photos highlight that the exhibition was mounted hurriedly and with scant resources. On the left in the shot, one can just make out the words and fragment of a sentence "*...NUNGS-ELEND ... ist ...nlösbarer ...stems*," which reads *Das Wohnungselend ist ein unlösbarer Teil des kapitalistischen Systems* (The housing crisis is an integral of the Capitalist system), which encapsulates the tenor of Friedrich Engels' article *Zur Wohnungsfrage* (On the Housing Question) from 1872, and is reprinted on the cover page of the program accompanying the Proletarian Building Exhibition.

Using slogans, evocative images, and statistics, the document denounces the forced eviction of tenants by property speculators, the "40,000 cellar dwellings" in Berlin, the "thousands of empty workers' dwellings," and the lack of leisure opportunities for the workforce compared to the life of the bourgeoisie. Also to be seen is the now-famous view—captured by Willy Römer in 1910—onto the row of arches of the Meyerscher Hof in Berlin's Ackerstraße (*c.*1875), which became characteristic for the tenement blocks built for fast profit by speculators in the Wilhelminian era. In contrast, the purpose of a photo of Fritz Höger's Chilehaus in Hamburg remains unclear. Equally incongruous are the two or three drawings hanging over the row of posters of bridge-construction projects and the rather abstract sketch of a smoking, chimneystack landscape.

Depicted in the foreground are orderly rows of beer garden stools, possibly the makeshift auditorium, in which the co-founder of the KPD (Communist Party of Germany) and the director of the Marxist Workers' School (MASCH), Hermann Duncker, held his speech to mark the inauguration of the exhibition, which sadly has not survived.[3] Although the third photo furnishes little information, it is highly evocative: before an oversized slogan, which ends with the words *FÜR'S VOLK* (For the People), an evidently young public is captured viewing a long row of posters bearing urban plans, replete with accompanying explanations.

Emigration

Alexander Altberg left Germany in November 1931, not least due to the manifestations of anti-Semitism he experienced in Oldenburg and Berlin. His parents had already emigrated to Rio de Janeiro in 1930. Altberg arrived in December of that year and with the support of the family had designed a number of modern apartment houses by 1938. At the same time, he forged contact to a young Brazilian architectural avant-garde led by Gregori Warchavchik and Lúcio Costa and contributed to the dissemination of "Modernism" in Brazil and the concepts of the *Congrès internationaux d'architecture moderne* (International Congresses of Modern Architecture—CIAM).

The experience he gathered in helping to organize the Proletarian Building Exhibition proved of great benefit to him, on various occasions: in 1933 as co-organizer of the First Salon of Tropical Architecture in Rio de Janeiro, and during the preparations of the two exhibitions by Käthe Kollwitz in Rio and São Paulo in 1933, in which he collaborated.

On the advice of his parents he did not join the Brazilian Communist Party (PCB), which, founded in 1922, remained banned until 1927. He maintained contact with colleagues of a Trotskyite persuasion, such as the pioneering architect Carmen Portinho, a high-ranking city building official in Rio de Janeiro (and partner of the architect Affonso Eduardo Reidy), who procured Altberg his only public construction project in the city, the headquarters of the civil servants' pension fund in Rio (1935–8). The situation for immigrants from Central and Eastern Europe deteriorated considerably during Vargas' dictatorship throughout the 1930s and 1940s. The crushing of a Comintern-backed Communist putsch in 1935 precipitated a wave of persecution against the Left. Despite obtaining Brazilian nationality in 1934, Altberg was also a communist, German, and a Jew, and consequently found it virtually impossible to win contracts following Brazil's entry into the war on the side of the Allies in 1942. He retired from architecture and henceforth dedicated himself to art and antique dealing. This is one of the main reasons why Altberg's contribution to Brazil's emerging modern architecture has been largely overlooked by history.

Translated from the German by John Rayner.

1 To date no documentary evidence, such as students' certificates of enrollment, has been found in the Bauhaus Archive.

2 Arthur Korn, *Glas. Im Bau und als Gebrauchsgegenstand* (Berlin 1929); *Glass in Modern Architecture*, tr. Dennis Sharp (New York 1968).

3 Cf. the essay by Heinz Deutschland in this volume.

Heinz Deutschland

Hermann Duncker und die Marxistische Arbeiterschule (MASCH)

Zeitgenössische Berichte über die *Proletarische Bauausstellung* verweisen auf einen Vortrag von Hermann Duncker anlässlich der Ausstellungseröffnung, der leider nicht überliefert ist. Da Hermann Duncker (1874–1960) einer der bekanntesten Lehrer der Marxistischen Arbeiterschule (MASCH) war, ist es sicher legitim der Frage nachzugehen, ob sich weitere Hinweise auf Berührungspunkte zwischen den Akteuren der *Proletarischen Bauausstellung* und der MASCH generell und zu Hermann Duncker im Besonderen erschließen lassen. Den Recherchen sind allerdings enge Grenzen gezogen, weil nur auf wenige Quellen zurückgegriffen werden kann.[1]

Die Marxistische Arbeiterschule, die ihre Tätigkeit im Frühjahr 1927 in Berlin aufnahm, war, obwohl der KPD nahestehend, keine Parteischule. Sie stand in der Tradition der Arbeiterbildung, wie sie in den sozialistischen Arbeiterbildungsvereinen und später, nach der Revolution von 1918, in den Arbeiterhoch- und Räteschulen gepflegt wurde. In dem vermutlich von Hermann Duncker formulierten Gründungsaufruf hieß es zu den Zielen und zum Anliegen der MASCH: „Auf der Grundlage des Marxismus, der die heutige Gesellschaftsordnung analysiert und ihren Klassencharakter aufdeckt, will sie Kenntnis der gegenwärtigen Erscheinungsformen des politischen, wirtschaftlichen und sogenannten kulturellen Lebens in gleichzeitig wissenschaftlicher und gemeinverständlicher Weise vermitteln."[2] Unterrichtsgegenstand waren vor allem „philosophische, ökonomische und politische Grundlehren des Marxismus",[3] Geschichte der Arbeiterbewegung, sozialistischer Aufbau in der Sowjetunion, aber auch Allgemeinbildung, Naturwissenschaften, Rechts-, Schul- und Erziehungsfragen, Kommunalpolitik, Literatur, Kunst, Theater, Musik, Deutsche Sprache und Fremdsprachen sowie Rednerschulung.

Hörer der MASCH waren vorwiegend Arbeiter, aber auch Studenten verschiedener Fachrichtungen der Berliner Hochschulen sowie Intellektuelle und Künstler, die ihre politischen und weltanschaulichen Kenntnisse erweitern und vertiefen wollten. Die MASCH übte zweifellos eine große Anziehung auf Menschen unterschiedlichster Herkunft und Sozialisation aus.

Lehrer der MASCH waren Kommunisten und Sympathisanten der Partei, aber – zumindest in den ersten Jahren – auch der Sozialdemokratie nahestehende Persönlichkeiten sowie parteilose Wissenschaftler und Spezialisten, darunter auch einige Architekten, in jedem Fall ausgewiesene Kenner ihres jeweiligen Fachgebietes.[4] Einer der profiliertesten Lehrer der MASCH war Hermann Duncker.[5] Er konnte auf eine langjährige Lehrtätigkeit zurückblicken, die er bereits Ende des 19. Jahrhunderts – noch als Student der Leipziger Universität – begonnen hatte. Er hatte einen großen Kreis von „Schülern", der im Ergebnis seiner Aktivitäten im Rahmen der MASCH weiter wuchs und es ihm ermöglichte, Kontakte zu Vertretern der Intelligenz aus den verschiedensten Fachrichtungen zu knüpfen, darunter auch zu sozial engagierten Architekten. Das traf insbesondere für Hannes Meyer zu. Bereits im Frühjahr 1930 war Duncker einer Einladung ans Bauhaus nach Dessau gefolgt und hatte dort im Rahmen der von Meyer initiierten Gastvorlesungen Vorträge gehalten – über die „Geschichte der Arbeiterbewegung", „Philosophische Grundlagen des Marxismus", „Materialistische Geschichtsauffassung" sowie „Die Aufgaben des Intellektuellen in der heutigen Zeit".[6]

Duncker hatte angesichts seiner Kenntnisse und Erfahrungen zweifellos entscheidenden Einfluss auf Programm und Methoden des Unterrichts sowie auf die Auswahl der ständigen Lehrer als auch der „Gastdozenten" der MASCH. Bereits seit 1923 war Hermann Duncker außerdem Initiator und maßgeblicher Herausgeber der populären und wirkungsmächtigen Schriftenreihe „Elementarbücher des Kommunismus". Diese Elementarbücher waren im wahrsten Sinne des Wortes Elementarschriften, elementares Handwerkszeug nicht nur für die MASCH-Schüler, sondern darüber hinaus für zahlreiche Arbeiter und Intellektuelle. In der Reihe der Elementarbücher erschien Anfang 1930 – quasi im Vorfeld der *Proletarischen Bauausstellung* – als Band 17 die Arbeit *Zur Wohnungsfrage* von Friedrich Engels, die seit ihrer zweiten Auflage 1887 in deutscher Sprache nicht mehr verlegt worden war. Der Herausgeber Paul Friedländer, zugleich Lehrer an der MASCH, schrieb dazu eine politisch und methodisch sehr instruktive Einleitung.[7] Aus dieser Ausgabe wurde in den vorbereitenden Materialien zur *Proletarischen Bauausstellung* ausführlich zitiert.

Paul Friedländer hatte bereits in Vorbereitung der Edition, im Schuljahr 1928/1929 der MASCH, eine Veranstaltung von zwei Abenden zum Thema „Wohnungsfrage und Arbeiterschaft" angeboten. Im gleichen Schuljahr behandelte Dr. med. Richard Schmincke im Rahmen seines Kurses „Der Klassenkampf in der Kommune" auch das Thema „Die wichtigsten Forderungen der Arbeiterklasse in Bezug auf Wohnungsfrage, Wohlfahrts- und Gesundheitswesen in der Gemeinde". Der Kunstkritiker Adolf Behne, der auch zu anderen Themen referierte, fragte am 17. Dezember 1928 in seinem Vortrag mit Lichtbildern „Wie betrachtet man einen Bau? – Worauf kommt es bei Häusern und Wohnungen an?"[8]

Dem Lehrplan für 1929/1930 [Viertes Schuljahr] – also wiederum noch vor der *Proletarischen Bauausstellung* – ist zu entnehmen, dass es den Verantwortlichen der MASCH gelungen war, einen Zyklus von sechs Vorträgen zu vereinbaren, in dem namhafte Architekten ihren Standpunkt zu „Gegenwartsfragen der Architektur" darlegen konnten. Beteiligt waren: Mies van der Rohe (Neues Bauen), Hugo Häring (Städtebauliche Probleme), Hannes Meyer (Technische und soziale Bedingtheit des Bauens), Ludwig Hilberseimer (Eisenbetonbauten – Form und Konstruktionen), Walter Gropius (Industrialisierung des Wohnungsbaus) und Bruno Taut (Siedlungswesen). Die Vorträge fanden zwischen dem 7. Januar und dem 11. Februar 1930 statt.[9]

Dieses Angebot wurde den Hörern der MASCH – wenn auch mit veränderter Thematik – im fünften Schuljahr 1930/31 nochmals unterbreitet. Es lautete nunmehr: „Probleme des Städtebaus" (Weltstadt und Umsiedlungsfragen, Hochhausfragen und Städtebau, Wegebauliche Kritik, Auflösung der Städte, Umbau der Städte, Standortfragen im Städtebau). Als Vortragende waren „Prof. Gropius, Häring, Hilberseimer, Korn, Mächler, Hannes Meyer, Dr. Schwab, Prof. Taut" benannt, der Kurs umfasste jetzt sogar acht Abende.[10]

Außerdem waren ein Vortrag von Durus (Alfred Kéményi) zum Thema „Die kapitalistischen Grenzen der zeitgenössischen Architektur und ihre Überwindung in der Sowjetunion" und eine Arbeitsgemeinschaft unter Leitung von Ludwig Hilberseimer über „Fragen des Wohnungsbaus" ins Programm aufgenommen worden.[11]

Im sechsten Lehrjahr 1931/32 waren für das zweite Trimester (der Lehrplan stand nicht zur Verfügung) lediglich eine „Arbeitsgemeinschaft für Probleme des Bauens" (ohne nähere Angaben) und im Namensverzeichnis Vorträge von Gropius, Häring, Hilberseimer, Korn, Meyer und Taut angekündigt.[12] Im dritten und vierten Trimester sind für den Bereich „Bildende Kunst" keine Kurse zur Architektur beziehungsweise zum Städte- und Wohnungsbau verzeichnet, dafür aber in der Vorschau für das 7. Lehrjahr 1932/33 wiederum Vorträge von Gropius, Hilberseimer, Korn, Meyer und Taut in Aussicht gestellt.

Der Plan für das erste Trimester (Oktober bis Dezember 1932) des 7. Lehrjahres verweist auf einen Kurs von Arthur Korn zum Thema „Der zeitgemäße Städtebau. Unter besonderer Berücksichtigung des Bauwesens in der Sowjetunion".[13]

Alle hier aufgelisteten Kurse und Vorträge zu Problemen der Architektur und des Wohnungsbaus sind den Lehrprogrammen der MASCH entnommen. Ob sie tatsächlich stattgefunden, wie viele Hörer daran teilgenommen, welche Resonanz sie gefunden haben, müsste, soweit möglich, anhand weiterer Quellen recherchiert und überprüft werden. Aber selbst wenn nur ein Teil der Ankündigungen realisiert worden ist, wäre das schon bemerkenswert. Außerdem gibt es Hinweise, dass Architekten, die die Sowjetunion besucht hatten oder zeitweilig dort tätig waren, darüber an der MASCH in kurzfristig anberaumten Vorträgen berichtet haben.[14]

Die MASCH als marxistische Bildungseinrichtung bot ihren Hörern, auch Architekturstudenten, in erster Linie den Mitgliedern der kommunistischen Studentenfraktion (Kostufra), mit ihren ökonomischen, philosophischen und politischen Grundkursen die Möglichkeit, Kenntnisse über den Kapitalismus, seine Funktionsweise und seine Grenzen zu erwerben. Das hat dazu beigetragen, Antworten auf Fragen zu finden, die sie bewegten. Ein Beispiel dafür liefert Gerhard Kosel mit seinem Bericht über die ihm und Benny Heumann[15] im Seminar von Bruno Taut übertragene Aufgabe, die Situation der Wohnungen in den Berliner Bezirken Moabit und Wedding zu studieren und zu dokumentieren. Das Ergebnis der Studie war, schrieb Kosel, „eine realistische Darstellung der Wohnungssituation in den wichtigsten Berliner Arbeitervierteln. Sie war eine neue Bestätigung der These von Friedrich Engels, daß die Wohnungsfrage als soziales Problem nicht gelöst werden kann, solange die kapitalistische Produktionsweise besteht."[16] Kosels und Heumanns Erinnerungen verweisen darauf, dass die MASCH und ihre Unterrichtsangebote von den Mitgliedern des Kollektivs für sozialistisches Bauen zur Kenntnis genommen worden sind und wohl auch für die Konzipierung des Programms und die Realisierung der *Proletarischen Bauausstellung* anregend und hilfreich waren.[17]

Außerdem bot die MASCH einigen Architekten, die einen Zusammenhang zwischen der Wohnungsfrage und den generellen sozialen Problemen ihrer Zeit sahen und sich dem Neuen Bauen verpflichtet fühlten, einen interessierten Hörerkreis, dem sie ihre Ansichten über „Gegenwartsfragen der Architektur" beziehungsweise „Fragen des Städtebaus" vortragen konnten. Dieses Angebot haben sie – das legen zumindest die Ankündigungen in den Lehrprogrammen nahe – nicht ausgeschlagen.

Soviel zu den Berührungspunkten und etwaigen Kontakten zwischen den Gestaltern der *Proletarischen Bauausstellung*, der Marxistischen Arbeiterschule und Hermann Duncker. Sie sollten allerdings auch nicht überbewertet werden: Fragen des Wohnungsbaus und der Architektur bildeten in den Lehrprogrammen der MASCH nur ein kleines Segment. Teilnehmer an ihren Kursen aus den Reihen der Architekturstudenten, der Bauingenieure und Architekten waren zweifellos nur einige interessierte und engagierte Personen.

Abschließend noch eine Bemerkung zur Berichterstattung der *Bauwelt* über die *Proletarische Bauausstellung*, vor allem zu der abschätzigen Anmerkung zu Dunckers Eröffnungsvortrag. Wie bereits eingangs erwähnt, ist der Text nicht überliefert. Duncker dürfte übrigens auch frei, gestützt lediglich auf einige Notizen, gesprochen haben. Ob der in der *Bauwelt* zitierte Satz: „Die heutigen Kollektivhäuser werden immer noch zerrissen durch die Trennwände der Familienwohnungen, die das Individuum den Klasseninteressen entziehen",[18] tatsächlich Duncker'scher Originaltext ist, wage ich zu bezweifeln. Duncker wollte die individuelle Wohnung keineswegs abschaffen und etwa mehrere Familien in Großraumwohnungen zusammensperren. Wenn überhaupt, ging es ihm wohl mehr um soziale Folgeeinrichtungen in Wohnsiedlungen, zu denen durchaus auch Räume für gemeinschaftliche Treffen und Veranstaltungen gehören sollten. Übrigens bezogen Käte und Hermann Duncker im

Sommer 1931 in Berlin-Tempelhof, Wittekindstraße 84, eine Neubauwohnung in der Siedlung Attilahöhe. Es war die letzte vor Beginn der Naziherrschaft in Berlin erbaute genossenschaftliche Einrichtung, die auf Initiative von Fritz Bräuning unter Mitwirkung von Bruno Taut und Franz Hoffmann in mehreren Abschnitten errichtet wurde.[19] In unmittelbarer Nähe bezogen auch Wilhelmine Duncker, Hermanns Mutter, und der Sohn Wolfgang Duncker mit Frau Wohnungen, die sie alle aber zwei Jahre später schon wieder verlassen mussten. Käte Duncker hat in mehreren Briefen aus dem Jahre 1933 geschildert, wie wohl sie sich in dieser freundlichen, warmen Wohnung mit dem kleinen Hausgarten gefühlt hat. Am 21. September schrieb sie an ihren Mann ins KZ Brandenburg: „Nun schreibe ich Dir das letzte Mal aus der netten, lieben Wohnung in Tempelhof! Leider! Ich wäre gerne bis zu meinem Lebensende hier geblieben, hätte diese bequeme saubere Wirtschaft geführt und meinen netten kleinen Garten gepflegt."[20]

Aber das ist ein anderes Kapitel. Dies ist hier nur erwähnt, um den in der *Bauwelt* zitierten Satz aus dem Vortrag Hermann Dunckers bei der Eröffnung der *Proletarischen Bauausstellung* nicht unkommentiert zu lassen.

1 Die Edition des Duncker-Briefwechsels enthält dazu leider keine Hinweise. Vgl. dazu Käte und Hermann Duncker, *Ein Tagebuch in Briefen (1894–1953)*, hg. von Heinz Deutschland, Berlin 2015. Auch die Lehrpläne der MASCH sind nicht vollständig überliefert. Zu den Aktivitäten der MASCH vgl. Gabriele Gerhard-Sonnenberg, *Marxistische Arbeiterbildung in der Weimarer Zeit (MASCH)*, Köln 1976 sowie Dietmar Müller, *Der Beitrag der marxistischen Arbeiterschule (MASCH) zur Durchsetzung des Marxismus-Leninismus in der deutschen Arbeiterbewegung*, unveröffentlichte Dissertation, Berlin 1979.

2 „Besucht die Marxistische Arbeiterschule", in: *Die Rote Fahne* 10, 1927, 2. Beilage, S. 1.

3 Der dazu u. a. von Hermann Duncker angebotene Grundkurs belief sich auf 16 Veranstaltungen.

4 Die sich verändernde politische und ökonomische Situation in Deutschland Ende der 1920er Jahre, die damit verbundene Zuspitzung der Klassenkämpfe sowie Entwicklungen innerhalb der KPD hatten zweifellos Auswirkungen – wenn auch mit zeitlicher Verzögerung – auf die MASCH und ihre Unterrichtsangebote.

5 Dunckers Vorträge, insbesondere die zur Eröffnung eines Schuljahres, zogen bisweilen bis zu 700 Hörer an. Vgl. Gerhard-Sonnenberg, *Marxistische Arbeiterbildung*, S. 78.

6 Zu Hannes Meyer und der Familie Duncker vgl. Heinz Deutschland, „Hannes Meyer und die Dunckers. Versuch einer Rekonstruktion ihrer freundschaftlichen Kontakte", in: *„als bauhäusler sind wir suchende". Hannes Meyer (1889–1954), Beiträge zu seinem Leben und Wirken. (= Bauhaus Denkmal. Beiträge zur Bau- und Nutzungsgeschichte* 7), 2013, S. 10–18.

7 Vgl. Friedrich Engels, *Zur Wohnungsfrage. Die grundlegende Schrift zur Wohnungsfrage im kapitalistischen Staat und in der Übergangszeit*, hg. von Paul Friedländer (=*Elementarbücher des Kommunismus 17*), Berlin 1930.

8 MASCH, *Vorlesungsverzeichnis für das Schuljahr 1928/29*, in: SAPMO-BArch. RY 1/I 2/707, 114, Bl. 9 u. 13.

9 MASCH, *Vorlesungsverzeichnis für das Schuljahr 1929/30*, Bl. 43.

10 MASCH, *Vorlesungsverzeichnis für das Schuljahr 1930/31*, S. 12.

11 Ebd., S. 13.

12 Vgl. MASCH, *Vorlesungsverzeichnis für das Schuljahr 1931/32.*

13 MASCH, *Vorlesungsverzeichnis für das Schuljahr 1932/33*, erstes Trimester, S. 16.

14 Vgl. dazu den im Beitrag von Thomas Flierl erwähnten Vortrag von Hannes Meyer am 13.10.1931. Zu den Vorträgen von Bruno Taut vgl. Kurt Junghanns, *Bruno Taut, 1880–1938*, Berlin 1993, S. 96. Junghanns verweist dabei auf den Artikel „Die MASCH – eine traditionsreiche Bildungsstätte" von Johann Lorenz-Schmidt, in dem dieser mitgeteilt hatte, dass „namhafte Schriftsteller und Künstler Kurse [an der MASCH durchgeführt haben] [...] darunter die Architekten Walter Gropius und Bruno Taut", in: *Einheit 12*, 1976, S. 1351. Lorenz-Schmidt als Leiter der Berliner MASCH dürfte ein verlässlicher Zeuge sein.

15 Vgl. Benny Heumann, *Jahrgang 1907. Ein politischer Architekt*, Berlin 1998, S. 77–89. Heumann berichtet hier über sein Studium bei Bruno Taut, den Roten Studentenclub, die *Proletarische Bauausstellung*, Vorträge von Angehörigen des Kollektivs für sozialistisches Bauen sowie über Arthur Korn.

16 Gerhard Kosel, *Unternehmen Wissenschaft. Erinnerungen*, Berlin 1989, S. 22. Noch ausführlicher in Gerhard Kosel, „Mein Lehrer Bruno Taut", in: *Architektur der DDR* 29, 1980, S. 206.

17 Für Gerhard Kosel ist außerdem verbürgt, dass er nicht nur Teilnehmer an Kursen der MASCH war, sondern dort auch, wie er für sich ausdrücklich bezeugt, Vorlesungen von Hermann Duncker gehört hat. Vgl. Kosel, *Unternehmen Wissenschaft*, S. 23 u. 79.

18 *Bauwelt* 26, 1931, S. 886.

19 Klaus Novy und Barbara von Neumann-Cosel (Hg.), *Zwischen Tradition und Innovation. 100 Jahre Berliner Bau- und Wohnungsgenossenschaft von 1892*, Berlin 1992, S. 148.

20 Vgl. K. u. H. Duncker, *Ein Tagebuch in Briefen*, Brief Nr. 2356.

MARXISTISCHE ARBEITERSCHULE

DIE HOCHSCHULE DER WERKTÄTIGEN

Marx: Die Theorie wird zur materiellen Gewalt, wenn sie die Massen ergreift

Lenin: Ohne revolutionäre Theorie keine revolutionäre Praxis

Kurse
Arbeitsgemeinschaften
Sprach- u. Zeichenkurse
Stenographiekurse
Sonderveranstaltungen
Führungen

SCHULJAHR 1929-1930

Marxistische Arbeiterschule, Vorlesungsverzeichnis, Schuljahr / Prospectus, academic year 1929/1930

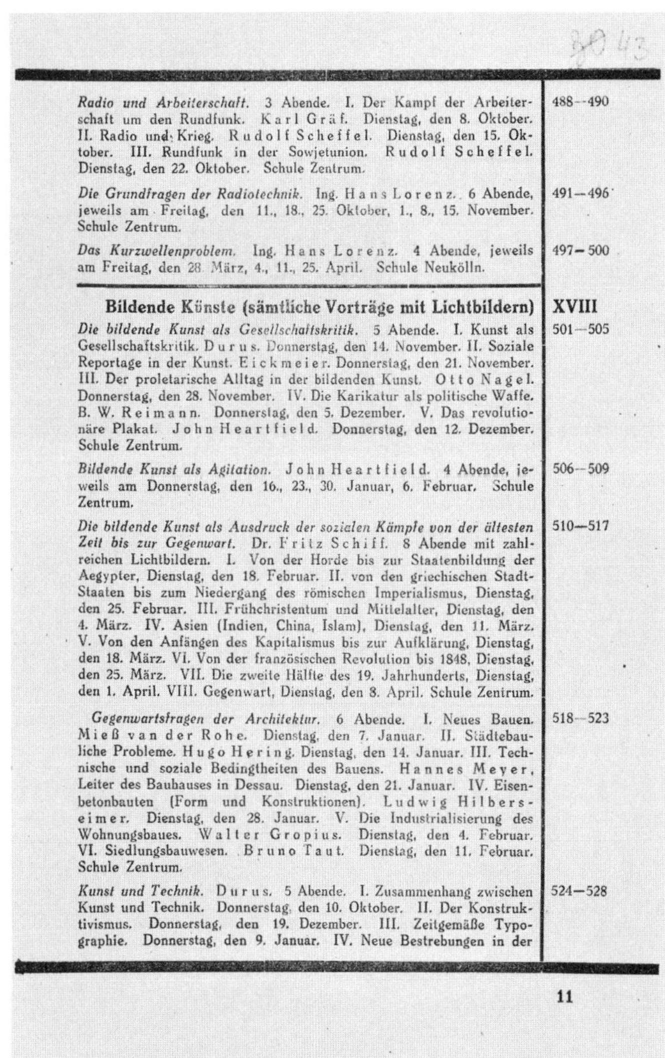

Radio und Arbeiterschaft. 3 Abende. I. Der Kampf der Arbeiterschaft um den Rundfunk. Karl Gräf. Dienstag, den 8. Oktober. II. Radio und Krieg. Rudolf Scheffel. Dienstag, den 15. Oktober. III. Rundfunk in der Sowjetunion. Rudolf Scheffel. Dienstag, den 22. Oktober. Schule Zentrum.	488—490
Die Grundfragen der Radiotechnik. Ing. Hans Lorenz. 6 Abende, jeweils am Freitag, den 11., 18., 25. Oktober, 1., 8., 15. November. Schule Zentrum.	491—496
Das Kurzwellenproblem. Ing. Hans Lorenz. 4 Abende, jeweils am Freitag, den 28. März, 4., 11., 25. April. Schule Neukölln.	497—500
Bildende Künste (sämtliche Vorträge mit Lichtbildern)	**XVIII**
Die bildende Kunst als Gesellschaftskritik. 5 Abende. I. Kunst als Gesellschaftskritik. Durus. Donnerstag, den 14. November. II. Soziale Reportage in der Kunst. Eickmeier. Donnerstag, den 21. November. III. Der proletarische Alltag in der bildenden Kunst. Otto Nagel. Donnerstag, den 28. November. IV. Die Karikatur als politische Waffe. B. W. Reimann. Donnerstag, den 5. Dezember. V. Das revolutionäre Plakat. John Heartfield. Donnerstag, den 12. Dezember. Schule Zentrum.	501—505
Bildende Kunst als Agitation. John Heartfield. 4 Abende, jeweils am Donnerstag, den 16., 23., 30. Januar, 6. Februar. Schule Zentrum.	506—509
Die bildende Kunst als Ausdruck der sozialen Kämpfe von der ältesten Zeit bis zur Gegenwart. Dr. Fritz Schiff. 8 Abende mit zahlreichen Lichtbildern. I. Von der Horde bis zur Staatenbildung der Aegypter, Dienstag, den 18. Februar. II. von den griechischen Stadt-Staaten bis zum Niedergang des römischen Imperialismus, Dienstag, den 25. Februar. III. Frühchristentum und Mittelalter, Dienstag, den 4. März. IV. Asien (Indien, China, Islam), Dienstag, den 11. März. V. Von den Anfängen des Kapitalismus bis zur Aufklärung, Dienstag, den 18. März. VI. Von der französischen Revolution bis 1848, Dienstag, den 25. März. VII. Die zweite Hälfte des 19. Jahrhunderts, Dienstag, den 1. April. VIII. Gegenwart, Dienstag, den 8. April. Schule Zentrum.	510—517
Gegenwartsfragen der Architektur. 6 Abende. I. Neues Bauen. Mieß van der Rohe. Dienstag, den 7. Januar. II. Städtebauliche Probleme. Hugo Hering. Dienstag, den 14. Januar. III. Technische und soziale Bedingtheiten des Bauens. Hannes Meyer, Leiter des Bauhauses in Dessau. Dienstag, den 21. Januar. IV. Eisenbetonbauten (Form und Konstruktionen). Ludwig Hilberseimer. Dienstag, den 28. Januar. V. Die Industrialisierung des Wohnungsbaues. Walter Gropius. Dienstag, den 4. Februar. VI. Siedlungsbauwesen. Bruno Taut. Dienstag, den 11. Februar. Schule Zentrum.	518—523
Kunst und Technik. Durus. 5 Abende. I. Zusammenhang zwischen Kunst und Technik. Donnerstag, den 10. Oktober. II. Der Konstruktivismus. Donnerstag, den 19. Dezember. III. Zeitgemäße Typographie. Donnerstag, den 9. Januar. IV. Neue Bestrebungen in der	524—528

11

Marxistische Arbeiterschule, Vorlesungsverzeichnis, Schuljahr / Prospectus, academic year 1929/1930, S./p. 11

Friedrich Engels, *Zur Wohnungsfrage, Elementarbücher des Kommunismus* 17, hg. von / ed. by Paul Friedländer, Internationaler Arbeiter-Verlag, Berlin 1930

Heinz Deutschland

Hermann Duncker and the Marxist Workers' School (MASCH)

Contemporary reports on the *Proletarische Bauausstellung* (Proletarian Building Exhibition) mention a speech given by Hermann Duncker at the exhibition opening, although no record of its content has survived. Yet since Duncker (1874–1960) was one of the best-known instructors at the *Marxistische Arbeiterschule* (the Marxist Workers' School, abbreviated as MASCH), it is certainly legitimate to ask whether one can identify other points of contact between those involved in the Proletarian Building Exhibition and the MASCH in general, and Hermann Duncker in particular. Given the few available sources, though, such research faces considerable constraints.[1]

The MASCH opened in Berlin in spring 1927. Although close to the German Communist Party (KPD), this was not a party school. It can rather be located in the tradition of workers' education cultivated in the Socialist Workers' educational associations and later, after the German revolution of 1918, in the workers' universities and workers' council schools. The founding proclamation, which may have been written by Duncker himself, explained the concerns and aims of the MASCH as follows: "Based on the principles of Marxism, which analyze the current social order and reveal its class character, [the MASCH] sets out to convey knowledge of the present manifestations of the political, economic and so-called cultural life in a way that is at once scientific and understandable for all."[2] The teaching primarily addressed and explored the "basic philosophical, economic, and political tenets of Marxism,"[3] the history of the Workers' movement, and the socialist development in the Soviet Union, but also included general education, the sciences, law, pedagogical and educational issues, local-level politics, literature, art, theater, music, German and foreign languages, and training as a public speaker.

Although the participants at the MASCH were largely workers, they also included students from various subjects at Berlin's universities as well as intellectuals and artists seeking to expand and deepen their knowledge of politics and ideology. The MASCH undoubtedly proved to be a magnet for a wide spectrum of people from very diverse backgrounds.

The MASCH instructors were communists and Party sympathizers, but also included—at least in the first years—well-known figures close to social democratic circles as well as scientists and specialists without any party affiliation. These were all proven experts in their own fields, and included a number of architects.[4] Hermann Duncker was one of the most prominent instructors at the MASCH.[5] He could draw on many years of teaching experience, starting in the 1890s when still a student at Leipzig University. As a result of his activities at the MASCH, Duncker's large circle of existing "pupils" continued to grow, facilitating his contact with members of the intelligentsia across a wide range of specialist subjects. Such contacts included architects who were socially and politically active—as was particularly the case for Hannes Meyer, the second director of the Bauhaus. In spring 1930, Duncker had already accepted an invitation to the Bauhaus in Dessau to participate in the guest lectures initiated by Meyer. There, he gave talks on *Geschichte der Arbeiterbewegung* (The history of the Workers' movement), *Philosophische Grundlagen des Marxismus* (The philosophical foundations of Marxism), *Materialistische Geschichtsauffassung* (The materialist concept of history), and *Die Aufgaben des Intellektuellen in der heutigen Zeit* (The intellectual's tasks today).[6]

Given his expertise and experience, Duncker must have decisively influenced the MASCH syllabus and teaching methods, as well as the selection of regular teachers and "guest lecturers." Moreover, in 1923, Duncker had already initiated the popular and influential series of primers of communist thought entitled *Elementarbücher des Kommunismus* (Elementary Books of Communism), and was their controlling editor. These primers quite literally did what they claimed, explicating basic communist ideas and principles, and were not only essential for MASCH students, but for many other workers and intellectuals as well. In early 1930, as it were in the run-up to the Proletarian Building Exhibition, the *Elementarbücher* series issued volume 17 containing Friedrich Engels' *Zur Wohnungsfrage* (On the Housing Question), a second edition last published in German in 1887. The new edition also included a very instructive introduction, both politically and methodologically, written by the editor Paul Friedländer, who was also an instructor at the MASCH.[7] The preparatory materials for the Proletarian Building Exhibition quoted extensively from this edition.

During the MASCH's 1928/29 academic year, while working on preparing volume 17, Paul Friedländer had offered a two-evening lecture on *Wohnungsfrage und Arbeiterschaft* (The Housing Question and the Workers). In the same academic year, as part of his course, *Der Klassenkampf in der Kommune* (The class struggle in the local authority) the physician Richard Schmincke also addressed the topic of *Die wichtigsten Forderungen der Arbeiterklasse in Bezug auf Wohnungsfrage, Wohlfahrts- und Gesundheitswesen in der Gemeinde* (The key demands of the working class in relation to the housing question and local authority welfare and health systems). On December 17, 1928, art critic Adolf Behne, who also spoke on other subjects, asked in a lecture illustrated with photographs, *Wie betrachtet man einen Bau? – Worauf kommt es bei Häusern und Wohnungen an?* (How do we look at a building? What matters in housing and apartments?).[8]

The curriculum for 1929/30 [the fourth academic year]—so again prior to the Proletarian

Building Exhibition—shows that the MASCH leadership had managed to arrange a cycle of six lectures for well-known architects to present their views on *Gegenwartsfragen der Architektur* (The questions facing architecture today). The architects taking part included Mies van der Rohe *Neues Bauen*, Hugo Häring *Städtebauliche Probleme* (City planning issues), Hannes Meyer *Technische und soziale Bedingtheit des Bauens* (The technical and social factors in building), Ludwig Hilberseimer *Eisenbetonbauten—Form und Konstruktionen* (Building in ferroconcrete: Form and construction), Walter Gropius *Industrialisierung des Wohnungsbaus* (The industrialization of housing) and Bruno Taut *Siedlungswesen* (Housing estates). The lectures were held between January 7 and February 11, 1930.[9]

This same series of lectures was also offered to the MASCH students during the fifth academic year in 1930/31, though with different topics, focusing this time on *Probleme des Städtebaus (Weltstadt und Umsiedlungsfragen, Hochhausfragen und Städtebau, Wegebauliche Kritik, Auflösung der Städte, Umbau der Städte, Standortfragen im Städtebau)*, (Issues in City Planning (Metropolis and resettlement issues; High-rise issues and city planning; Critique of the road-building policy; The dissolution of the cities; Rebuilding the cities; Locational issues in city planning)). The series now comprised eight evenings, and the lecturers were listed as "Prof. Gropius, Häring, Hilberseimer, Korn, Mächler, Hannes Meyer, Dr. Schwab, [and] Prof. Taut."[10]

The program also included a lecture by Durus (Alfred Kéményi) on *Die kapitalistischen Grenzen der zeitgenössischen Architektur und ihre Überwindung in der Sowjetunion* (The capitalist limits to modern architecture and overcoming them in the Soviet Union) as well as a working group headed by Ludwig Hilberseimer on *Fragen des Wohnungsbaus* (Issues in residential housing construction).[11]

In the MASCH's sixth academic year from 1931/32, there were only announcements for the second trimester (the curriculum was not available) of *Arbeitsgemeinschaft für Probleme des Bauens* (a Working group on construction problems), without further details, and, in the list of names, lectures by Walter Gropius, Hugo Häring, Ludwig Hilberseimer, Arthur Korn, Hannes Meyer and Bruno Taut.[12] In the third and fourth trimesters, the fine arts courses did not include any in architecture or on urban development and the construction of residential housing, although the preview for the seventh academic year of 1932/33 did contain the prospect of lectures by Gropius, Hilberseimer, Korn, Meyer, or Taut.

The schedule for the first trimester (October–December 1932), in the seventh academic year, cites a course by Arthur Korn on *Der zeitgemäße Städtebau. Unter besonderer Berücksichtigung des Bauwesens in der Sowjetunion* (Modern City Planning. With a particular focus on architecture in the Soviet Union).[13]

All the courses and lectures listed here on architectural and housing concerns and issues are taken from the MASCH curricula. Whether they actually took place, how many people attended, and how they were received needs to be investigated and researched, as far as is possible, using other sources. Yet even if only a percentage of the lectures and courses announced were ever actually held, it would still be quite remarkable. Furthermore, there are indications that the MASCH also arranged lectures at short notice by architects who had visited the Soviet Union or worked there for a time.[14]

As a Marxist educational institution, the MASCH offered introductory courses on economics, philosophy, and politics to its own evening school students as well as providing students of architecture, primarily members of *Kostufra* (the communist students' faction), an insight into capitalism, how it functioned, and its limits. This approach also led to finding answers to those issues of most concern to the students—with, for example, Gerhard Kosel reporting how, in a seminar led by Bruno Taut, he was given the task of working with Benny Heumann[15] to investigate and document the housing situation in the Berlin districts of Moabit and Wedding. The result of this study, Kosel wrote, was "a realistic report on the housing situation in Berlin's most important working-class districts. It confirmed yet again Friedrich Engels' thesis that the housing question as a social problem cannot be resolved under the capitalist means of production."[16] The accounts given by Kosel and Heumann mention that the members of the Collective for Socialist Architecture were aware of the MASCH and its curricula of courses, and these may also have been of assistance and an inspiration for the realization of the exhibition and program design for the Proletarian Building Exhibition.[17]

In addition, the MASCH offered a forum for a number of architects who saw a connection between the housing question and the general social problems of their day and felt committed to the *Neues Bauen* movement. There, they could present their views on the *Gegenwartsfragen der Architektur* (Contemporary issues in architecture) or *Fragen des Städtebaus* (City planning issues) to an interested audience. The speakers appear to have been glad to make use of this opportunity—at least, judging by the announcements in the teaching program.

So much to the common ground and possible points of contact between the organizers of the Proletarian Building Exhibition, the Marxist Workers' School, and Hermann Duncker. Admittedly, though, one should not make too much of them—issues in housing and architecture were only a small part of the MASCH curricula. No doubt, the participants in their courses from the ranks of the architecture students, civil engineers, and architects were just some of the interested and committed people attending.

Finally, just one remark on the report in the *Bauwelt* on the Proletarian Building Exhibition, in particular addressing the disparaging comments about Duncker's opening speech. As already mentioned above, there is no known record of the text of his speech. Besides, Duncker may well have spoken freely, just with a few guideline notes. Although the *Bauwelt* cites the sentence, "Today's communal houses are still being disrupted by the dividing walls of family apartments, removing the individual from class interests,"[18] I would seriously doubt whether this was in Duncker's original text. Duncker was not remotely interested in abolishing individual apartments and, for instance, forcing several families to share a large apartment. If anything, he was far more concerned about the facilities comprising the social infrastructure on housing estates, which he believed ought definitely to include rooms for community meetings and events.

Incidentally, in summer 1931, Käte and Hermann Duncker moved into Wittekindstraße 84 in Berlin-Tempelhof, a modern apartment in the Attilahöhe estate. This residential estate was the last co-operative housing development in Berlin before Nazi rule. Completed in a number of construction phases, it was built at the initiative of Fritz Bräuning, assisted by Bruno Taut and Franz Hoffmann.[19] Duncker's mother, Wilhelmine Duncker, moved into an apartment in the immediate vicinity, as did his son Wolfgang Duncker with his wife. However, they all had to leave their homes two years later. In a number of letters from 1933, Käte Duncker described how happy she felt in their warm, friendly apartment with its little backyard. On September 21, she wrote to her husband who was interned in the Nazi concentration camp in the old Brandenburg prison: "I'm now writing to you for the last time from the lovely, darling apartment in Tempelhof! Sadly! I would have happily lived here until the end of my life, would have run this easy, clean apartment and looked after my nice little garden."[20]

That, though, is a different story. It is only mentioned here so as not to leave without comment the sentence quoted in the *Bauwelt* from Hermann Duncker's speech at the opening of the Proletarian Building Exhibition.

Translated from the German by Andrew Boreham.

1 Unfortunately, the edition of Duncker's letters casts no light on this matter. See Heinz Deutschland (ed), *Käte und Hermann Duncker, Ein Tagebuch in Briefen (1894–1953)*, (Berlin 2015), the printed and bound version is *c.*480 pages plus *c.*5,000 pages on a USB card. There is no known complete version of the MASCH curricula either. On the activities of the MASCH, see: Gabriele Gerhard-Sonnenberg, *Marxistische Arbeiterbildung in der Weimarer Zeit (MASCH)*, (Cologne 1976); Dietmar Müller, "Der Beitrag der marxistischen Arbeiterschule (MASCH) zur Durchsetzung des Marxismus-Leninismus in der deutschen Arbeiterbewegung," unpublished Diss. (Berlin 1979).

2 "Besucht die Marxistische Arbeiterschule," *Die Rote Fahne*, 10, 80. (April 5, 1927), 2nd supplement: 1.

3 The related foundation course, given by instructors including Hermann Duncker, comprised sixteen lectures.

4 The changing political and economic situation in Germany in the late 1920s, the resulting intensification of class conflicts, as well as developments inside the German Communist Party undoubtedly impacted the MASCH and the courses it offered—even if such an effect was not immediate.

5 At this time, Duncker's lectures, in particular those opening the academic year, attracted audiences of up to 700. See Gerhard-Sonnenberg, *Marxistische Arbeiterbildung*, 78.

6 On Hannes Meyer and the Duncker family, see Heinz Deutschland, "Hannes Meyer und die Dunckers. Versuch einer Rekonstruktion ihrer freundschaftlichen Kontakte," in: *'als bauhäusler sind wir suchende'. Hannes Meyer (1889–1954) Beiträge zu seinem Leben und Wirken. Bauhaus Denkmal. Beiträge zur Bau- und Nutzungsgeschichte*, vol. 7 (Bernau 2013), 10–18.

7 Friedrich Engels, *Zur Wohnungsfrage. Die grundlegende Schrift zur Wohnungsfrage im kapitalistischen Staat und in der Übergangszeit*, edited and introduced by Paul Friedländer [= *Elementarbücher des Kommunismus*, vol. 17] (Berlin 1930).

8 "MASCH, Vorlesungsverzeichnis für das Schuljahr 1928–29," SAPMO-BArch-Foundation Archives of Parties and Mass Organizations of the GDR in the Federal Archives, at the Bundesarchiv (SAPMO-BArch), (RY 1/I 2/707, 114, fols 9 and 13).

9 "MASCH, Vorlesungsverzeichnis 1929–30," fol. 43.

10 "MASCH Vorlesungsverzeichnis 1930–31" (fifth academic year), p. 12.

11 "MASCH Vorlesungsverzeichnis 1930–31," p. 13.

12 "MASCH, Vorlesungsverzeichnis 1931–32."

13 "MASCH, Vorlesungsverzeichnis 1932–33" (first trimester), p. 16.

14 See, for instance, the lecture by Hannes Meyer on October 13, 1931 mentioned in the essay by Thomas Flierl in this volume. On the lectures by Bruno Taut, see Kurt Junghanns, *Bruno Taut, 1880–1938* (Berlin 1993), 96. Junghanns references an article by Johann Lorenz-Schmidt, "Die MASCH – eine traditionsreiche Bildungsstätte," in which Lorenz-Schmitt notes that "renowned writers and artists [gave] courses [at the MASCH] including the architects Walter Gropius and Bruno Taut," *Einheit*, 12 (1976): 1351. Since Lorenz-Schmidt was the head of the MASCH in Berlin, his statement can be considered reliable.

15 See Benny Heumann, *Jahrgang 1907. Ein politischer Architekt* (Berlin 1998). On pages 77–89 of his memoirs, Heumann discusses, for instance, studying with Bruno Taut, the Red Students' Club, the Proletarian Building Exhibition, lectures by members of the Collective for Socialist Architecture, and Arthur Korn.

16 Gerhard Kosel, *Unternehmen Wissenschaft. Erinnerungen* (Berlin 1989), 22. In greater detail in Gerhard Kosel, "Mein Lehrer Bruno Taut," *Architektur der DDR*, 29 (1980): 206.

17 Not only is there evidence of Gerhard Kosel taking part in MASCH courses, but Kosel expressly states that he also attended lectures by Hermann Duncker. Kosel, *Unternehmen Wissenschaft*, 23 and 79.

18 *Bauwelt*, 26 (1931), 886.

19 Klaus Novy and Barabara von Neumann-Cosel (eds), *Zwischen Tradition und Innovation. 100 Jahre Berliner Bau- und Wohnungsgenossenschaft von 1892* (Berlin 1992), 148.

20 See note 1, Letter no. 2356.

Philipp Oswalt

Berlin 1931: Die auseinanderdriftenden Modernen

Die *Proletarische Bauausstellung* war als Gegenausstellung zur *Deutschen Bauausstellung* konzipiert, die zur gleichen Zeit auf dem Berliner Messegelände stattfand[1]. Organisiert von der Stadt Berlin und der Deutschen Bauindustrie unter Mitwirkung diverser Verwaltungen und Organisationen einschließlich des Bundes Deutscher Architekten, präsentierte diese große Publikums- und Fachausstellung Bauindustrie- und Handwerk, Stadtplanung und Architektur. Auf 130.000 Quadratmeter Fläche wurde in einem Hybrid von Messe und Ausstellung ohne stringentes Konzept der Status quo in den unterschiedlichsten Bereichen in epischer Breite dargestellt. Die *Proletarische Bauausstellung* hingegen formulierte in quasi studentischer Eigenproduktion auf kleinem Raum – im oberen Geschoss eines Kreuzberger Gewerbehinterhauses – eine klare politische Haltung, inklusive einer scharfen Kritik an den damaligen Verhältnissen. Für die Begrenztheit ihrer Mittel war die Ausstellung erstaunlich erfolgreich. Programmatisch profiliert, wurde sie als relevante Gegenposition ernstgenommen, sei es in der allgemeinen Presse, sei es in Architektur-Fachkreisen wie insbesondere dem damals federführenden CIAM, den Congrès Internationaux d'Architecture Moderne.

Anders als bei manch früheren Architektur-Kontroversen geht es in dieser Gegenüberstellung nicht um einen Streit zwischen Traditionalisten, Reformern und Avantgardisten, sondern um eine Auseinandersetzung innerhalb der Bewegung der Moderne, die sich auf die gesellschaftliche Aufgabe von Architektur bezieht.

1924 bis 1929, in der Phase einer relativen politischen Stabilität verbunden mit wirtschaftlichem Aufschwung, hatte sich ein vorübergehender Konsens zwischen zentralen Akteuren aus Kultur, Politik, Zivilgesellschaft und Wirtschaft eingestellt, der das legendäre Bauprogramm der klassischen Moderne möglich machte. Die erstaunliche Konsistenz der Umsetzung verdeckte, dass sich hier durchaus unterschiedliche Positionen zusammengefunden hatten, die gerade in der Frage des Verhältnisses von Architektur und Gesellschaft disparate, zum Teil sogar gegensätzliche Haltungen vertraten.

Mit den ökonomischen und politischen Folgen der Weltwirtschaftskrise ab 1929 wurde das reformerische, in Sozialdemokratie und Genossenschaftsbewegung verwurzelte Modell gesellschaftlicher Transformation zu den Akten gelegt. Die Sparpolitik der Reichsregierung Brüning mit dem Abzug der Hauszinssteuereinkünfte aus dem Wohnungsneubau, der Kreditbremse für die Kommunen und der Abkehr von städtischem Mietwohnungsbau, sowie die Entmachtung der kommunalen Selbstverwaltung in Berlin und der Rechtsruck in zahlreichen Parlamenten beenden die Synthese aus sozialer Politik und Neuem Bauen.[2] In Folge dessen radikalisieren sich die unterschiedlichen architektonischen Positionen, die in der zweiten Hälfte der 1920er Jahre zusammenfanden. Die Ausstellung „Die Wohnung unserer Zeit" innerhalb der *Deutschen Bauausstellung* einerseits und die *Proletarische Bauausstellung* anderseits sind Symptome einer ab 1929 rapide auseinanderdriftenden Moderne, deren klassisch-heroische Periode zu Ende gegangen war.

Die Kritik an der *Deutschen Bauausstellung* fokussiert sich auf die von Mies van der Rohe konzipierte Unterschau „Die Wohnung unserer Zeit", die der prominenteste und konzeptuell stärkste Teil der *Deutschen Bauausstellung* ist. Mies war bereits Ende der 1920er Jahre nach Realisierung des Barcelona-Pavillons und der Bauausstellung in Stuttgart-Weißenhof sowie in seiner Rolle als Vizepräsident des Werkbundes zu einem der einflussreichsten Avantgarde-Architekten geworden. Zum Widerspruch reizt seine Konzentration auf Fragen architektonischer Gestaltung und die damit verbundene Weigerung, sich mit gesellschaftlichen Themen zu befassen. In einer Zeit, in der nahezu 30 Prozent der Bevölkerung arbeitslos sind, und nur zwei Jahre nach der CIAM-Konferenz für die Wohnung des Existenzminimums stellt Mies in Berlin luxuriöse Wohnbauten von zum Teil mehreren hundert Quadratmetern aus.

Mies' Interesse gilt rein architektonischen Themen.[3] Gesellschaftliche und politische Fragen sieht er lediglich als Vorbedingungen der Architektur an. Symptomatisch für diese Haltung ist, dass er sich erst verspätet der Strömung der Modernisten anschloss. Anders als eine Reihe prominenter Architekten und Künstler seiner Generation hatte er nicht dem Arbeitsrat für Kunst angehört, der sich mit Ausbruch der deutschen Novemberrevolution 1918 gegründet hatte. Mehr noch, seine Einsendung für die von diesem im Folgejahr organisierte *Ausstellung für unbekannte Architekten* wurde wegen ihrer unmodernen Formensprache abgelehnt. Kurz darauf entwickelte Mies seine radikal moderne Architektursprache und beteiligte sich an zahlreichen Avantgardezirkeln wie der Novembergruppe, dem Ring, dem Werkbund und der Zeitschrift *G*. So politisch desinteressiert er war, so wenig Berührungsängste hatte er nach links wie bald auch nach rechts. 1926 entwarf er das Denkmal für Karl Liebknecht und Rosa Luxemburg und trat im selben Jahr wie viele andere Intellektuelle der Gesellschaft der Freunde des neuen Russlands bei.

Anfang der 1920er Jahre hatte er sich vorübergehend für einen „rationellen Wirtschaftsbetrieb" im Wohnungsbau und die „Anwendung neuer technischer Mittel" ausgesprochen[4], eine Industrialisierung des Bauwesens[5] propagiert und bei seinem einzigen je realisierten sozialen Wohnungsbau, dem Projekt in der Afrikanischen Straße in Berlin-Wedding, mit vorgefertigten Normbauteilen experimentiert. Doch bereits 1927 kritisierte er Standardisierung und Rationalisierung. Die von ihm geleitete Bauausstellung in Stuttgart Weißenhof war in erster Linie ein gestalterisches Experiment.

Während bei Architekten wie Martin Wagner, Hannes Meyer und Arthur Korn die Weltwirtschaftskrise ab 1929 zu einer stärkeren Politisierung und Orientierung an sozialistischen Ideen führte, reagierte Mies entgegengesetzt. Sein ohnehin nur flüchtiges (falls überhaupt vorhandenes) Interesse an preiswertem Massenwohnungsbau verschwand. Er sprach sich für eine Trennung von Politik und Kunst aus[6] und versuchte am Bauhaus, jede politische, insbesondere kommunistische Aktivität zu unterbinden. Hatte er zuvor schon keine Berührungsängste nach links gehabt, so öffnete er sich nun gleichermaßen nach rechts. Als Direktor des Bauhauses ließ er zur allgemeinen Lektüre neben der *Roten Fahne* den *Völkischen Beobachter* abonnieren. Während er selbst noch 1929/30 zu einem Vortrag an der MASCH, der Marxistischen Arbeiterschule in Berlin eingeladen war, lädt er seinerseits 1931 mit Hans Freyer, dem Autor des programmatischen Artikels „Revolution von Rechts", einen prominenten Vertreter der konservativen Revolution zu Vorträgen nach Dessau ein. Als Studenten aus Protest gegen Paul Schultze-Naumburgs Kontrollvisite des Bauhauses 1932 einen Schinken unter einer Glasvitrine platzieren, lässt Mies diesen entfernen.[7] Ideen für eine sozial engagierte Gestaltung werden aus dem Bauhaus verdrängt[8] und äußern sich in zunehmend radikaleren Formen nun etwa in der kommunistischen Studentenzeitschrift der KPD-Studentenfraktion Kostufra am Bauhaus oder eben in der *Proletarischen Bauausstellung* in Berlin 1931, an der Hubert Hoffmann als Absolvent des Bauhauses und möglicherweise weitere Bauhäusler beteiligt sind. Was in Dessau nicht mehr möglich ist, findet nun selbstorganisiert in Berlin statt.

In der wechselseitigen Polarisierung kam es zur Aufkündigung bisheriger Kooperationen, die weniger auf einem wirklichen Konsens beruhten als auf einem pragmatischen Miteinander. Mit der Bauausstellung 1931 entledigt sich Mies vollends eines sozialen Programms und ebnete damit den Weg für die Formulierung des „International Style" 1932 durch Philip Johnson und Henry-Russell Hitchcock. Restspuren der früheren Phase scheinen mancherorts noch durch, wie etwa beim Ausstellungsbeitrag des Bauhäuslers Carl Fieger, dessen 40 Quadratmeter große Einraumwohnung für eine vierköpfige Familie noch ganz der Idee der Wohnung für das Existenzminimum von 1929 verpflichtet ist.

Mies' Entpolitisierung der Moderne schlägt sich denn auch in der außerordentlichen CIAM-Tagung 1931 in Berlin nieder. Dort stellt er rhetorisch die Frage: „Ist Städtebau im wesentlichen eine politische Frage?"[9] und fragt kritisch, ob sich die Architekten (des Kongresses) damit befassen könnten und sollten.[10]

Mies ruft mit seiner Ausstellung von 1931 heftigen Widerspruch hervor, nicht nur bei Arthur Korn und den Mitgliedern des „Kollektivs für sozialistisches Bauens", sondern auch bei den Kritikern Adolf Behne und Karel Teige. Dabei waren Behne und Korn noch kurz zuvor Weggefährten von Mies gewesen, sei es in der gemeinsamen Tätigkeit in Avantgardegruppen wie Novembergruppe, Ring, Werkbund oder gar der MASCH. Mies hatte Korn zur Mitwirkung bei der Stuttgarter Werkbundausstellung 1927 eingeladen, während Behne Mies' Projekte publizistisch befördert hatte. Arthur Korn ist sogar noch Mitglied des etwa fünfzigköpfigen Fachausschusses für „Die Wohnung unserer Zeit"[11], die er im Anschluss kritisiert.

Die Formulierung einer proletarischen, sozialistischen Architektur ist ein Novum. Sicherlich hatten sich viele Vertreter der Avantgarde seit der Novemberrevolution 1918 mit sozialistischen Ideen identifiziert. Beispielhaft hierfür ist etwas Lyonel Feiningers Holzschnitt „Die Kathedrale des Sozialismus", die das Gründungsmanifest des Bauhauses illustrierte. Die Vorstellungen vom Sozialismus aber blieben vage und schwärmerisch, waren Teil einer utopischen und romantischen Gedankenwelt, ohne Konkretion und unmittelbaren Realitätsbezug.[12] In der oben benannten kurzen Phase der Stabilität zwischen 1924 und 1929 traten sie in den Hintergrund beziehungsweise waren im „weißen Sozialismus" einer sozialreformerischen Kommunalpolitik und Genossenschaftsbewegung aufgehoben, um sich mit Ausbruch der Krise ab 1929 neu zu formulieren – nunmehr konkret und radikalisiert. Inzwischen hatte sich die Lage in der Sowjetunion als erstem sozialistischem Land konsolidiert. Der Bürgerkrieg war überwunden, und ab Mitte der 1920er Jahre wurden erste avantgardistische Bauten realisiert. Die Hoffnung vieler Vertreter des Neuen Bauens richten sich nun hierauf. Mit der Krise betrachtet man die vorherigen sozialreformerischen Erfolge in der zweiten Hälfte der 1920er Jahre als trügerisch und gescheitert an, die Lösung wird folglich in einem zentralstaatlichen und planwirtschaftlichen Modell gesucht. Man geht davon aus, dass Widersprüche und Interessengegensätze in einer klassenlosen Gesellschaft aufgehoben seien und eine zentrale rationale Planung die Lösung der sozialen Frage ermöglichen könne. Symptomatisch für die Distanzierung von der Phase der klassischen Moderne ist die Entwicklung von Hannes Meyer, der ursprünglich aus der Schweizer Genossenschaftsbewegung kam und erst ab 1930 eine dezidiert sozialistische Position entwickelt. Im August 1930 schrieb er an seinen Freund Karel Teige: „ich weiß auch nur zu gut, dass man mein bisheriges wirken zunächst gar nicht besonders unter die marxistischen begriffe bringen kann, dazu sind viel zu viele halbheiten und inkonsequenzen drin."[13] Anfang der 1930er Jahre distanziert sich Meyer von seinem früheren Schaffen. Winfried Nerdinger beschrieb diesen Wandel: „Von Moskau aus sah er sich als ‚Werkzeug der Ausbeutung' und ordnete seine Bundesschule in Bernau als Produkt der ‚Unternehmerarchitektur' unter reformerischem und nationalfaschistischem Einfluß ein."[14] Meyer äußert dies, obwohl der Bauherr der Bernauer Schule der Allgemeine Deutsche Gewerkschaftsbund war! Tragisch an der Begeisterung der Architekten des Neuen Bauens für die Sowjetunion ist, dass diese sich an einer Architekturproduktion festmachte, die im Nachhinein als ein Übergangsphänomen vor der Konsolidierung des zentralstaatlichen Machtapparates zu sehen ist. Die realisierten avantgardistischen Bauten in der Sowjetunion Ende der 1920er Jahre gingen zum größeren Teil aus der sowjetischen Genossenschaftsbewegung[15] – und eben nicht den zentralstaatlichen Institutionen – hervor und hatten wohl mehr mit den Erfolgen des Neuen Bauens der 1920er Jahre in den westlichen Ländern zu tun (von denen man sich jetzt absetzte), als man damals erkennen konnte und wollte. Anders als man sich es vorstellte, kamen in Sowjetrussland die Ideen der Moderne nicht zum Durchbruch, sondern wurden vom stalinistischen Zentralstaat bald beerdigt.

Das Kollektiv für sozialistisches Bauen steht mit seiner Begeisterung für die Sowjetunion nicht alleine. So schreibt Walter Gropius 1931: „Die schlimmste Fessel bleibt das unsittliche Recht des privaten Eigentums an Boden. Ohne die Befreiung des Bodens aus dieser privaten Versklavung kann niemals ein gesunder, entwicklungsfähiger und im Sinne der Allgemeinheit wirtschaftlicher Städtebau entstehen. Diese wichtigste Grundforderung hat allein und ohne Einschränkung die USSR erfüllt und damit den Weg zum modernen Städtebau freigemacht."[16] Dabei sind diese für Gropius ungewöhnlich deutlichen Worte nicht als Ausdruck seiner persönlichen Überzeugung, sondern des Zeitgeists zu verstehen. Auch auf der offiziellen *Deutschen Bauausstellung* finden sich prominente Plädoyers für zentrale Planwirtschaft. In der „Internationalen Ausstellung" in Halle 1, an deren Fachausschuss auch zwei sowjetische Vertreter beteiligt sind, plädiert der Berliner Stadtbaurat Martin Wagner für die Abschaffung privaten Bodeneigentums und dessen Kollektivierung, für ein Enteignungs- und Bodenbeschaffungsgesetz sowie für eine zentrale Regie des Städtebaus. Auch die Ausstellung der freien Gewerkschaften fordert die Vergemeinschaftung des Bodens und die Sozialisierung der Wirtschaft und stellt die Sowjetunion als Vorbild dar.

Trotz der tiefen Gegensätze zwischen Mies van der Rohe einerseits und dem Kollektiv für sozialistisches Bauen andererseits sind Verwandtschaften immer noch deutlich erkennbar. So sind die vage angedeuteten Raumkonzeptionen der Wohnungen der *Proletarischen Bauausstellung* eine Referenz an Mies van der Rohes freie Grundrisse. Mehr noch, beide Ausstellungen (und auch der Ausstellungsbeitrag von Walter Gropius in der Deutschen Abteilung der „Internationalen Ausstellung") propagieren das gleiche Wohnmodell: das Wohnen im Servicehaus – ob nun Hotel, Kollektivhaus oder Boardinghaus genannt – mit minimierten individuellen Wohneinheiten, aber umfangreichen gemeinschaftlichen Einrichtungen und Services. Doch genau diese Gemeinsamkeit stellt sich im Nachhinein als antiquiert heraus, denn zu diesem Zeitpunkt war der Wohntyp sowohl in den kapitalistischen wie den sozialistischen Ländern an seinen Endpunkt gekommen[17]. In den kapitalistischen Ländern war die Phase saturierter Prosperität vorerst vorbei, die für diesen Wohntyp offenkundig eine Voraussetzung ist. 1931 wurden in Deutschland, Großbritannien und USA für lange Zeit die letzten Servicehäuser fertiggestellt. In der Sowjetunion beendete die neue stalinistische Doktrin die Phase der avantgardistischen Experimente mit neuen Wohnformen, von denen ohnehin nur wenige, wenn auch wirkungsmächtige Prototypen realisiert werden konnten. Erst Ende der 1960er Jahre erfuhr der Wohntyp in West und Ost eine Renaissance, aber jetzt nur noch als Sonderwohnform für spezifische Bedürfnisse.

Zu Mies van der Rohes Position einer autonomen Architektur formulierte das Kollektiv für sozialistisches Bauen eine Gegenposition. Doch dieser polarisierte Konflikt verdeckte jene anderen Positionen einer *architecture engagée*, die für das Neue Bauen der 1920er Jahre konstituierend waren und deren Spuren sich in der *Deutschen Bauausstellung* fanden, auch wenn sie kaum noch wahrgenommen wurden.

Zunächst ist hier die Genossenschaftsbewegung zu nennen, die einen zentralen Beitrag insbesondere zur Realisierung des sozialen Wohnungsbaus und weiterer gemeinnütziger und sozialer Angebote leistet. Der Beitrag der Wohnungsgenossenschaft selbst ist in der *Deutschen Bauausstellung* bezeichnenderweise stark unterrepräsentiert. Es gibt jedoch eine sehr gute und umfängliche Präsentation der heute nahezu vergessenen, aber ebenfalls bedeutenden gemeinwirtschaftlichen Baubetriebe und Bauhütten der freien Gewerkschaften. An dieser Ausstellung, die Walter Gropius, Hebert Bayer und Lázló Moholy-Nagy gestalten, ist Martin Wagner als Leiter der DEWOG, der Deutschen Wohnungsfürsorge-AG für Beamte, Angestellte und Arbeiter, auf Seiten der Aussteller beteiligt. Das gemeinsame Grundverständnis der ausstellenden „sozialen Baubetriebe" ist, „möglichst billige und gute Bauten für die Allgemeinheit herzustellen", ihr Hauptzweck

„die Herstellung von Kleinwohnungen und Siedlungen".[18] Die Aussteller fordern eine wirtschaftliche Demokratie und die Vergesellschaftung des gesamten Bau- und Wohnungswesen. Und sie propagieren eine Rationalisierung von Planung und Produktion.

Damit ist ein weiteres, als emanzipatorisch verstandenes Modernisierungsmodell angesprochen, das in den 1920er Jahren integraler und wesentlicher Bestandteil sozialer Reformen war, sich aber später ebenfalls verselbstständigte: Verwissenschaftlichung, Rationalisierung und Standardisierung. In Deutschland ist es insbesondere Walter Gropius, der nach seiner anfänglichen Vision eines Gesamtkunstwerks ab 1923 Typisierung und Industrialisierung des Wohnungsbaus nachhaltig propagiert (und damit etwa seinem Schüler Ernst Neufert[19] folgenreich den Weg weist). Walter Gropius ist es dann auch, der auf der *Deutschen Bauausstellung* den Beitrag zur Rationalisierung organisiert. Unter dem Titel „Rationelle Bebauungsweisen" werden die Ergebnisse der 3. CIAM-Konferenz vorgestellt, an denen Gropius selber maßgeblich beteiligt war.

Zu dem heterogenen Amalgam des Reformprojekts der 1920er Jahre gehörte allerdings auch die Lebensreformbewegung, die der technisch-wissenschaftlichen Modernisierung skeptisch gegenüberstand. Dabei war es Gropius selbst, der solche Ideen zur Anfangszeit des Bauhauses unterstützt hatte, die ihrerseits in den Bauhausfesten und der Künstlergemeinschaft des Bauhauses fortwirkten. Auf der *Deutschen Bauausstellung* steht hierfür der Beitrag von Leberecht Migge, der sich insbesondere mit produktivem Stadtgrün von Kleingärten über Wohnsiedlungen bis hin zu Erwerbsgärten befasst. Migge verband in seinem Oeuvre Ideen der Lebensreform mit der Technisierung des Gartens und hatte unter anderem in den 1920er Jahren an zahlreichen Siedlungsprojekten in Frankfurt und Berlin mitgewirkt. Angesichts der Wahlerfolge der Nationalsozialisten orientiert sich Migge 1932 allerdings nach rechts und versucht – wenn auch erfolglos – Anschluss an die Nationalsozialisten zu finden[20]. Die Blut-und-Boden-Bewegung wiederum greift zwar zentrale Motive der Lebensreformbewegung auf, dies war aber nicht die einzige Fortführung ihrer Ideen.

Als *spiritus rector* der *Proletarischen Bauausstellung* setzt Arthur Korn, der früher eng mit der Zionistischen Bewegung verbunden gewesen war, nach Ausbruch der Weltwirtschaftskrise wie viele seiner Kollegen auf das Modell des Sowjetsozialismus[21] zur Umsetzung der Konzepte moderner Siedlungsplanung. Doch später stellt sich heraus, dass eine Fortführung und Radikalisierung der Ideen des Neuen Bauens sich nicht in der Sowjetunion, sondern in Palästina realisieren. Deutlich beeinflusst vom Bauhaus der Hannes-Meyer-Ära realisiert die Kibbuz-Bewegung in den ländlichen Räumen der Region eine neue Synthese von linker Lebensreform, Genossenschaft, basisdemokratischem Sozialismus und technisierter Landwirtschaft. Die starke symbolische Dimension des Neuen Bauens der 1920er Jahre weicht hier allerdings einem eher pragmatisch ausgerichteten Funktionalismus[22].

In Berlin ist 1931 das Aufbrechen und Auseinanderdriften der Bewegung des Neuen Bauens unverkennbar. Dessen Engagement für die soziale Frage hatte ein heterogenes Amalgam an Ideen zugrunde gelegen – von der Lebensreform über die Genossenschaften sowie die Rationalisierung und Verwissenschaftlichung bis hin zum Sozialismus. In der produktiven Zeit zwischen 1924 bis 1929 waren diese Haltungen miteinander verbundene Zirkel, die sich überschnitten und vermengten – zumal die Protagonisten selbst Veränderungen ihrer Haltungen durchmachten. Zusammenhalt stifteten die zahlreichen Avantgarde- und Reformgruppen wie Gartenstadtbewegung, Werkbund, Arbeitsrat für Kunst, Novembergruppe, Ring, CIAM und diverse Zeitschriften wie *G* und *ABC*, Stadtbauräte wie Bruno Taut, Ernst May und Martin Wagner, die unterschiedliche Kollegen zur Mitwirkung einluden, oder auch Schulen wie insbesondere das Bauhaus, an denen verschiedenste Gestalter tätig waren und sich begegneten.

Mit dem Beginn der großen Krise 1929 endet diese Phase der praktisch wirksamen Sozialreformen und damit auch deren Bindekraft. In einem Umfeld sich radikalisierender politischer Positionen differenzieren sich auch die architektonischen Konzepte zu einer neuen Phase der Moderne aus. Ihr einstiger Zusammenhalt löst sich auf, sie entwickeln sich zentrifugal auseinander. In den Berliner Ausstellungen von 1931 sind alle Positionen noch in enger Nachbarschaft zueinander aufzufinden, aber deutlich wird vor allem ihre Fragmentierung und Polarisierung.

1 Die *Deutsche Bauausstellung* fand vom 9.5. bis 2.8.1931 statt, die *Proletarische Bauausstellung* war vom 2.6. bis 1.7. angesetzt.
2 Siehe hierzu Günter Uhlig, „Stadtplanung in der Weimarer Republik: Sozialistische Reformaspekte", in: Neue Gesellschaft für bildende Kunst Berlin, *Wem gehört die Welt – Kunst und Gesellschaft in der Weimarer Republik*, Berlin 1977, S. 62 ff.; sowie Ludovica Scarpa, *Martin Wagner und Berlin*, Wiesbaden 1986, S. 126.
3 Ein hervorragende Analyse von Mies' Einstellung zu politischen Fragen gibt Richard Pommers Essay „Mies van der Rohe and the political ideology of the modern movement", in: Harriet Schoenholz Bee (Hg.), *Mies van der Rohe, Critical Essays*, New York 1989.
4 *Bauwelt*, 27.12.1923, wieder abgedruckt in *Bauwelt* 33, 1977, S. 1087.
5 Mies van der Rohe in: *G* 3, 1924, S. 8–10
6 Siehe hierzu Elaine S. Hochman, *Architects of Fortune, Mies van der Rohe and the Third Reich*, New York 1989, S. 94 (Werkbundrede) und S. 102 (Interviews).
7 Vgl. ebd., S. 101
8 Allerdings legte 1931 Reinhold Rossig am Bauhaus Dessau sein Diplom zum Thema der „sozialistischen Stadt" ab.
9 „Protokoll der außerordentlichen Tagung des internationalen Kongresses für neues Bauen", Berlin 5. Juni 1931, gta archiv Zürich, Protokoll S. 49, siehe den auszugweisen Abdruck in diesem Band.
10 Im Rückblick sagte Mies van der Rohe 1960: „I didn't want to change the time; I wanted to express the time. That was my whole project. I didn't want to change anything. I really believe that all these ideas, the sociological ideas and even the technological ideas, would have an influence on architecture. But they are not architecture themselves." Moisés Puente (Hg.), *Conversations with Mies van der Rohe*, Princeton 2008, S. 47.
11 Amtlicher Katalog und Ausstellungsführer *Deutsche Bauausstellung*, Berlin 1931, S. 21.
12 Siehe hierzu Günter Uhlig, „Stadtplanung in der Weimarer Republik: Sozialistische Reformaspekte", in: Neue Gesellschaft für bildende Kunst, *Wem gehört die Welt*, S. 50 ff.
13 Brief Hannes Meyers an Karel Teige vom 29.8.1930, zitiert nach Winfried Nerdinger, „‚Anstößiges Rot'. Hannes Meyer und der linke Baufunktionalismus – ein verdrängtes Kapitel Architekturgeschichte", in: Bauhausarchiv Berlin und Deutsches Architekturmuseum (Hg.), *hannes meyer 1889 – 1954, architekt urbanist lehrer*, Frankfurt a. M. und Berlin 1989, S. 25. Nerdingers Artikel gibt eine präzise Schilderung der Entwicklung von Meyers politischer Haltung.
14 Ebd., S. 26 mit Originalzitaten von Hannes Meyer.
15 Vgl. hierzu den Beitrag von Thomas Flierl in diesem Band
16 Walter Gropius, „Was erhoffen wir vom russischen Städtebau", in: *Das neue Rußland* 6/7, 1931, S 57–61; Nachdruck in: Hartmut Probst und Christian Schädlich (Hg.), *Walter Gropius, Band 3, Ausgewählte Schriften*, Berlin (Ost) 1988, S. 144.
17 Siehe Philipp Oswalt, „Servicehaus und Selbstversorgung – Modelle des Haushaltens in der Globalisierung des städtischen Stoffwechsels", in: *Wohnerfahrungen (= ARCH+ 218)* 2014, S. 104–109.
18 Otto Rode, „Die Bauhütten auf der Bauausstellung", in: *Soziale Bauwirtschaft* 11/12, 8.6.1931, S. 169 ff. (Kopie im Bauhausarchiv Berlin).
19 Albert Speer beauftragte Ernst Neufert 1939 mit der Normierung und Rationalisierung des deutschen Bauwesens. Siehe hierzu die Forschungen von Nader Vossoughian: „Standardization Reconsidered: Normierung in and after Ernst Neufert's Bauentwurfslehre." in: *Grey Room* 54, 2014.
20 David H. Haney, *When Modern was Green: Life and Work of Landscape Architect Leberecht Migge*, London und New York 2010, S. 252 ff.
21 Vgl. den Beitrag von Andreas Zeese in diesem Band.
22 Allerdings ist festzustellen, dass – so radikal reformerisch-emanzipatorisch das Projekt für die Mitglieder der Kibbuz-Bewegung war – es mit einer verdrängenden Kolonisierung zu Lasten der palästinensischen Landbevölkerung einherging.

oben / top: Ludwig Mies van der Rohe, Erdgeschosshaus auf der / Ground-floor house at the *Deutsche Bauausstellung* Berlin 1931 (Halle II)

unten / bottom: Haus für einen Sportsmann / House for a Sportsman, Architekt / Architect: Marcel Breuer, Mitarbeiter / Assistant: Hassenpflug, Fachberatung / Consultation: Verband Deutscher Sportlehrer / Association of German Sports Teachers
Fotografie / Photography: Wanda Von Debschitz-Kunowski

oben / top: *Deutsche Bauausstellung* Berlin, Die Wohnung unserer Zeit / The Dwelling of Our Time, Gemeinschaftsräume eines Wohnhochhauses: Blick auf Weltkarte und Stuhlgruppen / Common rooms in a high-rise apartment building: view of world map and seating groups, 1931, Entwurf / Design: Walter Gropius, Entwurf Möbel / Furniture design: Marcel Breuer

unten / bottom: *Deutsche Bauausstellung* Berlin, Ausstellungsstand der Baugewerkschaften, Blick in den Ausstellungsraum / Stand of the construction unions, view into the exhibition space, 1931, Entwurf / Design: Walter Gropius, Herbert Bayer und László Moholy-Nagy, Gestaltung Tafeln / Panel design: Xanti Schawinsky, Fotografie / Photography: Walter Christeller

Philipp Oswalt

Berlin 1931: Diverging Modernisms

The *Proletarische Bauausstellung* (Proletarian Building Exhibition) was planned as an independent counter-exhibition to the *Deutsche Bauausstellung* (German Building Exhibition), which took place at the same time in 1931 at the official trade fair exhibition ground.[1] Organized by the city of Berlin and the German construction industry with the support of various administrative bodies and organizations, including the *Bund Deutscher Architekten* (Association of German Architects), the German Building Exhibition provided a stage for the building industry and craft trades, as well as urban planning and architecture. The display did not follow a single, stringent concept, but was spread across a generous 130,000 square meters, creating a hybrid trade fair and exhibition. Here, trade visitors as well as the public could explore the latest developments in an epic wealth of areas.

In contrast, the Proletarian Building Exhibition was shown in a very limited space, located on the upper floor of a rear courtyard building on an industrial site in Berlin's Kreuzberg district. The materials, which were produced in a student-like fashion by those involved in staging the exhibition, took a definite political stand, and included a biting critique of the social conditions at the time. Given the limited means, the exhibition was surprisingly successful. With its clearly defined aims and principles, it was taken seriously as a pertinent antithetical position, whether in the popular press or the circles of professional architects such as, in particular, the prominent *Congrès internationaux d'architecture moderne* (International Congresses of Modern Architecture—CIAM).

Unlike some earlier architectural controversies, rather than the juxtaposed positions of these exhibitions being rooted in a dispute between traditionalists, reformers, and avant-gardists, they represented a controversy within the modernist movement that was fueled by radically different views of architecture's task in society.

From 1924 to 1929, with an upturn in the German economy and a phase of relative political stability, there was a temporary period of consensus among the key actors in the cultural, political, and economic spheres and across civil society. This, in turn, facilitated the legendary architectural program of modernist buildings. The remarkable consistency of the buildings constructed concealed the very real differences in the positions of the architects involved. In particular, on the topic of architecture and society these views could be not only disparate but also at times directly opposed.

With the wave of economic and political consequences of the global Great Depression in 1929, the model of social transformation rooted in social democratic ideas and the reform and co-operative movements was firmly shelved. The synthesis of social policies and modernist architecture ground to a halt under the pressures of the austerity policies launched by German Chancellor Heinrich Brüning, including the pull out of revenues from the *Hauszinssteuer* (rent tax) for new residential housing, a credit squeeze on local authorities and a stop to the construction of urban housing for rental, as well as the disempowerment of local self-government in Berlin and the strong shift to the right in many local and regional parliaments.[2] In the wake of these changes, the various architectural positions which had joined forces from 1925 started to radicalize. The exhibition *Die Wohnung unserer Zeit* (The Dwelling of our Time), presented as part of the German Building Exhibition, and the Proletarian Building Exhibition are symptomatic of the rapidly widening fractures in modernism after 1929, once its classical and heroic phase came to an end.

The critique of the German Building Exhibition focused on *Die Wohnung unserer Zeit*. Conceived and directed by Mies van der Rohe, this section, dedicated to architecture, provided the most prominent and strongest design statement of the entire exhibition. By the late 1920s, Mies was already among the most influential avant-garde architects in Germany. Not only had he made his name with his design of the German Pavilion in Barcelona and by organizing the Weissenhof residential estate exhibition in Stuttgart, but he was also Vice President of the *Deutscher Werkbund* association of architects, designers, and industrialists. With his clear refusal to address social issues through architecture, giving near-exclusive focus on architectural questions and concerns, Mies provoked dissent and conflict. Only two years after CIAM's Second Congress on *Die Wohnung für das Existenzminimum* (The Minimum Subsistence Dwelling) and at a time when nearly 30 percent of the German population was unemployed, Mies was presenting luxury apartments and houses at the Berlin exhibition, some extending over several hundred square meters.

Mies was purely interested in architectural topics.[3] In his view, the social and the political were only relevant in their role as creating the conditions for architecture—and symptomatically, he was thus late in joining the modernist movement. Unlike a series of leading architects and artists of his generation, he had never been a member of the radical *Arbeitsrat für Kunst* (Workers' Council for Art), founded immediately after the November Revolution in Germany in 1918. Furthermore, his submission to the *Ausstellung für unbekannte Architekten* (Exhibition of unknown architects), organized by the *Arbeitsrat für Kunst* in 1919, was rejected as being too conservative in its use of form. Shortly afterwards, Mies developed his radically modern architectural designs and joined numerous avant-garde circles, including the artists and architects in the *Novembergruppe*, the *Der Ring* collective, and the *Deutscher Werkbund*, and starting writing for the architectural and art magazine *G*. Just as Mies was uninterested in politics, he had no reservations about contact with those with left wing or, as was later the case, with right-wing views. In 1926, he designed the Memorial to Karl Liebknecht and Rosa Luxemburg, and joined the *Gesellschaft der Freunde des neuen Russland* (Society of Friends of the new Russia), just as many other intellectuals did.

For a short time in the early 1920s, he was calling for a rational economic approach to the construction of housing and the "use of new technologies."[4] He also propagated the industrialization of construction,[5] and experimented with prefabricated standard components for the apartments he designed in Afrikanische Straße in Berlin's Wedding district, his only social housing project actually built. Yet even in 1927 while working on the Afrikanische Straße project, he was already criticizing standardization and rationalization. The Weissenhof residential estate exhibition in Stuttgart, which he directed, was then primarily an experiment in design.

As the global depression began to bite after 1929, architects such as Martin Wagner, Hannes Meyer, and Arthur Korn became strongly political and looked to socialist ideas to formulate an adequate response. In contrast, Mies took an opposite path. His interest in constructing affordable mass housing had always been fleeting at the best of times (if it existed at all), and now it evaporated entirely. He advocated a separation of politics and art and, during his tenure as the Director of the Bauhaus, tried to ban any political—and particularly any communist—activities.[6] While previously he had shown little concern over contact to the left wing, he now had few reservations about right-wing contacts. As the Director of the Bauhaus, he ordered for general readership subscriptions to the communist *Rote Fahne* (The Red Flag) as well as the *Völkischer Beobachter* (National Observer), the Nazi Party newspaper. In 1929/30, Mies was asked to give a lecture at the *Marxistische Arbeiterschule* (the Marxist Workers' School, abbreviated as MASCH) in Berlin, yet just one year later in 1931 he was inviting Hans Freyer to lecture at the Bauhaus in Dessau. Freyer, a sociologist and philosopher, was not only the author of a polemical article entitled *Revolution von Rechts* (Revolution from the Right), but also a leading exponent of the conservative revolution. In 1932, when students placed a ham hock under a glass display case to protest against an inspection visit by the Nazi politician and architect, Paul Schultze-Naumburg, Mies had the offending object removed.[7] Ideas for socially committed designs were now surpressed at the Bauhaus[8] and appeared in increasingly radical forms, for instance, in the student magazine of the *Kostrufa*, the Communist Party student faction at Bauhaus, or at the Proletarian Building Exhibition in Berlin in 1931. The latter is known to have involved Hubert Hoffmann, a graduate of the Bauhaus, and other Bauhaus alumni may have contributed as well. What was no longer possible at the Bauhaus in Dessau, now took place as a self-organized event in Berlin.

In the burgeoning process of reciprocal polarization, previous co-operations, which were more based on pragmatism than genuine consensus, came to an end. In the 1931 Building Exhibition, Mies had completely jettisoned any notion of architecture as a social program, and so paved the way for Philipp Johnson and Henry-Russell Hitchcock's definition of the International Style in 1932. However, traces of the earlier phase still shimmered through at times—for example, in the contribution by Carl Fieger, who had worked at the Bauhaus. Fieger's design for a single-room 40-sq m apartment for a four-person family was still strongly informed by the idea of low-cost housing elaborated in 1929.

In 1931, the impact of Mies depoliticizing modernism was also felt at the Special Congress in Berlin held by the CIAM. There, Mies asked rhetorically, "Is urban planning essentially a political issue?,"[9] critically wondering whether architects (at the congress) could and should be concerned with politics at all.[10]

Mies' 1931 exhibition was not just fiercely attacked by Arthur Korn and members of the *Kollektiv für sozialistisches Bauen* (Collective for Socialist Architecture), but also by such contemporary critics as Adolf Behne and Karel Teige. Yet, shortly before, Behne and Korn had both been working in groups involving Mies in a range of joint projects in such avant-garde groups as the *Novembergruppe*, the *Der Ring* collective, and the *Deutscher Werkbund*, and even at the MASCH. Mies had invited Korn to be part of the Stuttgart *Werkbund* exhibition in 1927, while in his work as a journalist Behne had promoted Mies' projects. Arthur Korn was even a member of the roughly fifty-person committee for the *Die Wohnung unserer Zeit* exhibition that, subsequently, he criticized.[11]

It was a novelty to attempt to draft a proletarian, socialist architecture. As exemplified by Lyonel Feininger's woodcut *The Cathedral of Socialism*, which adorned the cover of the Bauhaus manifesto of 1919, many avant-garde figures in Germany sympathized with socialist ideas after the November Revolution in 1918. Their notions of socialism, however, remained effusive and nebulous. Located within utopian and romantic thought, these ideas neither gained concrete form nor were directly related to reality.[12] During the short phase of stability in Germany from 1924–29 mentioned above, they moved to the background and were suspended in the so-called white socialism driving local government reform policies and the co-operative movement. However, with the global depression spreading from 1929, they re-emerged in a new form—now concrete and radicalized. In the meantime, the situation in the Soviet Union as the first socialist country had stabilized; the civil war had been over since 1921, and the first avant-garde buildings were under construction there from the mid-1920s. The hopes of many advocates of the *Neues Bauen* (New Architecture) movement were directed to the Soviet Union. As the worldwide economic crisis developed, the post-1925 social reform achievements were considered delusory and ineffectual, and a solution was now sought in the model of a centralized state and a planned economy. A classless society, it was assumed, would overcome inconsistencies and conflicts of interest, and centralized rational planning would make it possible to resolve social issues.

The changing position of the Swiss architect Hannes Meyer perfectly illustrates this process of distancing from the previous era of classical modernism. Meyer's roots lay in the Swiss co-operative movement, and he only developed strongly socialist views from 1930. In August that year he wrote to his friend Karel Teige, "I also know only too well that, on first sight, my previous activities do not fit in particularly well with Marxist concepts—for that they show too much half-heartedness and inconsistency."[13] In the early 1930s, Meyer distanced himself from his early work, a change that Winfried Nerdinger described as follows: "From the perspective of Moscow, he viewed himself as an 'instrument of exploitation' and classified his Federal School in Bernau as the product of 'corporate architecture' influenced by the reform movement and national fascism."[14] And Meyer voiced this thought even though the German trade unions had commissioned the school project!

The *Neues Bauen* architects' unbridled enthusiasm for the Soviet Union was tragic in as far as they then fixed on a kind of architectural production, which, in retrospect, can be seen as a transitional phenomenon before the centralized state's power apparatus was consolidated. Moreover, to a large extent, the avant-garde buildings in the Soviet Union in the late 1920s were commissioned by the Soviet co-operative movement and not by the central state institutions.[15] This probably had more to do with the *Neues Bauen* movement's successes in Western countries in the 1920s (from which many *Neues Bauen* architects now wanted to distance themselves) than its members were either able or willing to recognize. Ideas of modernism did not become broadly accepted in the Soviet Union as had been hoped, but were soon permanently buried by the Stalinist central state.

The Collective for Socialist Architecture was not alone in its enthusiasm for the Soviet Union. In 1931, Walter Gropius wrote that, "The worst shackle remains the immoral right to private property in land. Without freeing land from this private enslavement, there can never be a healthy city planning which is, in the sense of the common interest, economically efficient and capable of development. The USSR is the only country to have fulfilled this key basic requirement and fulfilled it completely, and thus it has opened the way for modern city planning."[16] However, these words by Gropius, who rarely stated such unequivocal views, should be taken as expressing the zeitgeist rather than his personal convictions. At the official German Building Exhibition too, there were prominent calls for a centralized planned economy. In the "International Exhibition" in Hall 1, whose expert committee also contained two Soviet representatives, Berlin's chief city planner Martin Wagner argued for ending private land ownership and introducing collective ownership, for a law to regulate the expropriation of land and its acquisition, and placing urban planning under centralized control. The exhibition of independent trade unions similarly called for the mutualization of land and nationalizing the economy, presenting the Soviet Union as a role model.

Despite the profound differences between Mies van der Rohe and the Collective for Socialist Architecture, there are still clear affinities. For example, the vaguely sketched spatial designs of the apartments in the Proletarian Building Exhibition are indebted to

Mies van der Rohe's free plans. Moreover, both exhibitions (as well as Walter Gropius' contribution to the German section of the "International Exhibition") propose the same housing model: living in a building with a service infrastructure—whether called a hotel, communal house, or boarding house—with minimized individual residential units, but more extensive communal facilities and services. In retrospect, though, it is precisely this common feature that seems antiquated, since the development of service housing had then already entered its final stage, both in capitalist as well as socialist countries.[17] Evidently, constructing service housing in capitalist countries required a period of well-to-do prosperity, and for the time being that was over. In 1931, the last service housing for many years were constructed in Germany, the United Kingdom, and the United States. In the Soviet Union, the new Stalinist doctrine put a stop to the phase of avant-garde experiments with new forms of housing. In any case, during this phase it had solely been possible to build a few prototypes, though these proved extremely influential. Service housing only enjoyed a renaissance in the late 1960s in both the West and East, though purely as a special residential form serving specific needs.

The Collective for Socialist Architecture presented a standpoint directly opposing Mies van der Rohe's belief in autonomous architecture. Yet this polarized conflict concealed those other positions of an *architecture engagé* which were constituent for the *Neues Bauen* movement of the 1920s, and whose traces were still evident in the German Building Exhibition, even if hardly perceived at the time.

The co-operative movement should be mentioned here first of all, since it played a particularly key role in constructing social housing, and provided other non-profit and social services. Significantly, although the German Building Exhibition makes little of the housing co-operatives' contribution, it did include an extensive and well-planned display of social economy construction companies and artisans' associations belonging to the independent unions. Today, both of these areas may be almost forgotten, yet they could be ranked alongside the co-operative movement in importance in those days. This section of the exhibition, designed by Walter Gropius, Hebert Bayer, and Lázló Moholy-Nagy, also involved Martin Wagner as one of the exhibiters in his work as head of the *Deutsche Wohnungsfürsorge-AG* (DEWOG) which organized a program of housing provision for civil servants, salaried employees, and workers. The exhibiting "social construction companies" shared a belief in their objective of "producing good housing as cheaply as possible for the general public," and saw their principal task as "constructing small apartments and housing estates."[18] The exhibiters promoted economic democracy and the communization of the entire construction and housing industry—and they propagated the rationalization of planning and production.

This, then, touches on a further model of modernization informed by scientification, rationalization, and standardization. Regarded as emancipatory and an integral and essential element in social reforms in the 1920s, these elements later developed a momentum of their own. In Germany, after his initial vision of a *Gesamtkunstwerk*, or total work of art, it was Walter Gropius in particular who, after 1923, consistently advocated the standardization and industrialization of housing construction (and hence, for instance, paved the way for his highly influential student Ernst Neufert[19]). Walter Gropius also organized the input on rationalizing construction shown at the German Building Exhibition, where the results of CIAM's Third Congress, in which Gropius himself played a leading role, were presented under the title *Rationelle Bebauungsweisen* (Rational Site Planning).

Admittedly, the heterogeneous mix of the 1920s reform project also included the *Lebensreform* (Life-reform) movement, which advocated a back-to-nature lifestyle and was deeply skeptical of technological and scientific modernization. It was, though, none other than Gropius himself who supported such ideas in the early years of the Bauhaus, and they continued to resonate in the Bauhaus parties and events and the Bauhaus artistic community. This movement can be identified at the German Building Exhibition in the contribution of German landscape architect Leberecht Migge, who focused particularly on *Erwerbsgärten*—the productive use of urban green space—from community gardens to allotment gardens and gardeners' estates. In his work, Migge combined *Lebensreform* ideas with landscaping technologies and, among other things, was actively involved in the 1920s in numerous housing estate projects in Frankfurt and Berlin. However, in the face of the Nazi Party's election successes in 1932, Migge shifted to the right, attempting to become accepted by them—though without success.[20] The *Blut-und-Boden* (Blood and Soil) movement, which propagated a racialist national romanticism and came to play a central role in Nazi ideology, did adopt core *Lebensreform* themes, although the *Lebensreform's* ideas also continued in a variety of other forms as well.

Arthur Korn, previously closely connected with the Zionist movement, was the guiding spirit of the Proletarian Building Exhibition. Like many of his fellow architects, in the wake of the world economic crisis, he saw the Soviet socialist model as a means to make the modern housing estate a reality.[21] As it transpired later, however, the ideas of the *Neues Bauen* movement were not to be developed and radicalized in the Soviet Union, but in Palestine. Significantly influenced by the Bauhaus under Hannes Meyer, the Kibbutz movement put into practice in the region's rural areas a new synthesis of left-wing *Lebensreform* ideas, co-operative, grass-roots democratic socialism, and agricultural technologies. Here, though, the strongly symbolic dimension to *Neues Bauen* in the 1920s gave way to a far more pragmatic functionalism.[22]

In 1931 in Berlin, the growing fractures in the *Neues Bauen* movement were all too apparent. Its commitment to social issues had been founded on a heterogeneous fusion of ideas—from the *Lebensreform* to the co-operative movement, from rationalization and scientification to socialism. In the productive period from 1924–29, these approaches were all interwoven, overlapping circles that blended and mixed—especially since the views of the protagonists themselves also changed during these years. A certain bond and sense of unity was provided by the numerous avant-garde and reform groups, including the garden city movement, the *Deutscher Werkbund*, the *Arbeitsrat für Kunst*, the *Novembergruppe*, the *Der Ring* collective, and the CIAM, as well as various magazines such as *G* and *ABC*. In addition, chief city planners such as Bruno Taut, Ernst May, and Martin Wagner strengthened this coherence by inviting numerous fellow-architects to participate in their projects, or by training institutions and colleges, in particular, the Bauhaus, where a wide spectrum of designers not only worked but also met.

This phase of practically effective social reforms ended with the economic disaster of the Great Depression in 1929, which also eroded their cohesive force. As political beliefs grew steadily more radical, the ideas propounded on architectural design became increasingly differentiated, initiating a new phase of modernism. As they split away from the center that once held them, their previous sense of solidarity was fractured and dissolved. In the 1931 Berlin exhibitions, all their positions could still be found in close proximity, yet what stands out most clearly is their fragmentation and polarization.

Translated from the German by Andrew Boreham.

1 The *Deutsche Bauausstellung* (German Building Exhibition) took place from May 9–August 2, 1931; the *Proletarische Bauausstellung* (Proletarian Building Exhibition) was held from June 2–July 1.

2 See Günter Uhlig, "Stadtplanung in der Weimarer Republik: Sozialistische Reformaspekte," in: *Wem gehört die Welt – Kunst und Gesellschaft in der Weimarer Republik*, Neue Gesellschaft für bildende Kunst Berlin (Berlin 1977), 62 ff; as well as Ludvica Scarpa, *Martin Wagner und Berlin* (Wiesbaden 1986), 126.

3 An excellent analysis of Mies' attitude to political issues can be found in Richard Pommer, "Mies van der Rohe and the Political Ideology of the Modern Movement," in: Harriet Schoenholz Bee (ed.), *Mies van der Rohe, Critical Essays* (New York 1989).

4 *Bauwelt* (December 27, 1923), reprinted in *Bauwelt*, 33 (1977): 1087.

5 Mies van der Rohe, *G*, 3 (1924): 8–10.

6 See Elaine S. Hochman, *Architects of Fortune, Mies van der Rohe and the Third Reich* (New York 1989), 94 (*Werkbund* speech) and 102 (Interviews).

7 Ibid., 101.

8 Although Reinhold Rossig took the subject of the "socialist state" for his Diploma thesis at Bauhaus Dessau in 1931.

9 "Protokoll der außerordentlichen Tagung des internationalen Kongresses für neues Bauen, Berlin June 5, 1931," gta Archives/ETH Zurich, Minutes: 49, see the extract contained in this volume.

10 In retrospect in 1960, Mies van der Rohe commented: "I didn't want to change the time; I wanted to express the time. That was my whole project. I didn't want to change anything. I really believe that all these ideas, the sociological ideas and even the technological ideas, would have an influence on architecture. But they are not architecture themselves." See Moisés Puente (ed.), *Conversations with Mies van der Rohe* (Princeton 2008), 47.

11 Official catalogue and exhibition guide, *Deutsche Bauausstellung* (Berlin 1931), 21.

12 See Uhlig, "Stadtplanung in der Weimarer Republik," 50 ff.

13 Letter from Hannes Meyer to Karel Teige dated August 29, 1930, quoted by Winfried Nerdinger in: "'Anstößiges Rot'. Hannes Meyer and der linke Baufunktionalismus – ein verdrängtes Kapitel Architekturgeschichte," Bauhausarchiv Berlin und Deutsches Architekturmuseum (eds), *Hannes Meyer 1889–1954, architekt urbanist lehrer* (Frankfurt am Main and Berlin 1989), 25. Nerdinger's essay offers a precise account of the development of Meyer's political views.

14 Ibid., 26, with original quotations by Hannes Meyer.

15 See the essay by Thomas Flierl in this volume.

16 Walter Gropius, "Was erhoffen wir vom russischen Städtebau," *Das neue Rußland*, 6/7 (1931): 57–61; reprinted in: Hartmut Probst and Christian Schädlich, *Walter Gropius, Band 3, Ausgewählte Schriften* (East Berlin 1988), 144.

17 See Philipp Oswalt, "Servicehaus und Selbstversorgung – Modelle des Haushaltens in der Globalisierung des städtischen Stoffwechsels," *ARCH+: Wohnerfahrungen*, 218 (November 2014): 104–09.

18 Otto Rode, "Die Bauhütten auf der Bauausstellung," *Soziale Bauwirtschaft*, 11/12 (June 8, 1931): 169 ff (copy in the Bauhaus Archive in Berlin).

19 In 1939, Albert Speer commissioned Ernst Neufert with standardizing and rationalizing the German construction industry. On this, see the research by Nader Vossoughian, "Standardization Reconsidered: *Normierung* in and after Ernst Neufert's *Bauentwurfslehre*," *Grey Room*, 54 (Winter 2014).

20 David H. Haney, *When Modern was Green: Life and Work of Landscape Architect Leberecht Migge* (London and New York 2010), 252 ff.

21 See the essay by Andreas Zeese in this volume.

22 However, one needs to note that as radically reformist and emancipatory as the project was for the members of the Kibbutz movement, it went hand in hand with a colonization displacing the rural Palestinian population.

Hubert Hoffmann, Arthur-Korn-Seminar, Vier Ausstellungstafeln für die *Proletarische Bauausstellung*, 1931 / Hubert Hoffmann, Arthur-Korn-Seminar, Four Exhibition Panels for the Proletarian Building Exhibition, 1931
Akademie der Künste, Berlin, Hubert-Hoffmann-Sammlung

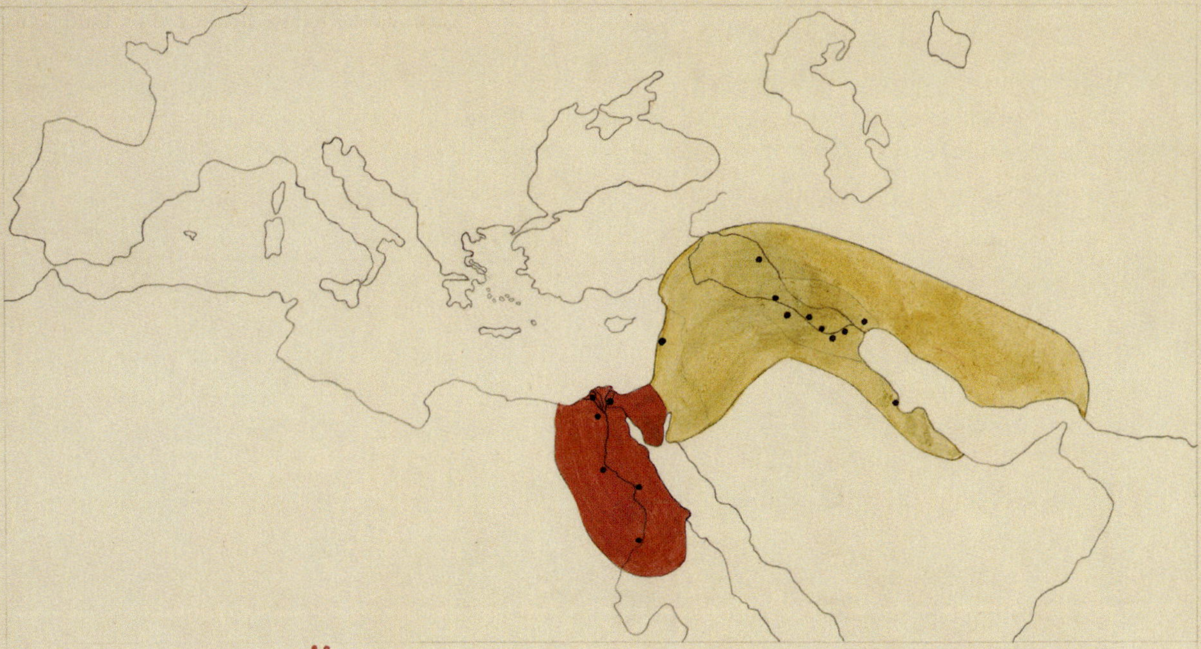

ALTE WELT STÄDTE

Nach 3000 vor Chr. Geb.

TEMPEL VON LUKSOR

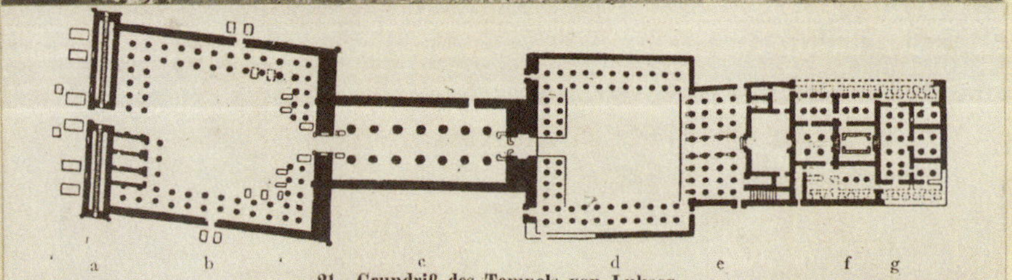

21. Grundriß des Tempels von Luksor.

a. Pylone, vor denen 6 Kolossalstatuen Ramses II. und 2 Obelisken standen. b. I. Hof (57 zu 51 m), in der Nordecke eine Kapelle eingebaut. c. Gang mit 14 Säulen (16 m hoch). d. II. Hof (45 zu 51 m). e. Vorhalle mit 32 Säulen. f. Durch spätere Einbauten zum Teil veränderte Hallen und Magazine. g. Zwölfsäulige Vorhalle und Allerheiligstes mit 4 Säulen.

Der grosse Sphinx und die Pyramide des Chefren bei Gize um 2800 v. Ch.

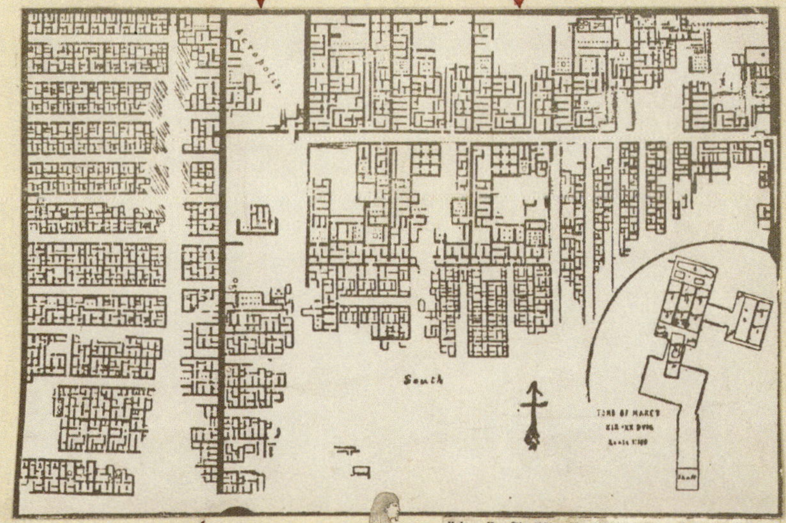

Kahun. Ungefähr 3000 v. Chr. Mit Erlaubnis von Prof. Flinders Petrie.

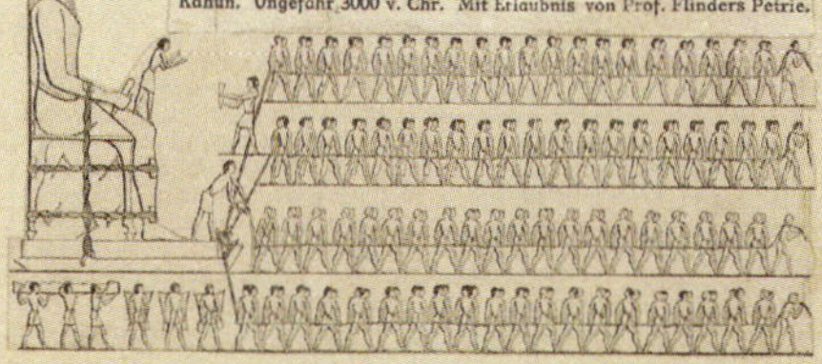

CITIES OF THE ANCIENT WORLD
After 3000 BC

LUXOR
TEMPLE

The Great Sphinx and the Pyramid of Khufu at Giza, c.2800 BC

Acropolis

City of
government officials

Original
slave town

Wall with gate

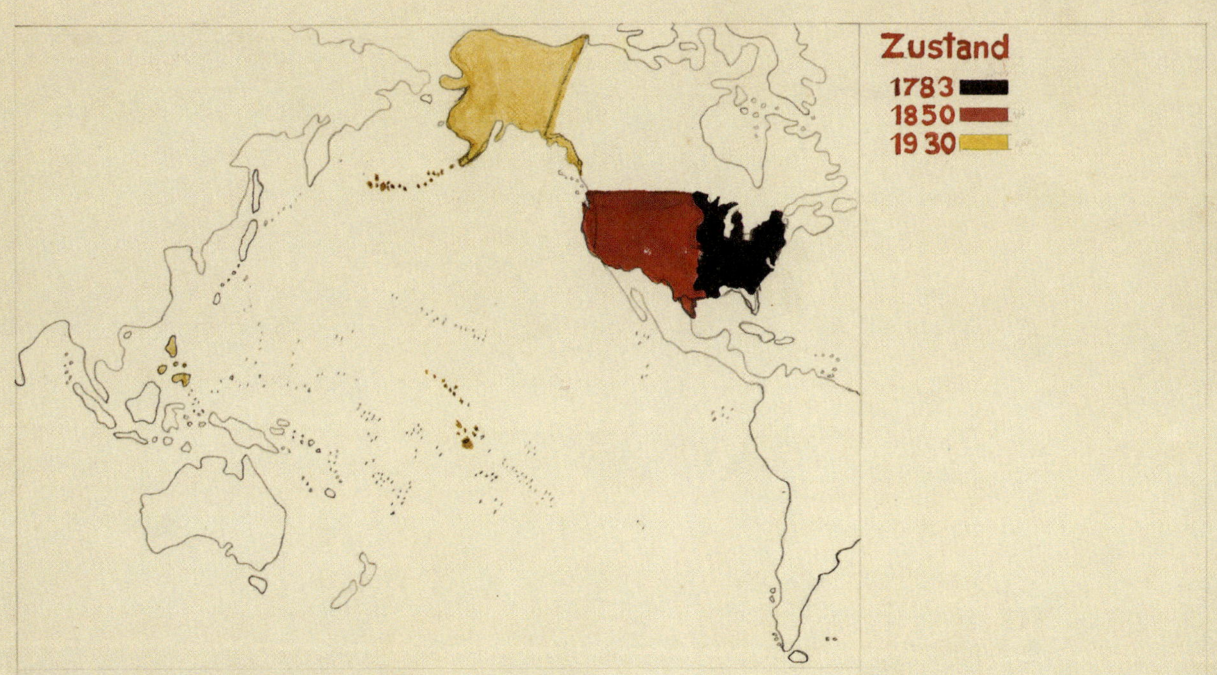

Entwicklung der Vereinigten Staaten von Amerika

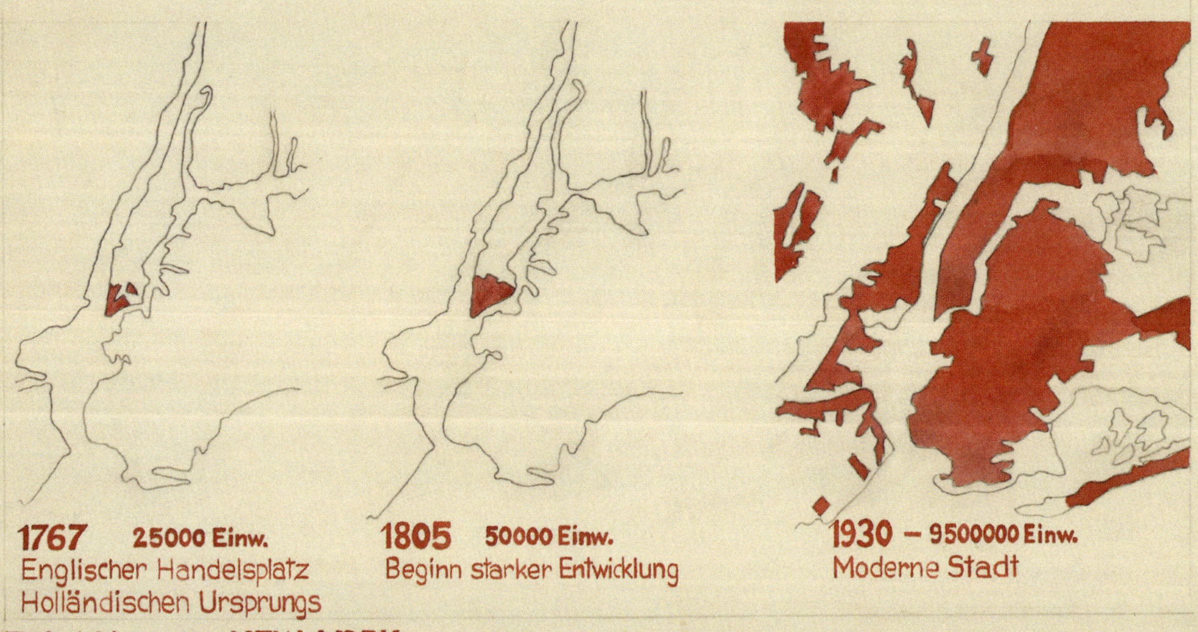

Entwicklung von NEW YORK

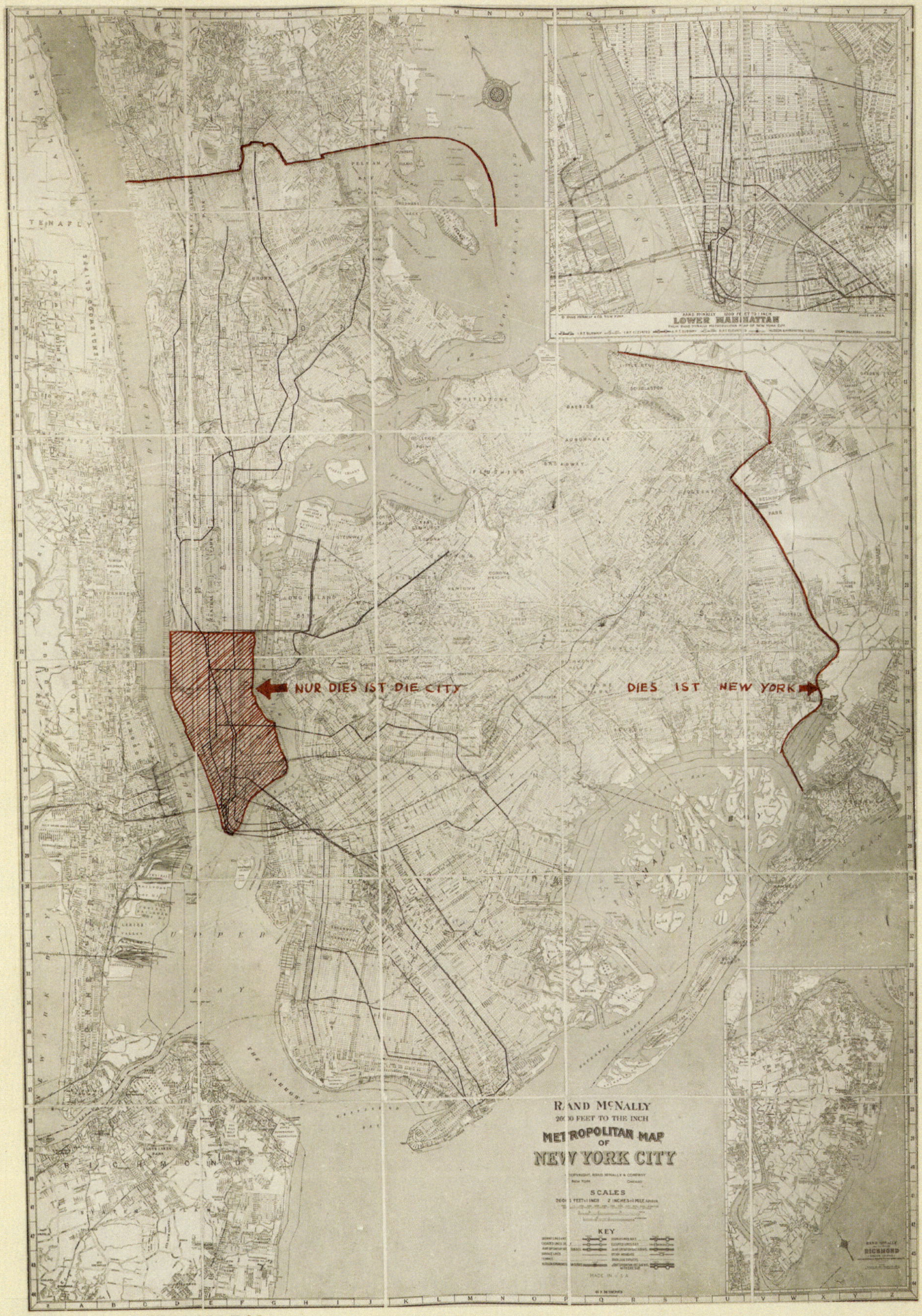

Plan von NEW YORK

In

1783

1850

1930

Development of the United States of America

1767 25,000 inhabitants
English trading center
Originally Dutch

1805 50,000 inhabitants
Major development starts

1930 — 9,500,000 inhabitants
Modern city

Development of NEW YORK

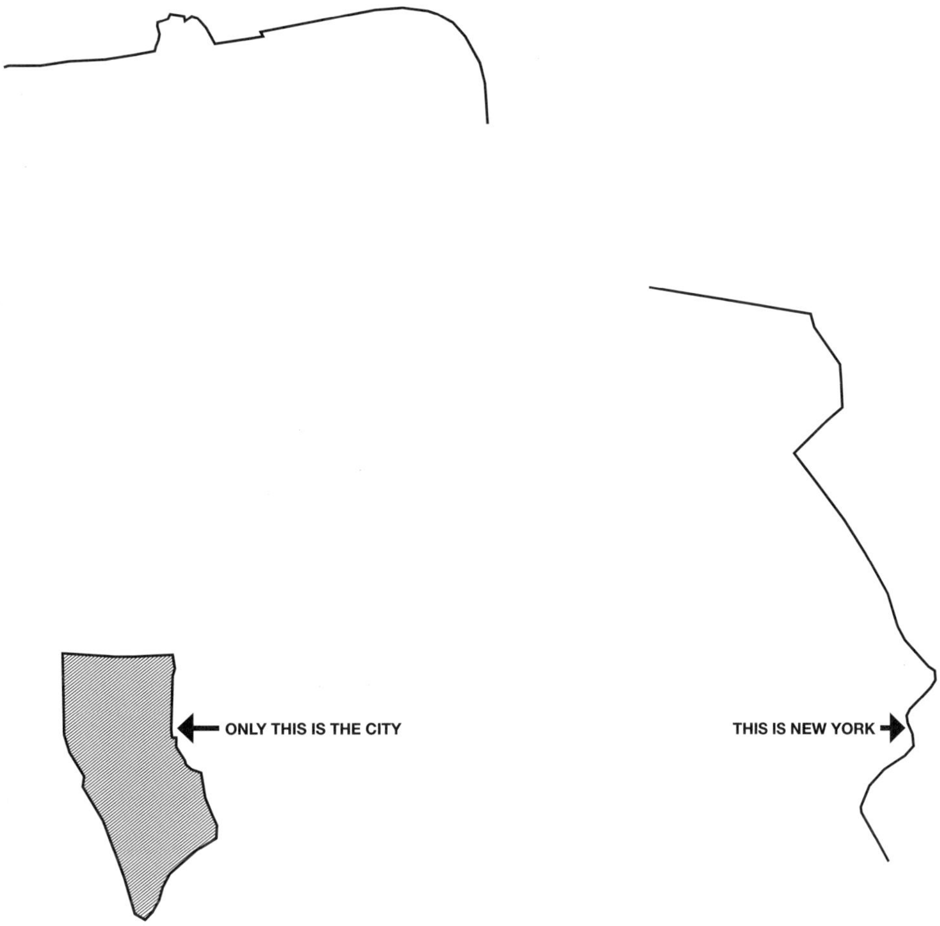

Map of NEW YORK CITY

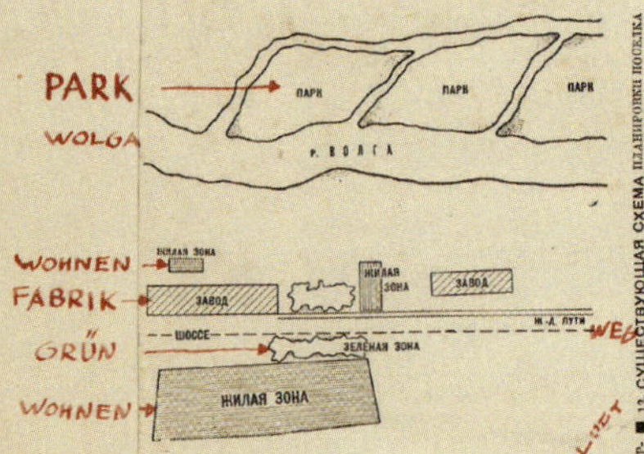

12. СУЩЕСТВУЮЩАЯ СХЕМА ПЛАНИРОВКИ ПОСЕЛКА ПРИ СТАЛИНГРАДСКОМ ТРАКТОРНОМ ЗАВОДЕ.

Ту же картину мы видим и в планировке Сталинградтракторостроя (см. рис. 12—14).

Приняв за основу планировки населенных пунктов функционально-поточную систему, мы тем самым разрешаем полностью проблему наиболее рационального (разумного, экономного) устройства транспорта. Целый ряд сооружений (виадуки, тоннели, переезды и т. п.) либо отпадают вовсе, либо сводятся к минимуму.

Внутрипоселковый транспорт теряет свое значение как транспорт, работающий по непрерывной переброске больших масс к месту работы и обратно. Роль его сводится главным образом к бытовой связи. Это конечно создает огромную экономию в затратах на его

1.PLAN

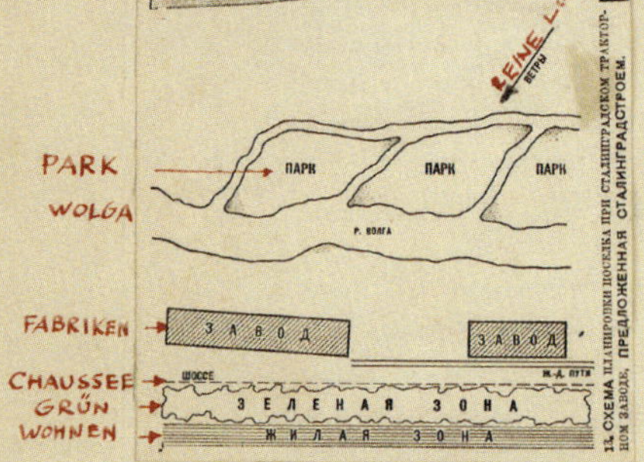

13. СХЕМА ПЛАНИРОВКИ ПОСЕЛКА ПРИ СТАЛИНГРАДСКОМ ТРАКТОРНОМ ЗАВОДЕ, ПРЕДЛОЖЕННАЯ СТАЛИНГРАДСТРОЕМ.

2.PLAN

STALINGRAD

оборудование. Трамвай заменяется небольшим числом автобусов, такси и т. п. Протяжение одетых дорог и их ширина внутри поселка резко сокращаются, причем эти дороги приобретают характер магистральных шоссейных дорог.

Водные артерии, протекая вдоль линии поселения, открывают новые перспективы для дешевого мелкотоннажного, мотоводного и парусомоторного транспорта. Авиация получает «бесплатные» маяки в виде лент поселения, дающие при их освещении четкие линии карты местности.

Одним словом, линейная природа транспорта найдет в этой системе своего лучшего союзника.

14. СХЕМА ПЛАНИРОВКИ ПОСЕЛКА ПРИ СТАЛИНГРАДСКОМ ТРАКТОРНОМ ЗАВОДЕ ПО ФУНКЦИОНАЛЬНО-ПОТОЧНОЙ СИСТЕМЕ.

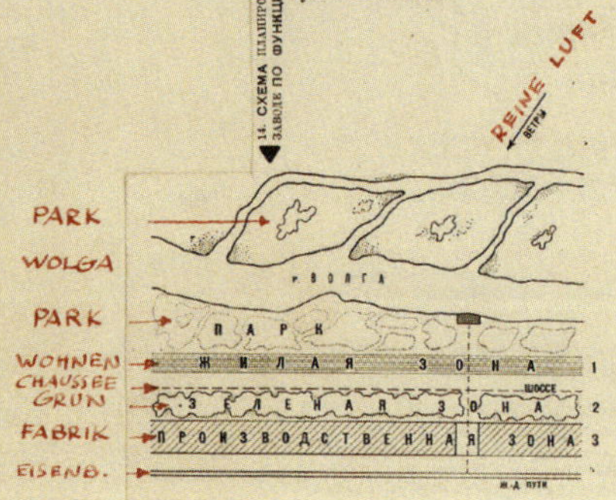

3.PLAN

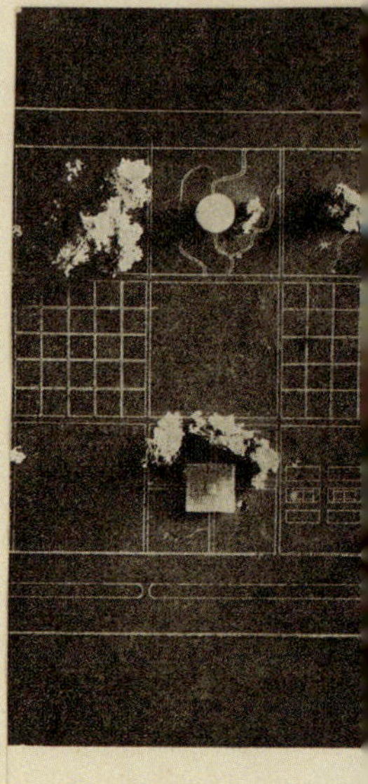

61. ОБЩИЙ ВИД ПОСЕЛКА. НЕБОСКР

MAGNETOGORS

UDSSR

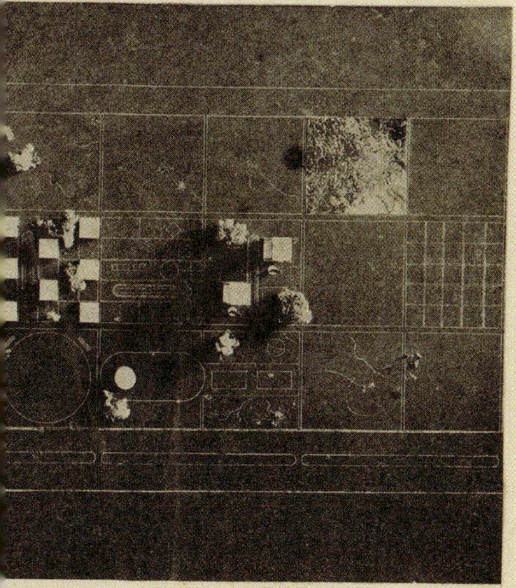

...Т ПОСЕЛКА ОСА.

ОСА

8
СХЕМА
ПЛАНИРОВКИ МАГНИТОГОРСКА,
ПРИНЯТАЯ ДЛЯ КОНКУРСА.

Для иллюстрации приведем три схемы планировки Магнитогорска.

а) **Схема** планировки Магнитогорска, **принятая для конкурса** (рис. 8), имеет следующие основные недостатки:

1) заводская территория сбита в кучу, некуда расширяться;

2) железнодорожные пути отрезают заводы от жилья;

3) вуз отдален от завода;

4) совучреждения — тоже;

5) расстояние для половины рабочих от места работы будет более 3 *км*, достигая порой до 4 и даже 7 *км*;

6) поселок сбит в кучу. Ни о каком смыкании с сельской жизнью нет и речи;

7) водный бассейн реки Урала для поселка никак не использован;

8) протяжение мостовых (улиц) крайне велико благодаря квартальной планировке;

9) влияние ветров с завода на поселок не полностью устранено.

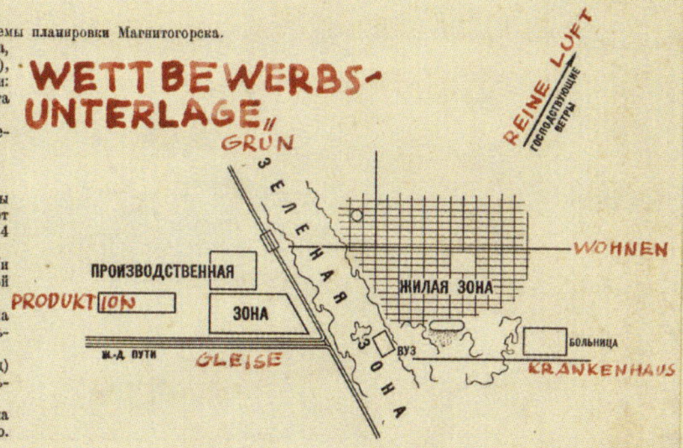

б) **Схема, предложенная ОСА** (рис. 9):

1) в отношении планировки завода и путей страдает теми же недостатками, что и схема, принятая для конкурса;

2) расстояние для большинства жителей до места работы свыше 6 *км* и достигает до 21 *км*, что потребует значительных затрат на внутрипоселковый транспорт, причем и тогда результат будет сомнителен;

3) поселок для жизни расположен и спланирован идеально, за исключением лишь того, что водный бассейн реки Урала для поселка не использован.

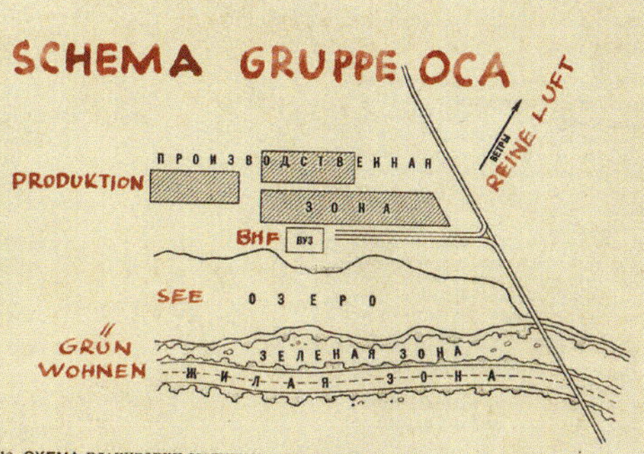

10. СХЕМА ПЛАНИРОВКИ МАГНИТОГОРСКА, ПРЕДЛОЖЕННАЯ СТРОЙКОМОМ РСФСР.

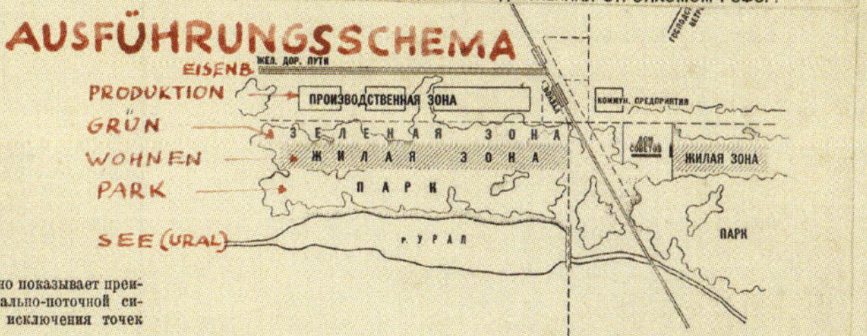

Эта схема наглядно показывает преимущества функционально-поточной системы со всех без исключения точек зрения.

PARK

VOLGA

1. PLAN

HOUSING

FACTORY

GREEN

STREET

HOUSING

CLEAN AIR

PARK

2. PLAN

VOLGA

FACTORY

HIGHWAY

STALINGRAD

GREEN

HOUSING

CLEAN AIR

PARK

VOLGA

PARK

HOUSING

HIGHWAY

3. PLAN

GREEN

FACTORY

RAILROAD

MAGNETOGORSK

USSR

COMPETITION
MATERIAL

GREEN

CLEAN AIR

HOUSING

PRODUCTION

RAIL TRACKS

HOSPITAL

PLAN BY THE OCA GROUP

CLEAN AIR

PRODUCTION

STATION

LAKE

GREEN
HOUSING

DESIGN PLAN

RAILROAD
PRODUCTION
GREEN
HOUSING
PARK

LAKE (URAL)

DIE STADT IST DIE PRODUKTIONSSTÄTTE UND DIE WOHNUNG DES PROLETARIATS
DIE STADT ALS HOTEL UND FABRIK

DIE INDUSTRIE DRÄNGT HEUTE ZUR KONZENTRATION
DEM HAT DIE STADT ZU FOLGEN (HOCHHÄUSER)
DESHALB KURZE VERKEHRSWEGE
DIE QUERVERBINDUNG VON DER WOHNUNG ZUR FABRIK ERFORDERT 5 MINUTEN
DER HEUTIGE VERKEHR MIT 50 MINUTEN KOSTET 2 MILLIARDEN MARK
DER ZUKÜNFTIGE VERKEHR KOSTET 0,2 " "

DIE WOHNUNGEN LIEGEN IM PARK
ZUM UNBEHINDERTEN VERKEHR IST DAS ERDGESCHOSS OFFEN

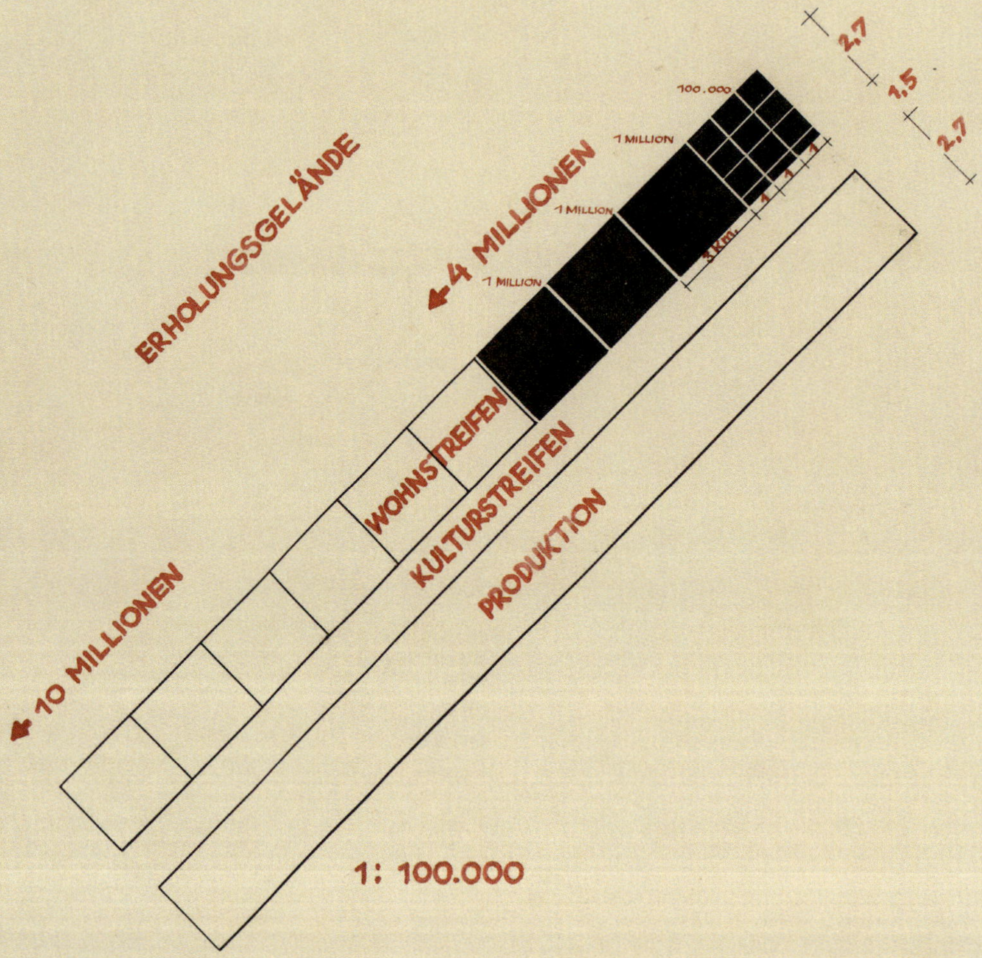

1: 100.000

1

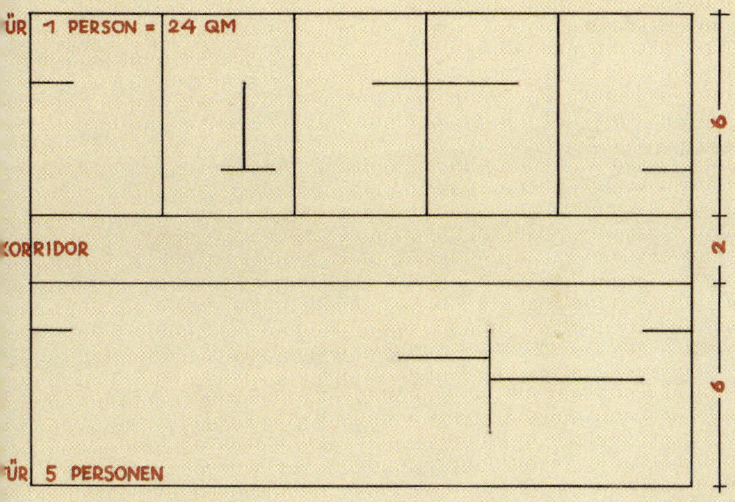

1: 100

EINZELHEITEN DES AUFBAUS VON DER KLEINSTEN EINHEIT VON 1000 MENSCHEN BIS ZUR GRÖSSTEN EINHEIT VON 10 MILLIONEN

FÜR JEDEN MENSCHEN IST EIN RAUM VON 24 QM ZU GRUNDE GELEGT, ENTSPRECHEND DER HOHEN PRODUKTIVKRAFT DEUTSCHLANDS BEI BEGINN EINES PLANMÄSSIGEN AUFBAUES
IN MOSKAU HEUTE 8-12 QM
MEHRERE MENSCHEN KÖNNEN IHRE ZELLEN GEMEINSAM ZUSAMMENFASSEN

1 AUFGABEN EINER PLANMÄSSIGEN FORSCHUNG

2

3

ALLE INNEN- UND AUSSENWÄNDE SIND BEWEGLICH
DER BAU IST MONTAGEMÄSSIG AUSZUFÜHREN UND LEICHT UMZUBAUEN
ER IST ALS MARKENFABRIKAT UND WARE MIT LEICHTBAUSTOFFEN HERZUSTELLEN

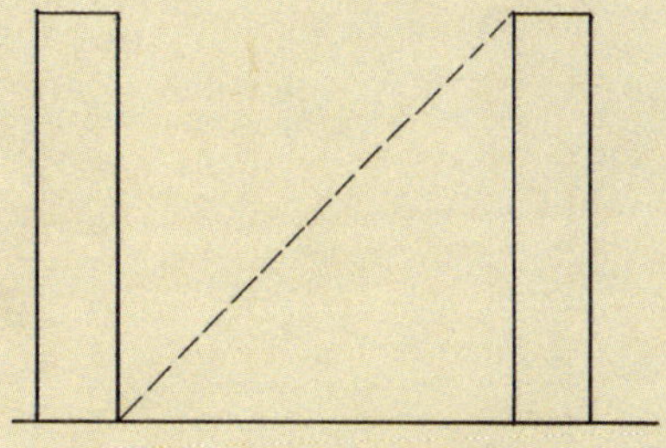

1: 1000

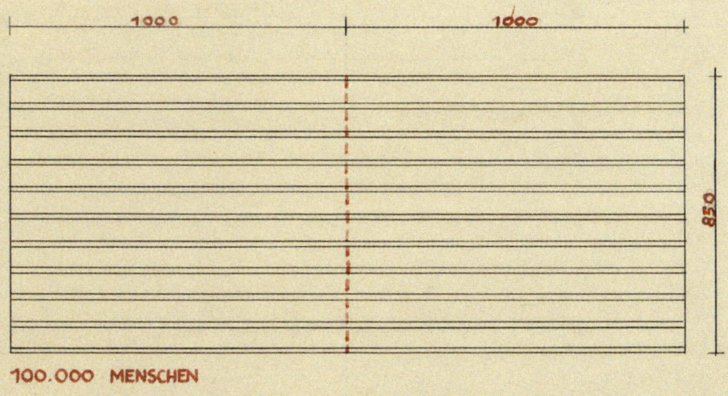

1: 10.000

THE CITY IS BOTH THE SITE OF PRODUCTION AND HOUSING OF THE PROLETARIAT
THE CITY AS HOTEL AND FACTORY

TODAY, THERE IS A DRIVE TO CONCENTRATION IN INDUSTRY
WHICH THE CITY HAS TO FOLLOW (HIGH-RISES)
SO SHORT TRAFFIC ROUTES

THE DIRECT CONNECTION FROM HOME TO FACTORY TAKES		FIVE MINUTES
TODAY'S TRANSPORT AT FIFTY MINUTES COSTS	2	BILLION MARKS
FUTURE TRANSPORT COSTS	0.2	" "

RESIDENTIAL HOUSING IS SET IN PARKS
WITH THE GROUND FLOOR OPEN FOR UNIMPEDED TRAFFIC

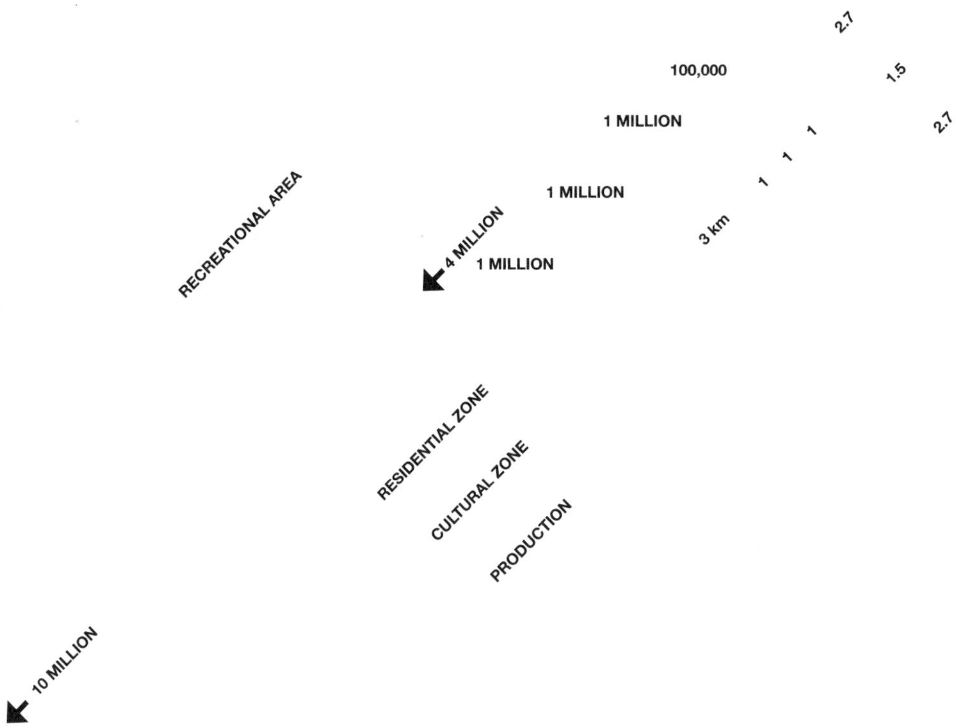

1: 100,000

FOR 1 PERSON = 24 SQ M

CORRIDOR

FOR 5 PEOPLE

6

2

6

1: 100

1 TASK OF
SYSTEMATIC RESEARCH

2

3

14

70

14

1: 1000

1000

1000

850

1: 10,000

100,000 PEOPLE

CONSTRUCTION DETAILS
FROM THE SMALLEST UNIT
OF 1,000 PEOPLE TO THE
LARGEST UNIT OF
10 MILLION

THE STANDARD SPACE FOR EACH PERSON
IS SET AT 24 SQ M,
REFLECTING GERMANY'S
HIGH PRODUCTION CAPACITY
AT THE START OF
A SYSTEMATIC
RECONSTRUCTION
IN MOSCOW TODAY, 8–12 SQ M
SEVERAL PEOPLE CAN
COMBINE THEIR HOUSING UNITS

ALL INTERIOR AND EXTERIOR
WALLS ARE MOVEABLE
CONSTRUCTION IS TO BE
PREFAB ASSEMBLY-STYLE
AND EASY TO CONVERT
IT IS TO BE PRODUCED
AS BRANDED PRODUCTS
AND GOODS
USING LIGHTWEIGHT
MATERIALS

Thomas Flierl

Die *Proletarische Bauausstellung*: Kontexte und Bruchlinien in Berlin und Moskau

Auf ganz eigentümliche Weise kamen bei der *Proletarischen Bauausstellung* sehr unterschiedliche, eigentlich unvereinbare Tendenzen zusammen. Eine Deutung der ebenso ambitionierten wie improvisierten Unternehmung, eine „marxistische Bauwissenschaft" zu entwickeln, wird wohl nur gelingen, wenn deren verborgene Diskursstruktur offengelegt wird. Meines Erachtens kann sie mit dem Widerspruch angedeutet werden, dass, wie Arthur Korn im Juni 1931 schreibt, „der front von may bis le corbusier eine starke marxistische front gegenübergestellt werden"[1] müsse – die von der Ausstellung vertretenen Prinzipien der künftigen Stadt aber gerade, wie Siegfried Kracauer beobachtete, „im großen und ganzen mit den Richtlinien überein[stimmen], die Ernst May kürzlich in seinem Berliner Vortrag entwickelte".[2]

Programmatische Grundlagen der Allianz von CIAM und sowjetischer Modernisierung

Zunächst verwundert diese Frontstellung gegen Ernst May und Le Corbusier, denn beide genossen in der Sowjetunion hohes Ansehen. Die Allianz zwischen der internationalen Bewegung des „Neuen Bauens" und der sowjetischen Modernisierungspolitik im Rahmen des 1. Fünfjahrplans (1928–1932) hatte zwei Hauptprojekte: die Tätigkeit ausländischer Stadtplaner und

Architekten in der Sowjetunion selbst und die Idee, einen Kongress der CIAM, der Congrès Internationaux d'Architecture Moderne, in Moskau zu veranstalten. Mit Ernst May war im Herbst 1930 ein prominentes CIAM-Mitglied Planungschef für die Neubaustädte im Verantwortungsbereich des Volkskommissariats für Schwerindustrie geworden. Weitere Mitglieder, der Schweizer Hans Schmidt und der Niederländer Mart Stam, sowie mehrere hundert vor allem deutsche Spezialisten begleiteten beziehungsweise folgten May in die Sowjetunion. Nach einem ersten Anlauf in Frankfurt am Main 1929 beschlossen die CIAM auf ihrem 3. Kongress im November 1930 in Brüssel, ihren nächsten Kongress zum Thema „Die funktionelle Stadt" in Moskau durchzuführen.[3]

Das Neue Bauen in der Sowjetunion hatte (neben den Architektenverbänden ASNOVA [Assoziation neuer Architekten] und OSA [Gesellschaft moderner Architekten], den VChUTEMAS und den entsprechend dominierten Architekturzeitschriften) zwei potente gesellschaftliche Stützen: einerseits die Genossenschaftsbewegung und andererseits das Volkskommissariat für Schwerindustrie als Hauptakteur der Industrialisierung.

Mit der Zentralunion der Wohnungskooperative der RSFSR (Centrožilsojuz), dem Allunionsrat der Wohnungskooperative der UdSSR (VSŽK), der Zentralunion der Verbraucherkooperativen (Centrosojuz), dem Zentralen Allunionsrat der Gewerkschaften (VCSPS), der Baukommission der RSFSR, den Volkskommissariaten für Arbeit beziehungsweise für die Arbeiter-und-Bauern-Inspektion finden wir einen gesellschaftlichen Block vor, der das Konzept eines kooperativen-kommunitären Sozialismus verfolgte. Mit dem Übergang zur Industrialisierung des Landes und dem Bau neuer Städte im Zusammenhang mit der Errichtungen von Werken der Schwerindustrie in der Nähe neu aufzuschließender Rohstofflagerstätten traten neue Akteure hinzu. Maßgeblich blieb die Cekombank, nun aber in Kooperation mit dem Obersten Volkswirtschaftrat der UdSSR, dem Volkskommissariat für Schwerindustrie und seinen mächtigen Bautrusts, unter anderen eben Sojuzstandartžilstroj, dessen Chefingenieur Ernst May 1931/32 war.

Die programmatische Grundlage der Kooperation von CIAM und sowjetischer Industrialisierung war die Überzeugung, dass die Bedingungen zur Lösung der Wohnungsfrage „in einem Lande [...], in dem der Gegensatz zwischen Staat und Wirtschaft, der in den kapitalistischen Ländern so unfruchtbare Kämpfe heraufbeschwört, von vornherein ausgeschaltet ist [...] in vieler Hinsicht günstiger liegen, als in irgend einem anderen Teile der Welt."[4] Oder: „Der Städtebau in kapitalistischen Staaten beschränkt sich hauptsächlich auf die Korrektur der spürbarsten Mängel planlos gebauter oder spontan entstandener Städte sowie auf deren Erweiterung. / Nur in der Sowjetunion stehen vor dem Städtebau die kolossalen Aufgaben der Schaffung neuer, planmäßig errichteter Arbeiterstädte an zuvor menschenleeren Orten." Zwischen Theorie und Praxis des Städtebaus in den kapitalistischen Ländern bestehe eine tiefe Kluft. „Solange in den Städten Privateigentum [an Boden] existiert und die Politik privater Interessen das Schicksal der ganzen Gesellschaft beeinflusst, bleiben alle Reden vom planmäßigen Städtebau folgenlos. / Ganz anders verhalten sich die Dinge in der Sowjetunion. Hier sind alle politisch-ökonomischen Voraussetzungen gegeben, um das Problem der modernen Stadt vollständig zu lösen."[5]

Die innere Logik der Entfaltung der Fragestellung der CIAM-Kongresse – vom Bauen für das Existenzminimum auf der Ebene der Wohnung (1929) zu den rationellen Bebauungsweisen (1930) und schließlich zur funktionellen Stadt (1931) – schien dabei ganz der Vorstellung zu entsprechen, dass der Sozialismus mit der Aufhebung des privaten Grundeigentums die im Kapitalismus entfalteten Produktivkräfte des Neuen Bauens freisetzen und im großen Maßstab entfalten könne. Obwohl der Sozialismus nun zunächst nur in einem Lande aufgebaut werden sollte, blieb der Zusammenhang mit der modernen Architektur und der sozialen Baupolitik in den entwickelten westlichen Gesellschaften bestehen. Der soziale Wohnungsbau sollte in der Sowjetunion seine Vollendung und Fortsetzung als sozialistischer Städtebau finden.

Entgegen der von der *Proletarischen Bauausstellung* formulierten Sichtweise gab es in Deutschland mit Alexander Schwabs *Das Buch vom Bauen* (1930) sehr wohl eine marxistische Position, wurde bereits „Städtebau aus sozialistischer Sicht" erörtert. Die „moderne Architektur" und die „moderne Stadt" tragen, so Schwabs Befund, „ein Doppelantlitz", sie sind „gesteigerter Ausdruck des Hochkapitalismus und zugleich Mutterboden und Vorausdeutung des kommenden Sozialismus".[6] In der Sowjetunion vertraten vergleichbare Positionen El Lissitzky, Nikolaj Miljutin und D. Michajlov.[7]

Stalins Kampf gegen die „Rechtsabweichung" und das „Versöhnlertum"

Die schroffe Stellungnahme Arthur Korns gegen May und Le Corbusier lässt sich nur mit einer dramatischen

Wende in der Politik der Sowjetunion und der Komintern, dem Entstehen der VOPRA, der „Allrussischen Gesellschaft" beziehungsweise später der „Allunionsvereinigung proletarischer Architekten", und möglicherweise auch mit dem bisher noch weithin unerforschten Wirken von Hannes Meyer erklären.

Nachdem Stalin – zunächst im Bündnis mit Bucharin und auf der Basis eines evolutionistischen Konzepts der Industrialisierung der Sowjetunion – Trotzki und die „Linke Opposition" ausgeschaltet hatte, eröffnete er im April 1929 auf der offenen Bühne des vereinten Plenums von Zentralkomitee (ZK) und Zentraler Kontrollkommission (ZKK) den Kampf gegen Bucharin (als Vorsitzenden der Komintern) und gegen Rykov (als Vorsitzenden des Rates der Volkskommissare) und ging zum Konzept der „beschleunigten Industrialisierung" und der Anwendung „außerordentlicher Maßnahmen" gegen die selbstständigen Bauern über. Ausgehend von der fatalen Fehleinschätzung, dass die relative Stabilisierung des Kapitalismus ihr Ende gefunden habe und das Wachsen des Kommunismus in allen Ländern der Welt zu beobachten sei, könne man „ganz eindeutig davon sprechen, dass in den Ländern des Kapitalismus die Elemente eines neuen revolutionären Aufschwungs" heranreiften, während in der Sowjetunion die „Offensive des Sozialismus gegen die kapitalistischen Elemente der Volkswirtschaft an der ganzen Front" anstehe. Daher resultiere „die Aufgabe, den Kampf gegen die Sozialdemokratie als der sozialen Stütze des Kapitalismus und vor allen Dingen gegen ihren ‚linken' Flügel zu verschärfen. Daher die Aufgabe, den Kampf gegen die rechten Elemente in den kommunistischen Parteien, gegen die Agentur des sozialdemokratischen Einflusses, zu verschärfen."[8]

1929 ist auch das Gründungsjahr der VOPRA, die gegen „Eklektizismus" und „Formalismus" in der Architektur das Konzept einer „proletarischen Architektur" vertritt: „Angefangen mit der Praxis eklektischer Gruppierungen, die mit Beharrlichkeit wieder auferstehen und würdig alte überlebte Formen und Stile der feudalen und handelskapitalistischen Architektur verwenden[9], und endend mit dem ultralinken Konstruktivismus, der auf unseren Boden die Architektur des Großkapitals (Corbusier, Bauhaus in Dessau in Deutschland u. a.) übertrug, haben wir in der neuen Architektur Moskaus Werke der verschiedensten Schulen und Strömungen. Diese Strömungen führen einen ununterbrochenen Kampf um die Hegemonie in der Architektur und letztere stellt sich, wie auch auf allen anderen Gebieten unseres Aufbaus, nicht als einheitlicher Strom dar, sondern scharf getrennt nach dem klassenmäßigen Ausdruck der Gruppen, die nicht nur mit Manifesten und Deklarationen auftreten, nicht nur lange theoretische Diskussionen führen, sondern in der Praxis gegeneinander kämpfen. Dieser Kampf verschärft sich in unseren Tagen, in Verbindung mit der allgemeinen Verschärfung des Klassenkampfes im Lande."[10]

Vor diesem Hintergrund ist die Berufung von Ernst May im Sommer 1930 einerseits ein Zeugnis, dass sich das Kräfteverhältnis anfänglich nur langsam verschob und die Modernisierungsfraktion noch immer die Hebel der Macht in den Händen hielt. Im Zuge des neuerlichen Linksschwenks gewann Anfang 1930 andererseits vorübergehend die These von der unmittelbaren Vergesellschaftung der Lebensweise in den neuen Industriestädten großen Auftrieb. Hiervon zeugen die ersten Wettbewerbe für Stalingrad, Magnitogorsk und Avtostroj. Das „Wohnkombinat" – Kommunehäuser mit „Wohnzellen" und Gemeinschaftseinrichtungen – wird die ausschließlich propagierte Form der zukünftigen Lebensweise in der *Socgorod*. Die Einladung an May war gerade gegen diese linke Überspitzung gerichtet[11], es galt schnell, in großem Maßstab realisierbare, moderne Arbeiterwohnstädte zu entwickeln – der Übergang zum „Wohnkombinat" war weder soziakulturell noch ökonomisch zu realisieren. Das ZK der Kommunistischen Allunions-Partei (Bolschewiki) – VKP(b) – beschloss am 16. Mai 1930 seine wegweisende Resolution „Über die Arbeit bei der Umgestaltung der Lebensweise" (nur wenige Tage nach Mays Vorträgen in der Arbeiter- und Bauern-Inspektion), die deutlich den Einfluss der Auffassungen Mays wie des damals einflussreichen Nikolaj Miljutins erkennen lässt. Mit dieser Resolution hatte sich innerhalb der VKP(b) die modernistische Fraktion einstweilen durchgesetzt. Als Ernst May am 5. Juni 1931 im Preußischen Herrenhaus in Berlin während der CIAM-Tagung seinen Vortrag „Der Bau neuer Städte in der UdSSR"[12] hielt, zog er die Bilanz seiner einjährigen Tätigkeit und schilderte sehr genau die verschiedenen, „in hartem Kampfe" liegenden Theorien.

Die *Proletarische Bauausstellung* und die KPD

Indem in der *Proletarischen Bauausstellung* das gesellschaftliche Grundverhältnis (Kapital), die konkrete Gesellschaft (die zweifellos kapitalistisch dominiert war, aber sowohl vorkapitalistische als auch über den Kapitalismus hinausweisende Elemente enthielt) und der Staat (der ja nicht nur Gesamtkapitalist, sondern Terrain der politischen Auseinandersetzung ist) alle in eins gesetzt wurden, wurde die Engels'sche These, dass die Wohnungsnot nur beseitigt werden kann, „wenn die ganze Gesellschaftsordnung [also das gesellschaftliche Grundverhältnis], der sie entspringt, von Grund aus umgewälzt wird" zur empirischen Bestätigung der Annahme von der „Aussichtslosigkeit der Lösung der Wohnungsfrage im kapitalistischen Staat".[13] Die Polemik gegen den sozialen Wohnungsbau der Gemeinde Wien oder die (deutschen) „sogenannten" gemeinnützigen Wohnungsbaugesellschaften diente nur dazu, die Besserung oder gar Lösung der Wohnungsfrage von der Errichtung der Diktatur des Proletariats, vom Kampf für „Sowjetdeutschland" abhängig zu machen. Nur einen kurzen Moment räsoniert das Kollektiv um Arthur Korn darüber, dass die Verwendung des vollen Beitrags der Hauszinssteuer für den Wohnungsbau mehr Effekt hätte (wir würden heute von revolvierenden Fonds sprechen), gegen die sich aber SPD und Nazis gleichermaßen gewandt hätten. Interessant auch, aber nicht ausgeführt, der Gedanke, dass angesichts der planlosen Verteilung von Wohn- und Arbeitsstätten die Zeit und Kosten der Arbeitswege vom Unternehmer zu tragen seien.

Dieselbe reduktionistische Gleichsetzung von gesellschaftlichem Grundverhältnis, Gesellschaft und Staat wird nun auf den „proletarischen Staat" projiziert. Der Voluntarismus argumentiert hier zirkulär: „In der Sowjetunion ist das Proletariat die herrschende Klasse, es wird die Wohnungsnot aufheben, weil es von ihr bedrückt ist. Mittel hierzu wird ihm die sozialistische Gesellschaft werden." Im folgenden Text und in den Tafeln der Ausstellung werden aber dann genau jene Modelle sowjetischer Stadtplanungen vorgestellt, die seit dem Mai-Plenum 1930 nicht mehr weiterverfolgt wurden: die Wohnkombinate („Die Stadt als Hotel und Fabrik"). Miljutins Zonierung der *Socgorod*, Leonidovs Entwürfe für Magnitogorsk oder Semënovs Entwürfe für Stalingrad geben aber doch eine Vorstellung davon, dass sich Arthur Korn und das „Kollektiv für sozialistisches Bauen" die zukünftige sozialistische Stadt in Form moderner Architektur vorstellten.

Am interessantesten an der *Proletarischen Bauausstellung* war wohl der historische Blick auf die Stadtentwicklung:[14] „Wenn wir die Repräsentations- und Kultbauten als Spitze und die übrige Stadt als Masse bezeichnen, so treten im Schema aller Städte diese ausgeprägten Elemente stereotyp auf. Die ‚Stadtkrone'." Das war gegen Bruno Taut gerichtet. Aber welcher Abgrund öffnet sich, wenn das Kollektiv 1931 formulierte: „Während sich alle bisherigen Gesellschaftsstufen dadurch auszeichneten, dass die herrschende Klasse sich selbst repräsentierte, wird es die geschichtliche Aufgabe der kommenden proletarischen Herrschaft sein, diesen Gegensatz zwischen Spitze und Masse aufzuheben. Damit wird sie auch im Städtebau den menschenunwürdigen Zustand aufheben, der die ‚Vorgeschichte' der Menschheit charakterisiert." Welches Entsetzen hätte Korn und Genossen erfassen müssen, wenn sie bereits 1931 gewusst hätten, wie sich im „proletarischen" Staat beim siegreichen Projekt des Sowjetpalastes kurze Zeit später der „Gegensatz zwischen Spitze und Masse" darstellen würde.[15]

Extrem instrumentell erscheint die Differenzierung in bürgerliche und proletarische Positionen und Akteure. Die „elastische methode [...] spanne [...] interesse und mitarbeit der bürgerlichen" ein und formuliere andererseits „die marxistischen gesetze schroff". Es bleibt jedoch bei Korn und Genossen bei der „antithese zur bürgerlichen auffassung".[16]

Als eine ähnlich „schroffe" Anordnung muss wohl die Tatsache bewertet werden, dass am selben 5. Juni 1931, als Ernst May vor den CIAM seinen Vortrag über den „Bau neuer Städte in der U.d.S.S.R." hielt, die *Rote Fahne* über den Vortrag von Kurt Meyer[17] in der *Proletarischen Bauausstellung* berichtete, der nicht nur als Kommunist, sondern auch mit seiner radial-konzentrischen Konzeption für Moskau als Widerpart zu Ernst May und seinem Trabantenmodell angesehen werden muss. Mit Kurt Meyer als Vertreter des Mossovet, des Moskauer Sowjet der Arbeiter- und Bauerndeputierten, und Ernst May als Vertreter von Sojuzstandartžilstroj beziehungsweise des Volkskommissariats für Schwerindustrie trugen zwei Deutsche in Berlin den innersowjetischen Streit aus!

Moskauer Konstellationen: Hannes Meyer und die VOPRA versus CIAM

War Ernst May im Mai 1930 in die Vorbereitung des ZK-Plenums eingebunden, war nun Hannes Meyer in unmittelbarer Nähe der Macht angekommen: Am 2. Juni 1931 nahm er im Kreml bei Stalin im engen Kreis an der entscheidenden Beratung zur Standortentscheidung für den Sowjetpalast teil.

Mit dem Plenum im Juni 1931 begann sich das Kräfteverhältnis nun deutlicher zu verschieben. In seiner Rede „Über die Moskauer Stadtwirtschaft und die Entwicklung der Stadtwirtschaft der UdSSR" erteilte Politbüromitglied Lazar' M. Kaganovič der Forderung nach dem „Bau sozialistischer Städte" eine Absage, seiner Meinung nach sind „die Städte in der UdSSR vom sozialen politischen Standpunkt aus schon sozialistische Städte".[18] Es ist genau diese

Identifikation von politischer Macht, Gesellschaft und Grundverhältnis, die die Frage nach dem Werden der sozialistischen Stadt abweist und die Lösung allein im neuen Stil, der proletarischen Architektur, sucht.

Nachdem Hannes Meyer der Bauwelt (Heft 25/1931) entnommen hatte, dass die „Funktionelle Stadt" zum Kongressthema in Moskau 1932 bestimmt worden war, schrieb er am 30. Juni 1930 an Nikolaj Miljutin (Sekretär der Sektion *Socgorod* und Wohnung an der Kommunistischen Akademie): „da man sich unter diesem titel alles mögliche vorstellen kann, wird es wünschenswert sein, wenn sich unsere sektion der kommakademie nunmehr an die konkrete ausarbeitung eines programmes begibt. Ansonsten steht zu befürchten, dass diese tagung ideologisch falsch orientiert wird. Es wäre schade, wenn die russischen kameraden verfehlen, diesem kongress reines wasser über das wirkliche wesen sozialistischer architektur einzuschenken, nachdem jetzt in berlin anscheinend wieder so viel getrübtes verbreitet worden ist unter dieser marke."[19] Das war gegen May gerichtet. Auch in seinem Berliner Vortrag am 13. Oktober 1931 polemisierte Hannes Meyer gegen May und Le Corbusier, die lediglich „Einzelaufgaben" (Neubaustädte, Centrosojuz-Gebäude) lösten, nur „Kuchen oder Torte", nicht aber das „tägliche Brot" des Umbaus der bestehenden Städte kennen würden. Allein des Materials wegen werde das Centrosojuz-Gebäude, „diese ‚Orgie' in Glas und Beton [...] nicht vollendet werden". Praktizistisch argumentiert Meyer: „Das angefangene Werk lassen wir liegen wie einen begonnenen Kuchen, damit wir unser täglich Brot haben." „Der Stoff sei alles, die Form Nebensache" fasst *Die Baugilde* die Botschaft Meyers zusammen.[20]

Schließlich datiert vom 25. Oktober 1931 ein Bericht von Hannes Meyer über die CIAM, den er der VOPRA vorlegte. Darin schrieb er über die Berliner Tagung: „Diese Tagung fand aus Anlass der ‚Internationalen Städtebauausstellung' und der ‚Deutschen Bauausstellung' statt. / Der Vortrag von Ernst May über ‚den sozialistischen Städtebau in der UdSSR' im Preußischen Herrenhaus, der großes Interesse hervorgerufen hatte, war der wichtigste Punkt bei der Tagung. Die vom Kollektiv ‚Sozialistischer Berliner Architekten' unter Leitung von Korn erstmals organisierte Ausstellung ‚Sozialistisches Bauen' erregte große Aufmerksamkeit und war als Protest gegen die offizielle Bauausstellung gerichtet. Von den tschechischen Vertretern Nessis und Bücking (Prag) wurden während der Diskussion Thesen des ‚neuen Bauens' auf marxistischer Grundlage vorgetragen. / Diese Thesen wurden auch von Arthur Korn (Berlin) unterstützt." Nach Auffassung von Hannes Meyer war „das ‚Neue Bauen' im Westen zum Formalismus geworden, der versucht, mit mechanisch-biologischen Funktionen einzuspringen und den Klassencharakter der neuen Architektur zu vertuschen, ihren Charakter als Klassenkampf". Da es „die Aufgabe der proletarischen Architekten der UdSSR [sei], dem Moskauer Kongress die Grundlagen des proletarischen Aufbaus in der UdSSR zu zeigen und zu beweisen, dass das ‚neue Bauen' eine Waffe im Kampf der Arbeiterklasse ist", schlug Hannes Meyer der VOPRA vor, „den ‚Kongress für Neues Bauen' 1932 in Moskau unter Leitung (oder durch) die VOPRA und die Kommakademie durchzuführen." Außerdem sei es „notwendig, auf parteilicher Linie die mechanistischen Tendenzen anzugreifen, die sich insbesondere im Buch ‚Socgorod' [Miljutin] und in der Arbeit der Gruppe May offenbaren".[21]

Die Initiative von Hannes Meyer, den CIAM-Kongress als VOPRA-Kongress durchzuführen, konnte sich zwar nicht durchsetzen, führte aber zur Verzögerung der Kongressvorbereitung, bevor das Politbüro der VKP (b) schließlich im März 1933 den 4. CIAM-Kongress verschob und damit de facto absagte.

1 Arthur Korn, dreiseitiges Positionspapier aus dem Juni 1931, EFL Rotterdam.
2 Siegfried Kracauer, „Bauausstellung im Osten", in: Ders., *Berliner Nebeneinander*, Zürich 1996, S. 123; vgl. Nachdruck in diesem Band.
3 Vgl. hierzu auch den Beitrag von Gregor Harbusch und Daniel Weiss in diesem Band.
4 Ernst May, „Warum ich Frankfurt verlasse", in: *Frankfurter Zeitung*, 1.8.1930.
5 Ernst May, „Die sozialistische Stadt Magnitogorsk", in: *Magnitostroj. Informationsbulletin* 9, 12, 1931, S. 39–41 (aus dem Russischen übersetzt von Thomas Flierl)
6 Alexander Schwab, *Das Buch vom Bauen* (= *Bauwelt-Fundamente* 42), Düsseldorf 1973, S. 207 (Erstveröffentlichung bei Der Bücherkreis, Berlin 1930 unter dem Pseudonym Albert Sigrist).
7 Vgl. El Lissitzky, *Russland. Die Rekonstruktion der Architektur in der Sowjetunion* (= *Neues Bauen in der Welt* 1), Wien 1930 (Reprint u. d. T. *Rußland: Architektur für eine Weltrevolution* [= *Bauwelt-Fundamente* 14], Berlin, Frankfurt/M., Wien 1965); Nikolaj A. Miljutin, *Sozgorod*, Moskau/Leningrad 1930 (russ.), D. Michajlov, *Die neue Stadt*, Moskau/Leningrad 1931 (russ.).
8 Alle Zitate vgl. J. W. Stalin, „Über die rechte Abweichung in der KPdSU(B). Rede auf dem Plenum des ZK und der ZKK der KPdSU(B) im April 1929 (Stenographisches Protokoll)", in: Stalin, *Werke 12*. Die Linkswendung ging einher mit der Reanimierung der aus dem Jahre 1924 stammenden „Sozialfaschismus"-These Zinov'jevs beziehungsweise von Stalins Wort, wonach Faschismus und Sozialdemokratie „Zwillingsbrüder" seien. Der Kampf gegen die „Rechtsabweichung" war übrigens unmittelbar mit der „Säuberung der deutschen und der tschechoslowakischen Kommunistischen Partei von sozialdemokratischen Elementen und Traditionen" und der Etablierung von Klement Gottwald beziehungsweise der Wiedereinsetzung Ernst Thälmanns als Stalin-Vertraute an der Spitze dieser Parteien verbunden.
9 Simbircev argumentiert hier gegen Ivan V. Žoltovskij (Staatsbank), Vladimir G. Gel'frejch/Vladimir A. Ščuko (Leninbibliothek) und die Moskauer Architekturgesellschaft (MAO).
10 Vasilij N. Simbircev, „Itogi goda" (Jahresergebnisse), in: *Stroitel'stvo Moskvy* 11, 1929, S. 2 (aus dem Russischen übersetzt von Thomas Flierl).
11 Vgl. Thomas Flierl, *Standardstädte. Ernst May in der Sowjetunion 1930–1933*, Berlin 2012.
12 Vgl. Ernst May, „Der Bau neuer Städte in der U.d.S.S.R.", in: *Das Neue Frankfurt* 7, 1931, S. 117–135.
13 Sofern nicht anders ausgewiesen, sind alle Zitate in diesem Abschnitt dem Erläuterungsheft zur *Proletarischen Bauausstellung* entnommen. Vgl. Nachdruck in diesem Band.
14 Nach meiner Auffassung gibt es hier enge Berührungspunkte zum Konzept der „Historischen Tabelle des Städtebaus" (vgl. den Beitrag von Gregor Harbusch und Daniel Weiss in diesem Band).
15 Es wäre näher zu untersuchen, wie die Mitglieder des „Kollektivs für sozialistisches Bauen" auf die Ergebnisse des Wettbewerbs zum Sowjetpalast reagierten. Vgl. die Reaktion von Max Raphael: Ders., „Das Sowjetpalais. Eine marxistische Kritik an einer reaktionären Architektur" (1933/34), in: Jutta Held (Hg.), *Max Raphael. Für eine demokratische Architektur*, Frankfurt a. M. 1976, S. 53–157.
16 Vgl. Korn, Positionspapier.
17 Kurt Meyer war Stadtarchitekt in Köln, bevor er 1930 als Kommunist nach Moskau übersiedelte und wesentlichen Anteil an der Ausarbeitung des 1935 beschlossenen Generalplans für Moskau hatte. Inzwischen Sowjetbürger geworden, wurde er 1936 verhaftet und 1937 als „Volksfeind und Faschist" zu acht Jahren Lagerhaft verurteilt. Er starb 1944 im Lager an der Angara und wurde 1957 rehabilitiert. Vgl. Harald Bodenschatz und Thomas Flierl (Hg.), *Von Stalin zu Adenauer. Die Tätigkeit des Kölner Stadtplaners Kurt Meyer in Moskau und der Einfluss des traditionellen deutschen Städtebaus in der Sowjetunion um 1935*, Berlin 2015.
18 Auszugsweise bei Harald Bodenschatz und Christiane Post, *Städtebau im Schatten Stalins*, Berlin 2003, S. 369 f.
19 Brief von Hannes Meyer an Nikolaj Miljutin vom 30. Juni 1930, das Dokument verdanke ich Dmitrij Chmel'nickij.
20 Über den Vortrag Meyers berichten *Die Baugilde* 20, 1931 und *Das neue Russland* 8/9, 1931.
21 Archiv Rossijskoj Akademii Nauk (Archiv der Russischen Akademie der Wissenschaften), ARAN 358-1-168, Bl. 21–23. Den Hinweis auf das Dokument verdanke ich Tatiana Efrussi (aus dem Russischen übersetzt von Thomas Flierl).

Das neue Frankfurt, Deutsche bauen in der UdSSR 4, 9, September 1930

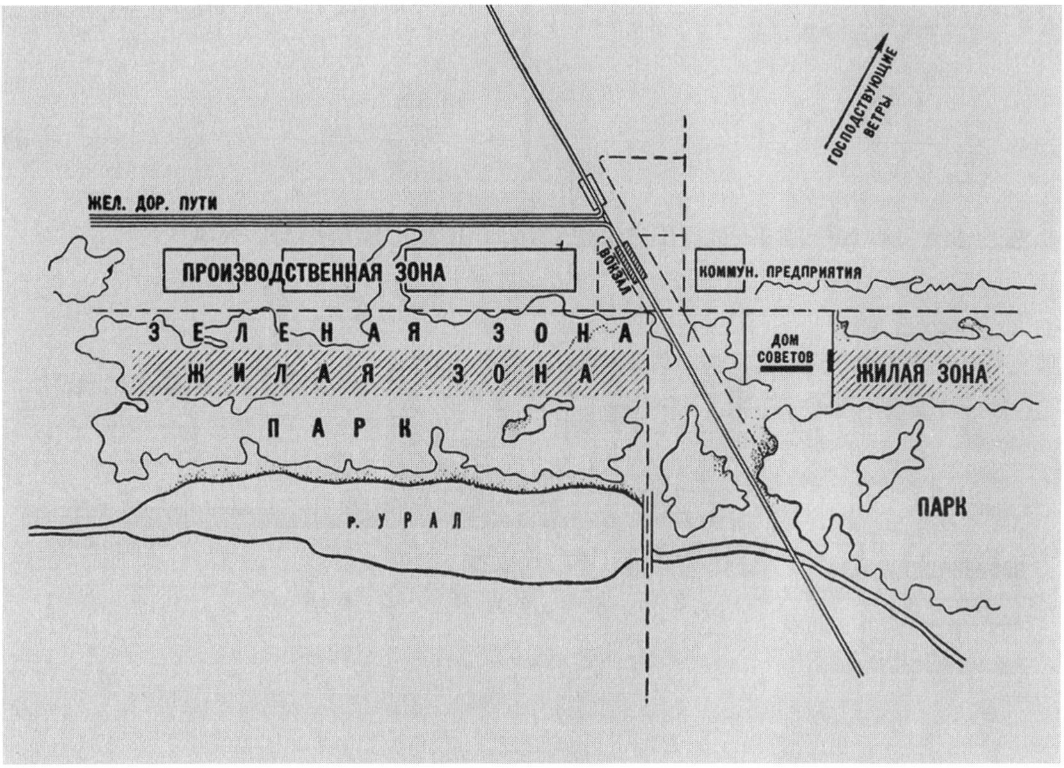

Nikolaj Miljutin, Planungsschema für Magnitogorsk nach dem Fließbandsystem / Scheme for Magnitogorsk according to the conveyor-belt system, 1930, Abbildung aus / Illustration from: N. A. Miljutin, *Problema stroitel'stva socialističeskich gorodov* (Das Problem des Baus sozialistischer Städte / The Problem of Building Socialist Cities), Moskva/Leningrad 1930, S. / p. 28

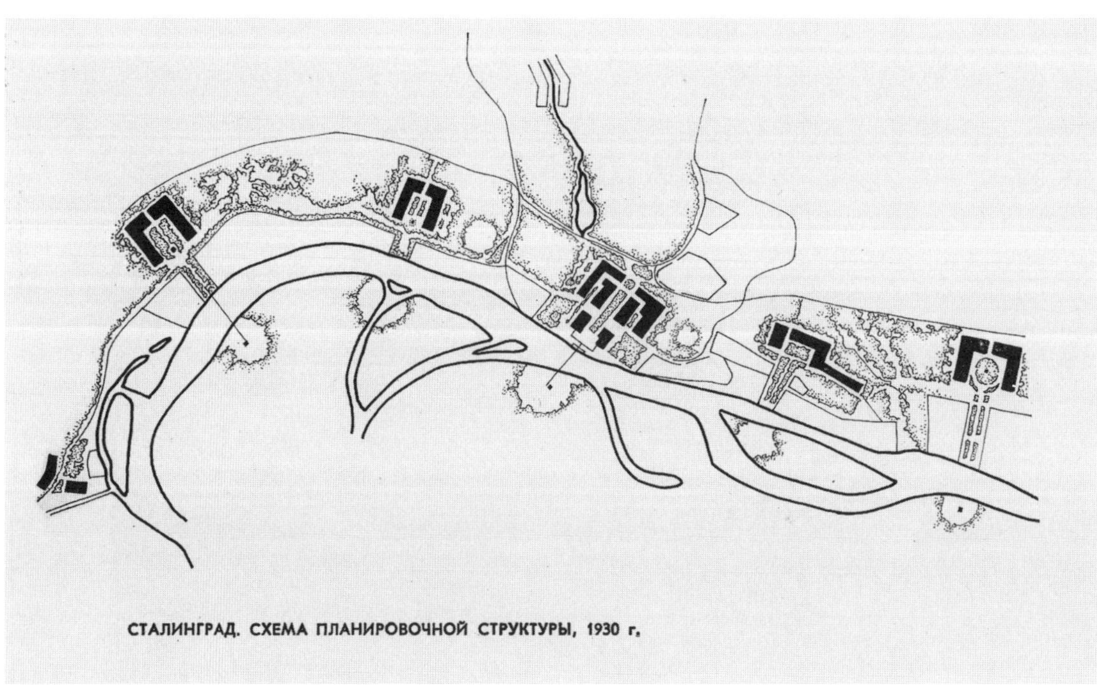

Vladimir Semenov, Generalplan für / general plan for Stalingrad, 1930

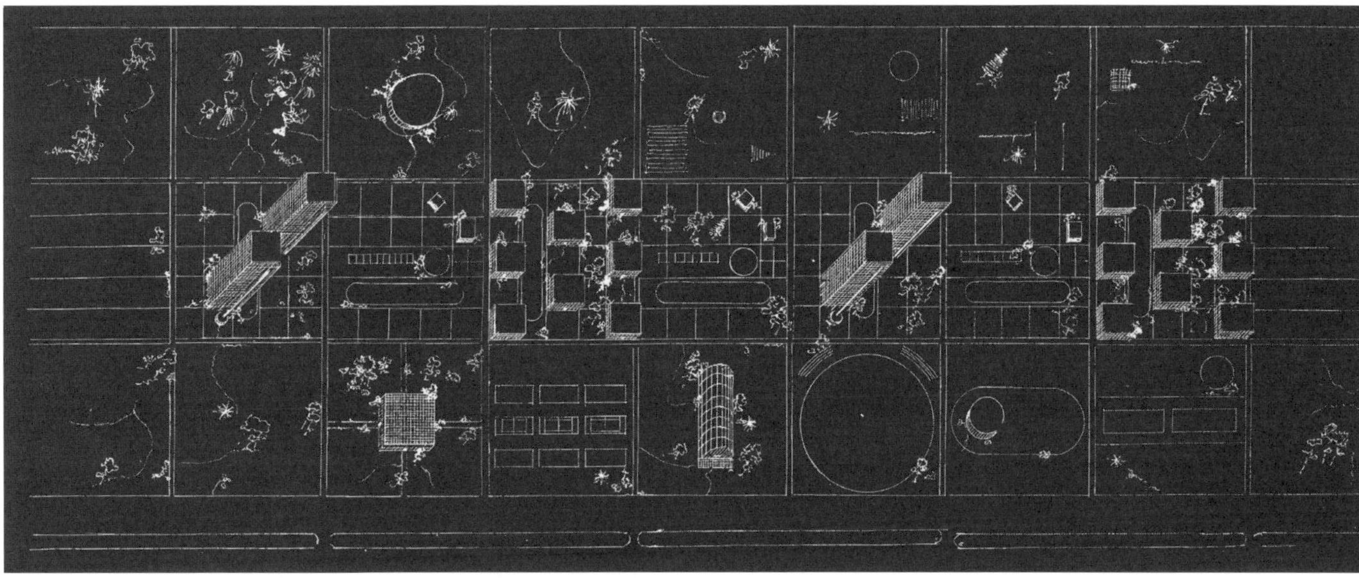

Ivan Leonidov, Magnitogorsk als Bandstadt / Magnitogorsk as linear city, 1930, Abbildung aus / Illustration from: *Sovremennaja architektura* 3, 1930, S. / p. 3

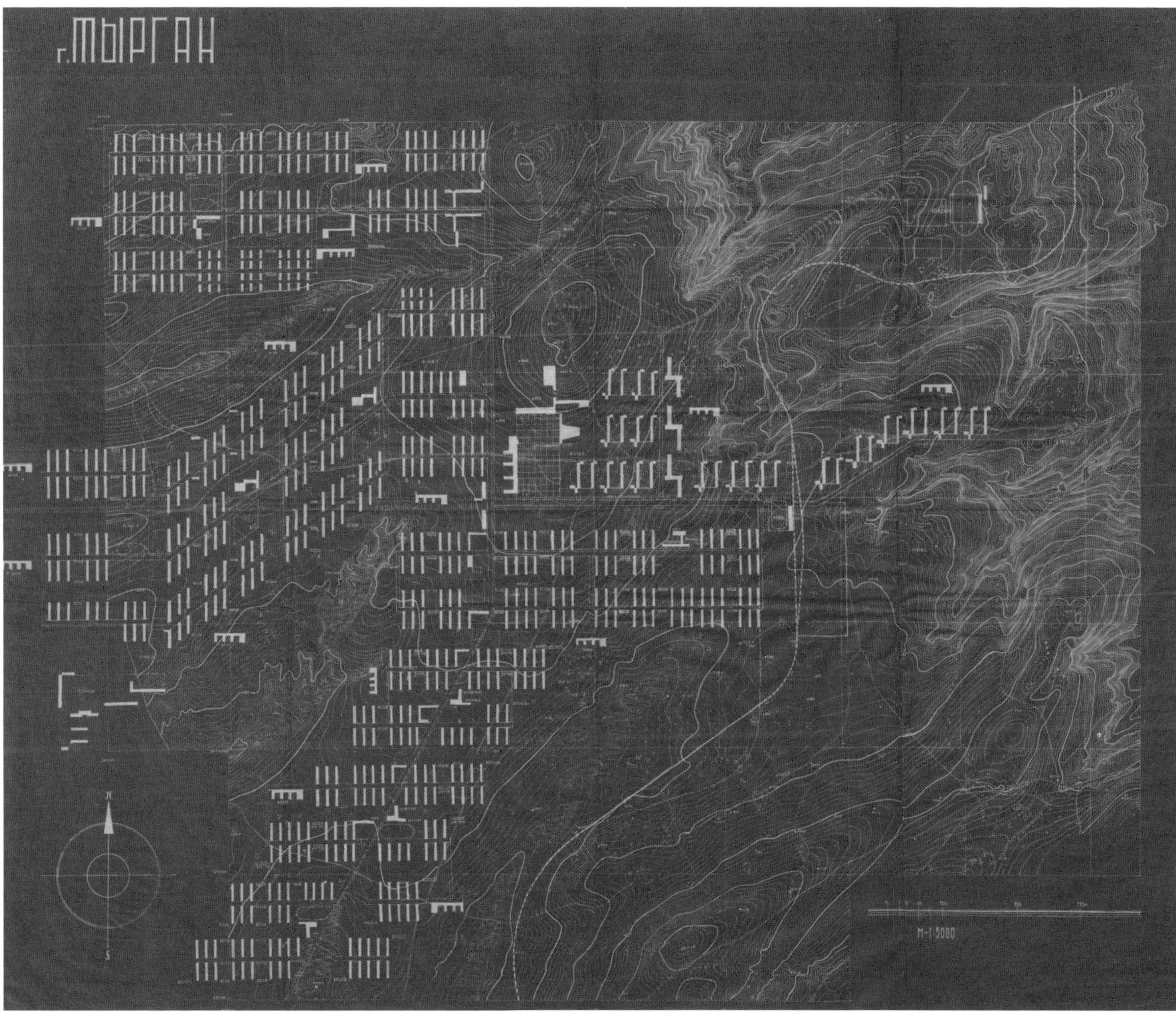

Ernst May, Walter Schwagenscheidt, Generalplan für / General plan for Tyrgan, Februar/März / February/March 1931

hannes meyer
GIPROWTUS, stoleschnikow
MOSKAU pereulok 7.
30/6/31

an die k o m m a k a d e m i e, m o s k a u
sektion SOZGOROD & WOHNUNG
gen. miljutin.

betr. internationaler kongress für neues bauen 1932.

werte genossen,
in der deutschen zeitschrift "BAUWELT" ist in nummer 25/1931 nunmehr eine notiz über das programm erschienen, welches vom berliner kongress zur nächstjährigen tagung in moskau bestimmt wurde. das thema des kongesses soll demnach lauten "DIE FUNKTIONELLE STADT". da man sich unter diesem titel alles mögliche vorstellen kann, wird es wünschenswert sein, wenn sich unsere sektion der kommakademie nunmehr an die konkrete ausarbeitung eines programmes begibt. ansonst steht zu befürchten, dass diese tagung ideologisch falsch orientiert wird. es wäre schade, wenn die russischen kameraden verfehlten, diesem kongress reines wasser über das wirkliche wesen sozialistischer architektur einzuschenken, nachdem jetzt in berlin anscheinend wieder so viel getrübtes verbreitet worden ist unter dieser marke.

mit ROTFRONTgruss
hannes meyer
hannes meyer

Hannes Meyer, Brief an die Kommakademie, Moskau, 30. Juni 1931 /
Letter to the CommAcademy, Moscow, June 30, 1931

Thomas Flierl

The Proletarian Building Exhibition: Contexts and Fractures in Berlin and Moscow

In a very unusual way, the *Proletarische Bauausstellung* (Proletarian Building Exhibition) brought together quite diverse tendencies that were, in fact, irreconcilable. It seems, though, that any interpretation of this enterprise of developing a "Marxist science of architecture," as ambitious as it was extemporized, can only be successful if the concealed discourse structure is revealed. In my view, the lines of this discourse are indicated by the disconnect between Arthur Korn's statement in June 1931 that "the front from [Ernst] May to Le Corbusier [must] be opposed by a strong Marxist front,"[1] and the principles for the future city represented by the exhibition being, as Siegfried Kracauer observed, nothing short of "in general accord with the guidelines that Ernst May had so recently propounded in his Berlin lecture."[2]

The Programmatic Foundations of the Alliance between the CIAM and Soviet Modernization

The need for a Marxist front to oppose May and Le Corbusier is initially rather surprising, since both of them were highly respected in the Soviet Union. The alliance between the international *Neues Bauen* movement and the Soviet modernization policy under the First Five-Year Plan (1928–32) focused on two main projects: first, the activities of city planners and architects from abroad in the Soviet Union itself and, second, the plan of convening a *Congrès internationaux d'architecture moderne* (International Congress of Modern Architecture—CIAM) in Moscow. May, a prominent CIAM member, was invited to the Soviet Union in fall 1930 and appointed as the head of planning for new cities in the Soviet Union, under the overall responsibility of the People's Commissariat of Heavy Industry (NKTP). He was followed or accompanied there by various other CIAM members, including Swiss architect Hans Schmidt and Dutch architect and urban planner Mart Stam, as well as several hundred others, mainly experts from Germany. After a failed first attempt in Frankfurt in 1929 to agree on Moscow as a CIAM congress venue, the Third CIAM Congress in Brussels in November 1930 ratified the choice of the Soviet capital as the venue for the next congress, which was to be held on the topic of "The Functional City."[3]

In the Soviet Union, aside from the Association of New Architects (ASNOVA), the Organization of Contemporary Architects (OSA), and the higher art and technical studios (VKhUTEMAS), as well as the architectural journals these associations influenced, *Neues Bauen* had two powerful supporters in society: first, the co-operative housing movement and, second, the NKTP, the key player in industrialization.

The social bloc pursuing the idea of a communitarian co-operative socialism comprised the Russian Soviet Federative Socialist Republic's (RSFSR) *Tsentrozilsoyuz* (Central Council of Housing Co-operatives), the All-Union Council of Housing Co-operatives of the Soviet Union (VSZHK), the *Tsntrosoyuz* (Central Union of Consumer Co-operatives), the All-Union Central Council of Trade Unions (VCSPS), the Building Commission of the RSFSR, the People's Commissariat for Labor, and the Workers' and Peasants' Inspectorate. New players joined this group as the Soviet Union intensified the transition to industrialization, developing new cities designed to serve the heavy-industry plants and factories constructed near resource deposits earmarked for exploitation. The *Tsekombank* (Central Bank for Municipal Infrastructure and Housing Construction) remained a determining influence, though now in co-operation with the Supreme Council of the National Economy (VSNKh), the NKTP and its powerful building trusts, including the *Soyuzstandartzhilstroy* (Standard Housing Construction), where May was head engineer in 1931/32.

The programmatic foundations of the co-operation between the CIAM and Soviet industrialization were rooted in the belief that the conditions to resolve the housing question were to a large extent far more favorable "in a country ... where the opposition between the state and the economy, which in capitalist countries provokes such unfruitful conflicts, has been eliminated at the outset ... than in any other part of the world."[4] Or: "Urban construction in capitalist cities is primarily limited to correcting the most palpable flaws in cities created spontaneously or built haphazardly and expanding such cities. / Only in the Soviet Union does city planning face the colossal task of creating new systematically constructed workers' cities at locations previously uninhabited." There was, May continued, a deep gulf between the theory and practice of city planning in capitalist countries. "As long as there is private property (in land) in the cities and the politics of private interests influences the fate of the entire society, all the talk of systematic urban construction remains abstract. / The situation is quite different in the Soviet Union. Here, all the politico-economic conditions are given allowing the problem of the modern city to be solved completely."[5]

The internal logic of how the issues addressed by the CIAM congresses evolved—from the dwellings for minimum subsistence (1929) to rational methods of site planning (1930) and finally to the functional city (1931)—appeared to resonate fully with a notion that socialism, by abolishing private property, could release the productive power of *Neues Bauen* unfolding in capitalism and develop it on a large scale. Although the initial Soviet policy was to establish socialism in one country, the developed Western societies still evinced a link between modern architecture and social housing policies. Now, though, the construction of social housing was supposed to reach its zenith in the Soviet Union, and evolve as socialist city building.

In spite of the view propounded by the Proletarian Building Exhibition, a Marxist standpoint on building already clearly existed in Germany, as was evident in Alexander Schwab's discussion of "urban construction from a socialist perspective" in 1930 in *Das Buch vom Bauen* (The Book about Building). Schwab's findings led him to conclude that "modern architecture" and the "modern city" are "Janus-faced," an "intensified expression of high capitalism and, at the same time, breeding ground and prefiguration of the coming socialism."[6] Similar positions were put forward in the Soviet Union by El Lissitsky, Nikolay Milyutin, and D. Mikhailov.[7]

Stalin's Struggle against the Right Deviation and the Conciliatory Attitude

Arthur Korn's brusque comment on Ernst May and Le Corbusier can only be explained by a dramatic turn in the policy of the Soviet Union and Comintern, the creation of the VOPRA group of architects, and, in addition, possibly the influence of Hannes Meyer which though, as yet, largely remains unresearched.

In the course of the 1920s, initially in an alliance with Nikolay Bukharin and supporting the idea of a gradual evolution towards Soviet industrialization, Stalin routed Trotsky and the Left Opposition. In April 1929 Stalin then opened the Plenum of the Central Committee and the Central Control Commission of the Communist Party of the Soviet Union (CPSU) with a speech introducing the "rapid development of our industry" and the use of "emergency measures" against the individual farmers. In this way, Stalin took this platform to publicly launch his fight against Bukharin (as General Secretary of Comintern's executive committee) and Rykov (as Chairman of the Council of People's Commissars). Based on the fatal misjudgment that the stabilization of capitalism had ended and communism was growing in all countries around the world, Stalin commented that these are "facts which indicate beyond a doubt that the elements of a new revolutionary upsurge are accumulating in the capitalist countries." The Soviet Union, for its part, he noted, was ready to launch the "offensive of socialism against the capitalist elements of the national economy along the whole front." This, he argued, leads to the "task of intensifying the fight against Social Democracy and above all against its 'Left' wing as being the social buttress of capitalism. Hence, the task of intensifying the fight in the Communist Parties against the Right elements, as being the agents of Social-Democratic influence."[8]

In 1929, that same year, the VOPRA group was founded. As the "All-Russian Society of Proletarian Architects," later renamed the "All-Union Association of Proletarian Architects," the VOPRA group set up the idea of a "proletarian architecture" against architectural "eclecticism" and "formalism." "From the practice of eclectic groups tenaciously reviving and employing dignified outdated forms and styles of feudal and mercantile capitalist architecture[[9]] to the ultra-left Constructivism which transferred the architecture of big business (Le Corbusier, Bauhaus in Dessau in Germany, and so on) to our soil, Moscow's new architecture includes works by the most diverse schools and movements. These movements are engaged in a continuous fight over hegemony in architecture, and the latter does not represent, as is the case [in] all other areas of our development, a single unified current, but is sharply divided in the class-bound expression of the groups which not only appear with manifestos and declarations, not only conduct long theoretical discussions, but also fight against each other in their practical work. In our days, as the general class struggle in our country has intensified, their fight has also intensified."[10]

In this context, May's appointment in summer 1930 indicates how, to begin with, the balance of power only shifted slowly and the modernization faction still held the reins of power. Moreover, in early 1930 with the recent swing to the left, the theory of a direct collectivization of living conditions in the new industrial cities gained considerable impetus for a time, as is evident in the first town planning competitions for Stalingrad, Magnitogorsk, and Avtostroy. The sole future style of living propagated for the new Socialist cities (the *Sotsgorods*) was "Collective Housing"—communal houses with residential units and communal facilities. May's invitation was intended to curb precisely this left-wing hyperbole.[11] The aim was to quickly develop modern workers' cities which could be built on large scale—the transition to "Collective Housing" was neither feasible in economic nor sociocultural terms. On May 16, 1930, the Central Committee of the All-Union Communist Party (Bolshevik)—ACP(B) issued its pioneering resolution: "On the work in reconstructing living conditions." This resolution, issued just a few days after May's talks at the Workers' and Peasants' Inspectorate, were clearly informed by May's views as well as those of Nikolay Milyutin, who was so influential at that time. In passing this resolution, the modernist faction had temporarily gained the upper hand in the ACP(B). On June 5, 1931, Ernst May spoke in Berlin at the *Preußisches Herrenhaus*, the upper chamber of the Prussian parliament, presenting his CIAM congress lecture "On the construction of large towns in the USSR."[12] In it, he took stock of his year of work in the Soviet Union, and gave a very precise description of the various theories in an "embittered conflict" with each other.

The Proletarian Building Exhibition and the German Communist Party (KPD)

Since the Proletarian Building Exhibition did not differentiate between the fundamental social conditions (capital), the concrete society (undoubtedly dominated by capitalism, but also comprising pre-capitalist elements as well as elements transcending capitalism), and the state (which, of course, is not just the ideal personification of the *Gesamtkapitalist* (total national capital) but also the terrain of political conflicts), Frederick Engels' thesis that the housing shortage can only be overcome "if the whole social order [i.e. the underlying social conditions] from which it springs is fundamentally refashioned," appears to empirically confirm the assumed "futility of looking to resolve the housing question in the capitalist state."[13] The attacks directed against the social housing policies in the city of Vienna or the (German) "so-called" co-operative housing associations only served to show that any improvement in the housing question, or even its resolution, was dependent on establishing the dictatorship of the proletariat, on the fight to establish a "Soviet Germany." The collective around Arthur Korn only devoted a brief moment to arguing that ploughing back the full amount of the *Hauszinssteuer* (rent tax) into residential housing would have had more effect (today we would talk of revolving funds)—a proposal which would have been opposed by both the social democratic SPD and the Nazis. In view of the haphazard distribution of residential housing and industrial sites, the idea of taking into account the time and cost of commuting to and from home and work is also interesting, though not fully elaborated.

The same reductionist equation of fundamental social conditions, society, and state was then projected onto the "proletarian state." Here, the voluntarist argument is circular: "In the Soviet Union, the proletariat is the ruling class, and it will put an end to the housing shortage because it oppresses them. The means used by the proletariat to achieve this goal will be the socialist society." The rest of the text and the exhibition panels were then dedicated to presenting "communal housing" ("The City as Hotel and Factory"), precisely the model of Soviet urban planning sidelined after the May Plenary in 1930. Nonetheless, Milyutin's proposals for *Sotsgorod* functional zoning, Ivan Leonidov's plans for Magnitogorsk, or Vladimir Semenov's plans for Stalingrad offer an insight into the way Korn and the *Kollektiv für sozialistisches Bauen* (Collective for Socialist Architecture) imagined the future socialist city in the form of modern architecture.

The most interesting aspect of the Proletarian Building Exhibition may well be its historical perspective on urban development:[14] "If we describe the prestige and cult buildings as the apex and the remainder of the city as the mass, then these prominent elements can be found stereotypically in the designs of all cities ... — ... the 'city crown.'" This remark was directed against Bruno Taut. But what a chasm opens up when the collective writes in 1931: "While all previous stages of society were distinguished by the ruling classes creating a prestigious setting to display themselves, the coming proletarian rule faces the historical task of overcoming this antithesis between the apex and the mass. In the process, it will also abolish the inhumane and degrading state of affairs in urban development that characterizes the 'prehistory' of humankind." Yet how appalled Korn and comrades would have been if they had already known in 1931 how, soon afterwards, the successful design for the Palace of the Soviets project in the "proletarian" state would depict the "antithesis between the apex and the mass."[15]

The differentiating into bourgeois and proletarian positions and actors appears strongly instrumentalizing. The "elastic method ... harnesses ... the interest and co-operation of the bourgeoisie" and, on the other hand, "bluntly" formulates "the laws of Marxism"; for Korn and his associates, this does not go beyond the "antithesis of the bourgeois view."[16]

The fact that on June 5, 1931, on the same day that Ernst May gave his CIAM lecture on "Constructing new cities in the USSR," the newspaper *Die Rote Fahne* (The Red Flag) reported a talk by Kurt Meyer[17] at the Proletarian Building Exhibition, must also be considered a similarly 'blunt' juxtaposition. Both as a communist and in his radially concentric design for Moscow, Kurt Meyer has to be seen as the adversary of Ernst May and his satellite model. With Meyer representing *Mossovet* (the Moscow Soviet of People's Deputies) and May as the representative of *Soyuzstandartzhilstroy* (Soviet Standard Housing Construction) and the NKTP, two German architects acted out the inner Soviet conflict in Berlin!

Moscow Constellations: Hannes Meyer and the VOPRA Group versus CIAM

While in May 1930, Ernst May was involved in preparing for the Central Committee's Plenum, Hannes Meyer was already in close proximity to the seat of power in the Soviet Union. On June 2, 1931, he joined the innermost circle of advisors to Stalin in the Kremlin, taking the decision on the location of the Palace of the Soviets.

The power relations began to shift more significantly at the Plenum in June 1931. In his speech "The Socialist Reconstruction of Moscow and Other Cities in the USSR," the Soviet Politburo member Lazar M. Kaganovich attacked those calling for "building socialist cities," adding "from the sociopolitical point of view, the cities of the USSR are already socialist cities."[18] It is precisely this identification of political power, society, and the fundamental conditions in this way, which rejects the question of the development of the socialist city, and seeks the solution solely in a new style of architecture—proletarian architecture.

On June 30, 1930, after discovering in *Bauwelt* (vol. 25, 1931) that the "Functional City" was to be the topic of the congress in Moscow in 1932, Hannes Meyer wrote to Nikolay Milyutin (Secretary of the *Socgorod* and Housing Section in the Communist Academy): "since one can imagine all kinds of things under this title, it would be desirable if our section of the CommAcademy now proceeds to concretely draft a program. Otherwise, it is to be feared that the congress will have the wrong ideological orientation. It would be a shame if the Russian comrades neglect to pour clear water over the real nature of socialist architecture at this congress, after it seems that once again so much muddied water has been spread in Berlin in its name."[19] Meyer's remarks were directed against May. In his lecture in Berlin on October 13, 1931, Hannes Meyer also sharply criticized both May and Le Corbusier who, he said, had only tackled "individual tasks" (new cities, the *Tsentrosoyuz* building), only "cakes or pies," but were unfamiliar with the "daily bread" of transforming existing cities. Simply in terms of the materials alone, he commented, Le Corbusier's *Centrosoyuz* building "this orgy of glass and concrete" would "never be finished." Valorizing the practical perspective, Meyer argued: "Let us leave the started work like a cake that has been started, so that we can have our daily bread." *Die Baugilde* summarized Meyer's message as: "The material is all, the form secondary."[20]

Finally, we turn to a report by Hannes Meyer dated October 25, 1931, on the CIAM, which he presented to the VOPRA group. In it, he wrote about the Berlin Congress: "This Congress took place on the occasion of the 'International Urban Planning Exhibition' and the 'German Building Exhibition' (*Deutsche Bauausstellung*). / Ernst May's lecture on 'constructing new socialist cities in the USSR' in the *Preußisches Herrenhaus*, which met with considerable interest, was the most important item at the Congress. The exhibition on 'Socialist Architecture' held for the first time and organized by the Socialist Berlin Architects' collective under Korn attracted a great deal of attention and was conceived as a protest against the official building exhibition. During the discussion, the Czech representatives Nessis and Bücking (Prague) presented the propositions of *Neues Bauen* on a Marxist foundation. / These propositions were also supported by Arthur Korn (Berlin)." In Hannes Meyer's view, "the 'Neues Bauen' in the West has become formalism which tries to step in with mechanical-biological functions and obscure the class character of the new architecture, its character as class struggle." Since "the task of proletarian architecture in the USSR ... [is] ... to show the Moscow Congress the principles of the proletarian reconstruction of the Soviet Union and demonstrate that 'Neues Bauen' is a weapon in the working class struggle," Hannes Meyer suggested to the VOPRA that "the 1932 'Congress for Neues Bauen' in Moscow should be organized under (or by) the VOPRA and the CommAcademy." Moreover, he noted, it was "necessary to attack along party lines the mechanistic tendencies that are especially apparent in the book *Sotsgorod* [Milyutin] and the work of May's group."[21]

Although Hannes Meyer was unsuccessful in pushing through his suggestion of having the CIAM congress run as a VOPRA congress, this led to a delay in the preparation. Ultimately, in March 1933, the ACP(B) Politburo decided to postpone the Fourth CIAM Congress in Moscow, which *de facto* canceled it.

Translated from the German by Andrew Boreham.

1 Arthur Korn, three-page position paper from June 1931, EFL Foundation, Rotterdam.

2 Siegfried Kracauer, "Building Exhibition in the East," in Iain Boyd-White and David Frisby (eds), *Metropolis Berlin: 1880–1940*, tr. Iain Boyd-White (California/London 2012), 495–96; see reprint in this volume.

3 See the essay by Gregor Harbusch and Daniel Weiss in this volume.

4 Ernst May, "Warum ich Frankfurt verlasse," *Frankfurter Zeitung* (August 1, 1930).

5 Ernst May, "Die sozialistische Stadt Magnitogorsk," *Magnitostroj. Informationsbulletin*, 9, 12 (1931): 39–41 (from the author's German translation of the Russian).

6 Alexander Schwab, *Das Buch vom Bauen*, [= *Bauwelt-Fundamente*, 42] 42 (Düsseldorf 1973), 207. First published through *Der Bücherkreis* (Berlin 1930) under the pseudonym of Albert Sigrist.

7 See El Lissitzky, *Russland. Die Rekonstruktion der Architektur in der Sowjetunion* [= *Neues Bauen in der Welt*, 1] (Vienna 1930) (reprint u. d. T. *Rußland: Architektur für eine Weltrevolution*) [= *Bauwelt-Fundamente*, 14] (Berlin et al. 1965); Nikolay A. Milyutin, *Sotsgorod. The Problem of Building Socialist Cities* (Moscow/Leningrad 1930); translated from the Russian by Anatole Senkevich (Cambridge, MA 1974; reprinted Basel et al. 1995).

8 All quotes from J. W. Stalin, "The Right Deviation in the C.P.S.U.(B.). Speech Delivered at the Plenum of the Central Committee and Central Control Commission of the C.P.S.U.(B.) in April 1929 (Verbatim Report)," *Stalin, Works*, vol. 12, Marxists Internet Archive, online: https://www.marxists.org/reference/archive/stalin/works/1929/04/22.htm (accessed 06/15/15). The Left Opposition was linked to a re-animation of Zinoviev's "social fascism" thesis from 1924 and Stalin's description of fascism and social democracy as "twins." Incidentally, the fight against the Right Deviation was directly connected with "purging the German and Czechoslovak Communist Parties of Social-Democratic elements and traditions" and reinstating Ernst Thälmann and establishing Klement Gottwald, both Stalin's confidents, as the heads of these parties.

9 Here, Simbirtcev is arguing against Ivan V. Zholtovsky (State Bank), Vladimir G. Gelfreikh / Vladimir A. Schuko (Lenin State Library), and the Moscow Architectural Society (MAO).

10 Vasily N. Simbirtcev, "Itogi goda," *Stroitel'stvo Moskvy*, 11 (1929): 2 (from the author's German translation of the Russian).

11 See Thomas Flierl, *Standardstädte. Ernst May in der Sowjetunion 1930–1933* (Berlin 2012).

12 See Ernst May, "Der Bau neuer Städte in der U.d.S.S.R.," *Das Neue Frankfurt*, 7 (1931), 117–35.

13 Where not otherwise indicated, the quotations in this section are taken from the official catalogue and exhibition guide for the Proletarian Building Exhibition. See the reprint in this volume.

14 In my view, this relates closely to the idea of the "Historical Table of Urban Construction" (see the essay by Gregor Harbusch and Daniel Weiss in this volume).

15 It would be interesting to research in more detail how the members of the Collective for Socialist Architecture responded to the result of the competition for the Palace of the Soviets. See the reaction by Max Raphael in his essay, "Das Sowjetpalais. Eine marxistische Kritik an einer reaktionären Architektur," (1933/34), in: Jutta Held (ed.), *Max Raphael. Für eine demokratische Architektur* (Frankfurt am Main 1976), 53–157.

16 Cf. Korn, position paper.

17 Kurt Meyer worked as an architect and planner for the city of Cologne. As a convinced communist, he moved to Moscow in 1930 and later took Soviet citizenship. He played a significant part in developing the master plan for Moscow, ratified in 1935. In 1936, he was arrested and one year later sentenced to eight years in a labor camp as an "enemy of the people and a fascist." In 1944, he died in the camp on the River Angara, and was rehabilitated in 1957. See Harald Bodenschatz and Thomas Flierl (eds), *Von Stalin zu Adenauer. Die Tätigkeit des Kölner Stadtplaners Kurt Meyer in Moskau und der Einfluss des traditionellen deutschen Städtebaus in der Sowjetunion um 1935* (Berlin 2015).

18 The speech is partly quoted in Harald Bodenschatz and Christiane Post (eds), *Städtebau im Schatten Stalins: Die internationale Suche nach der sozialistischen Stadt in der Sowjetunion 1929–1935* (Berlin 2003), 369–70. For the latter part, see Lynne Attwood, *Gender and Housing in Soviet Russia: Private Life in a Public Space* (Manchester 2010), Google Books, n.p.

19 Letter from Hannes Meyer to Nikolay Milyutin dated June 1930; I would like to thank Dmitrij Chmel'nickij for drawing my attention to it.

20 Both *Die Baugilde*, 20 (1931) and *Das neue Russland*, 8, 9 (1931) report on Meyer's talk.

21 Arkhiv Rossiyskoy Akademii Nauk (Archive of the Russian Academy of the Sciences—ARAN), (358-1-168, vols 21-23). I would like to thank Tatiana Efrussi for drawing my attention to the document (from the author's translation from Russian).

Tatiana Efrussi

Hannes Meyer und die Gruppe proletarischer Architekten in der UdSSR

Im Spätsommer 1931 verließ Hannes Meyer nach seiner Ankunft im Vorjahr erstmalig die Sowjetunion. Er besuchte Dänemark, die Schweiz und Deutschland, wo er mehrere Vorträge zu den Entwicklungen in der sowjetischen Gesellschaft, in der Architektur und zu seinen eigenen Erfahrungen in dem Land hielt und sich mit ehemaligen Kollegen und Weggefährten traf. Im Winter 1932/1933 und im Frühjahr 1936 sollten zwei weitere Reisen folgen.[1] 1936 kehrte Meyer in die Sowjetunion zurück, um jedoch nur einen Monat zu bleiben und das Land im Juni desselben Jahres für immer zu verlassen. Diese öffentlichen Vortragsreisen eines begeisterten Frischbekehrten, die vermutlich von sowjetischen Organisationen wie der VOKS[2] gefördert wurden, gehörten zu Meyers herausragendsten Leistungen während seiner Zeit in der Sowjetunion. Besonders wichtig waren seine Aktivitäten in den Jahren 1932 und 1933, als eine antimodernistische Wende in der russischen Architektur offenbar wurde, die der Erklärung und Rechtfertigung bedurfte.

Meyers erste Reise 1931 hatte stattgefunden, bevor der Begriff „sozialistischer Realismus" geprägt und zum Gegenstand von Diskussionen wurde. In jenem Jahr war der architektonische Diskurs in der Sowjetunion noch von der Idee der „proletarischen

Architektur“ beherrscht, die damals von ihren militanten Befürwortern, der VOPRA-Gruppe[3], hochgehalten wurde, einer Gruppe, die in Wissenschaftskreisen den Ruf eines „Totengräbers“ der Avantgarde hat.[4] Hannes Meyer war Anfang 1931 Mitglied der VOPRA geworden und trat bei seiner ersten Auslandsreise als ihr Botschafter auf, insbesondere was die Kommunikation über den bevorstehenden Moskauer Kongress der Congrès Internationaux d'Architecture Moderne (CIAM) in Berlin betraf.[5] Auch wenn Meyer (soweit dies den Presseberichten zu entnehmen ist) nie öffentlich über seine Zugehörigkeit zur VOPRA sprach,[6] verraten einige seiner Aussagen doch den Einfluss der Rhetorik dieser Gruppe und zeigen, wie sich seine Anschauungen veränderten.

Wieder in Moskau, begann Meyer, die Situation innerhalb der Bewegung für Neues Bauen mit seinem neu erworbenen Vokabular des dialektischen Materialismus zu beschreiben und brachte seinen Wunsch zum Ausdruck, sein Wissen mit Kollegen aus dem Kollektiv für sozialistisches Bauen zu teilen, die ihm zufolge „auf diesem Gebiet nicht so stark“ seien.[7] Man kann ihm nur zustimmen: So scheinen beispielsweise die Organisatoren der *Proletarischen Bauausstellung* Texte und Bilder aus Nikolaj Miljutins Buch *Socgorod*[8] entnommen zu haben, obwohl die Vorstellungen der „Proletarier“ der VOPRA sich in direktem Widerspruch zu denen befanden, die Miljutin in seinem Buch vertrat.[9] Diese Tendenz wäre jedoch außerhalb Russlands nur schwer zu verstehen gewesen, ganz zu schweigen davon, dass das Adjektiv „proletarisch“ in der UdSSR äußerst aktuelle und präzise Konnotationen hatte, die den Berliner Kollegen nicht bewusst waren.

Die VOPRA und die kulturelle Revolution

Die VOPRA wurde 1929 von einer Gruppe sowjetischer Architekturstudenten gegründet,[10] von denen viele an Seminaren des ursprünglich aus Ungarn stammenden Kunsthistorikers Ivan Matsa (János Mácza) und des Kritikers Alexej Michajlov an der Kommunistischen Akademie, dem Zentrum der kommunistischen intellektuellen Elite, teilgenommen hatten. Diese Studenten, die ihr Studium nach der Oktoberrevolution von 1917 begonnen hatten, erhielten ihre Ausbildung an sowjetischen Kunsthochschulen und technischen Institutionen wie VChUTEMAS/VChUTEIN[11]. Als Gruppe positionierte sich VOPRA innerhalb der Architekturgemeinschaft jedoch als Kritiker ihrer Professoren und Ex-Professoren – den Konstruktivisten[12] und den „Formalisten“ oder „Rationalisten“[13] – und verkündeten, diese Bewegungen entstammten einem bürgerlichen Hintergrund, ihre philosophischen Wurzeln seien idealistisch und die einzig gültige Methode des architektonischen Entwurfs in der sozialistischen Gesellschaft bestehe im dialektischen Materialismus. Damit war der „Klassenkampf“ in der Architektur ausgerufen.[14]

In allen anderen kulturellen Bereichen und Institutionen von Universitäten bis hin zu Orchestern fanden ähnliche Prozesse statt. Mit der Denunzierung „alter“, prä-revolutionärer Vertreter der entsprechenden Berufsgruppen gewannen Komsomol-Aktivisten und junge Mitglieder der kommunistischen Partei an Einfluss und Macht und gründeten die „proletarischen“ Vereinigungen. Sheila Fitzpatrick bezeichnete diese Periode als „kulturelle Revolution“, um zu betonen, dass es sich nicht um eine geradlinige, einseitige Bewegung von oben nach unten handelte.[15] Im Zusammenhang mit ihrem Einfluss auf die visuellen Künste diskutiert Ekaterina Degot den kurzsichtigen „linken Zickzackkurs“ der Politik Stalins, der Praktiken unterstützte, die in ihrer Einstellung zu den Produktionsweisen zugleich ideologisch radikal und modernistisch waren.[16]

Am deutlichsten zeigen sich die Folgen dieser „kulturellen Revolution“ in der Reform der Kunst- und Architekturausbildung: 1930 wurde die VChUTEMAS aufgelöst, mit dem Ziel, „Form und Inhalt der Künste vollständig den gesellschaftlich-ideologischen Anliegen der Arbeiterklasse unterzuordnen“.[17] Als das Architekturinstitut (ASI) gegründet wurde, wurde die Verwaltung aus ehemaligen VChUTEIN-Absolventen gewählt, allesamt erklärte Kommunisten und VOPRA-Mitglieder. Zu ihnen gehörten Albert Kel'miškait und Georgij Koselkov, die das Bauhaus im Herbst 1927 zusammen mit anderen Studenten besuchten und dort Hannes Meyer kennenlernten.[18]

Meyer begann direkt nach seiner Ankunft in der Sowjetunion mit der Arbeit am ASI und lernte die Gruppe somit gleich zu Beginn seiner dortigen Laufbahn kennen. Zweifellos hat Meyer die erbitterte Hetzkampagne am ASI mitbekommen, die die VOPRAisten, allen voran Arkadij Mordvinov, im Herbst 1930 gegen den jungen Ivan Leonidov führten, einen kühnen Konstruktivisten.[19] Dies hinderte Hannes Meyer jedoch nicht daran, sich im Februar 1931 der Gruppe anzuschließen. Ihm sollten später sieben seiner ehemaligen Bauhaus-Studenten folgen.[20] Im Übrigen waren Meyer und seine Studenten nicht die Einzigen, die sich von der „proletarischen“ Kulturideologie angezogen fühlten: Zu den ähnlich gesonnenen Europäern in der UdSSR gehörte der Ungar Bela Uitz, Dekan des Fachbereichs für Malerei am VChUTEIN und aktiver Propagator, sowie der bereits genannte Ivan Matsa, der einst zu den führenden Vertretern der ungarischen Avantgarde gehörte und erster Vorsitzender der VOPRA wurde. Die Architekten Kurt Meyer (Deutschland), Peer Bücking (Tschechoslowakei) und Anton Polgar (Rumänien) gehörten 1932 ebenfalls zur VOPRA.[21] Angesichts der Anfang der 1930er herrschenden Atmosphäre waren die internationalen Ambitionen der VOPRA wenig überraschend, wie Katerina Clark in ihrer Monografie schreibt.[22]

Kunst

Es bleibt jedoch die Frage, wie der für seinen radikalen Funktionalismus bekannte Meyer Mitglied einer Gruppe werden konnte, die mit den „progressiven" Kräften in der Architektur wie dem Konstruktivismus im Clinch lag. Interessant ist, dass die VOPRA auf die Einführung des Begriffs „Kunst"[23] in den professionellen Diskurs modernistischer Architekten bestand, während Meyer inzwischen abstritt, dass es sich bei der Architektur um „Kunst" – mit ihren ästhetischen Werten – handelte. Stattdessen vertrat er die Position, bei Architektur gehe es ausschließlich um die logische Organisation von Bauprozessen. Die VOPRA wiederum argumentierte, dass die „proletarische Architektur" eine „aktive Kunst" sei, „die der Emanzipation der Massen dienen und zu einer gewaltigen Triebfeder für die Entstehung des Sozialismus werden sollte, der im Kampf für den Kommunismus die Psyche strukturiert und den Willen und die Gefühle der Massen erzieht".[24] Gleichzeitig ist anzumerken, dass die „Kunst", von der die VOPRA sprach, in keiner Weise die Förderung einer Kunst bedeutete, die sich des Vokabulars der Vergangenheit bediente, wie es die Eklektiker propagierten. Der offizielle Sprachgebrauch der VOPRA-Architekten zwischen 1929 und 1932 lässt sich von dem der Konstruktivisten oder Rationalisten kaum unterscheiden. Darüber hinaus gewannen die Ideen der Gruppe in den Provinzstädten sehr schnell an Popularität. Hier bildeten ihre Anhänger erste modernistische Gruppen gegen den Eklektizismus.[25]

Die Verwendung des Begriffs „Kunst" in der modernistischen Architekturtheorie ist wahrscheinlich dem Einfluss des Theoretikers Ivan Matsa zu verdanken, einem der bekanntesten Vertreter des sogenannten „ideologischen" Flügels sowjetischer marxistischer Kunsthistoriker und zugleich VOPRA-Gründungsmitglied. Im Gegensatz zu „formalistisch-soziologischen" Theoretikern wie Boris Arvatov, der den kreativen Prozess mit der „Basis" identifizierte und eine große Bandbreite kultureller Akteure vom Künstler Aleksandr Rodčenko bis zum Schriftsteller Sergeji Tretjakov beeinflusste, folgten die „Ideologen" Georgij Plechanovs Tradition der Interpretation von Kunst als Überbau.[26] Die ideologische Interpretation von Architektur als „Kunst" unterschied sich deutlich von ihrer Interpretation als eine der „schönen Künste", und eben letztere wurde von Meyer am heftigsten kritisiert.

Ab 1931 zeigen verschiedene Texte von Hannes Meyer, darunter seine Berlin-Vorträge, wie er versucht, Architektur innerhalb seiner funktionalistischen Anschauung als „Kunst der Ideologie" unterzubringen. In einem Bericht mit dem Titel *Über marxistische Architektur,* den er für eine nicht genannte Veranstaltung an der Kommunistischen Akademie schrieb, wiederholte er sein vorheriges Statement: „architektur ist keine baukunst mehr." Weiter heißt es: „die künstlerische mission der sozialistischen architektur besteht darin, solche bauorganismen herzustellen, in welchen die proletarische kunst in ihren verschiedenen ausdrucksarten zur höchsten entfaltung gebracht werden kann: massenfilm, massensport, massentheater, massendemonstration: die agitproptruppe, die rote fahne, sichel und hammer, das politplakat, die rote ecke, lenins büste und stalins bild."[27] Auffallend ist, dass Meyers imaginäres Interieur nicht länger dem von „Coop" oder „Bauhaus" entspricht, sondern jetzt Propagandaplakate und Skulpturen beinhaltet. 1930, ein Jahr zuvor, hatten Hinnerk und Lou Scheper-Berkenkamp getreu den Bauhaus-Prinzipien die Mischung aus traditionellen Medien und politischen Themen der VChUTEIN-Diplom-Kunstausstellung abgelehnt.[28] Während die VOPRAisten ihre Unterstützung für die neue Bewegung des politisch engagierten Realismus demonstrieren, zeigt Meyer, dass er sich von der Strömung mittragen lässt, die durch die „kulturelle Revolution" ausgelöst wurde, und verkündet im gleichen Jahr in Berlin: „Der Stoff ist alles und die Form Nebensache. Der Stoff ist die Darstellung des Fünfjahrplans."[29]

Dennoch ist Architektur für Meyer an diesem Punkt immer noch eine „Schale", eine Haut für die proletarische Kunst. Diese Ansicht wird besonders deutlich in Meyers Vorschlag für den Generalplan Moskaus, den er dem Berliner Publikum 1931 anlässlich der *Proletarischen Bauausstellung* vorstellte.[30] Die funktional angeordnete Schale (ein System aus Satellitenbezirken) umgibt das ideologische und symbolische Zentrum mit dem Roten Platz, dem Ehrenfriedhof und

Lenins Mausoleum. Die Struktur der Schale sollte jedoch zur ideologischen Konstruktion von Architektur und Stadt beitragen. Mit seiner Idee, dass Architektur ein Instrument zur psychologischen Massenmanipulation sei, schlug Meyer einen Kompromiss vor zwischen der rationalen Logik der Städteplanung und der ideologischen Aufgabe der Architektur. So heißt es in *Über marxistische Architektur:* „sorgen wir im ‚roten bau' mit allen optischen und akustischen mitteln zur künstlerischen erregung der massen. sorgen wir im rahmen der sozialistischen stadt für die aktivierung der massenerlebnisses durch eine überlegte organisation aller ihrer psychologischen faktoren, sorgen wir in ihrem stadtorganismus durch eine überlegte führung der verkehrslinien für eine gesteigerte dynamik der massendemonstrationen ..."[31]

Das Interesse für die psychologischen Aspekte von Architektur war typisch für Meyers Bauhaus-Zeit, doch verfolgte er mit diesem „objektiven" Wissen hier politische Ziele, was zunächst nach einer Abweichung von seinem bisherigen Diskurs aussieht. Ich halte Meyers Entwicklung unter dem Einfluss der VOPRA-Gruppe jedoch für recht konsequent. Seine Ansichten, vor allem der psychologische Schwerpunkt, stellen eine mögliche Antwort auf die Frage nach der „proletarischen Architektur" als ideologisch aufgeladenem Modernismus dar.

Kollektivität

„Proletarische Architektur" war Diskussionsthema innerhalb der VOPRA-Gruppe und der Architekturgemeinschaft. In Berlin äußerte sich Meyer jedoch nicht zu den Fragen, die an der Kommunistischen Akademie oder bei den VOPRA-Versammlungen diskutiert worden waren. Er betonte die Position sowjetischer Architekten als „Bauarbeiter an der Front des Fünfjahresplans" sowie die totale Auflösung individueller Urheberschaft im Kollektiv: „Bei uns wird nur in Gruppen gearbeitet, also kollektive Arbeit geleistet."[32] Das „Wir" ist hier natürlich die Sowjetunion: Meyer arbeitete damals im Rahmen bereits wirksamer Reformen zur Einrichtung riesiger Institute für staatliche Projekte wie dem Giprovtus (für den Bau staatlicher Schulen) oder dem Giprogor (für den staatlichen Städtebau). Die Aktivisten der „kulturellen Revolution" zeigten sich ähnlich begeistert von kollektivistischen Produktionsmodi wie die VOPRA. Auch wenn die VOPRA-Mitglieder nicht anonym tätig waren, versuchten sie dennoch, nur in Brigaden zu arbeiten, Vorschläge von Amateuren aufzugreifen und ihre Projekte in direkter Interaktion mit den späteren Nutzern eines Gebäudes zu entwickeln.[33] Diese Versuche einer „kollektiven Architektur" waren chaotisch wie so manches Projekt in dieser Zeit, doch können nur weitere Untersuchungen der Gruppenarbeit der VOPRA (mit einer Schwerpunktverlagerung vom „Was" zum „Wie") helfen, der Vorstellung, dass die Gruppe aus nichts als bloßer Rhetorik bestand, ein Ende zu bereiten.

Die Vorstellungen von kollektiver Arbeit und der Unterordnung der Architektur unter den Fünf-Jahres-Bauplan konzentrierten sich am ASI, das als Hauptstützpunkt der VOPRA-Mitglieder galt (mit 69 der insgesamt 167 Mitglieder zählenden Moskauer Gruppe 1932). Die Studenten arbeiteten in Brigaden und verbrachten die Hälfte ihrer Studienzeit auf Baustellen, bevor sie schließlich ihren Abschluss als „Ingenieur-Architekt" machten. Die Spezialisierung auf einen von vier Fachbereichen, von denen jeder einem anderen Bautyp galt, stand im Kontrast zu früheren VChUTEMAS/Bauhaus-Idealen einer synthetischen Ausbildung. Dies war eine „Schulfabrik", in der die Studenten als Arbeiter betrachtet wurden und mit dem Studium Geld verdienten. Bei Meyer konnte dies nur auf Zustimmung stoßen, brüstete er sich doch rückblickend damit, dass „sein" Bauhaus ebenfalls eine Art Fabrik mit anonymen Produzenten sei.[34] Ein ASI-Architekt musste sich demnach nicht nur in seinem Fachbereich qualifizieren, sondern auch als „gesellschaftlicher Aktivist und Verteidiger der Sowjetunion".[35] 30 Prozent des dreijährigen Studiums waren den Politikwissenschaften und dem militärischen Ausbildungslager vorbehalten; letzteres dauerte im ersten Jahr 20 Tage, gefolgt von zwei sechswöchigen Perioden im zweiten und dritten Jahr.[36] Ganz zu schweigen von öffentlichen Säuberungen unter Parteimitgliedern und Kundgebungen (ASI-Studenten und Lehrende nahmen an Säuberungsaktionen und Kundgebungen teil), die fest zum ASI-Alltag gehörten. All dies brachte Meyer dazu, Lisbeth Oesterreicher begeistert zu schreiben: „alles, was im Bauhaus verpönt war, wird hier zur pflicht."[37]

Zeitgenössische Kommentare zu Meyers Vorträgen – sei es in Berlin 1931 bei der *Proletarischen Bauausstellung* oder an der Marxistischen Arbeiterschule (MASCH) – lassen sich nicht finden, doch deutet die Berichterstattung in der Presse darauf hin, dass sie recht erfolgreich waren. Einem Artikel der Zeitung *Berlin am Morgen* zufolge dankte das MASCH-Publikum, darunter Bruno Taut und Hugo Häring, Meyer mit einem „stürmischen Applaus" für seine Rede; es hieß, sie war „von dem Bewusstsein getragen [...], nur ein Atom in der neuen Arbeit des sozialistischen

Aufbaus zu sein".[38] Das Gefallen der kommunistischen Jugend am Bauhaus schien sie ebenfalls gefunden zu haben; sie veröffentlichte Kritiken in ihrer Zeitschrift und wurde wahrscheinlich von den Bildern gesellschaftlich relevanter, gewaltiger Bauprojekte eingenommen. Die Abbildungen, die für die Veröffentlichung von Meyers Bericht in *Das neue Russland* ausgesucht wurden, zeigen, dass der Fortschritt entlegene Regionen der Sowjetunion erreicht hatte: Man sieht russische und usbekische Bauern beim Radiohören und den neugebauten Club für Handelsangestellte in Nowosibirsk. Autorennamen werden nicht genannt (weder des Architekten noch des Fotografen). Dies entspricht genau Meyers Vision, wie Sowjetarchitektur sein sollte: „Kollektivismus, amerikanische Sachlichkeit, leninistische Wissenschaftlichkeit, revolutionäre Elastizität".[39] Unwahrscheinlich, dass es hier zu ernsthaften Kontroversen kam wie bei Meyers zweiter Reise 1932/1933.

Wie alle Revolutionen sorgte auch diese „kulturelle Revolution" für Begeisterung, Hoffnung, Grausamkeit und Chaos. Die VOPRA entstand und verschwand mit dieser Bewegung: Nur wenige Mitglieder genossen in den späten 1930er Jahren weiter die Gunst der Partei, darunter Karo Alabjan oder Arkadij Mordvinov. Die Debatten über „proletarische Architektur" als „Kunst der Massen", die ASI-Experimente und die Versuche der VOPRA, die Sprache der modernistischen Architektur mit dem dialektischen Materialismus zu verbinden, wurden bald als „zagiby" (Abweichungen) denunziert. Rückblickend habe ich den Eindruck, dass Hannes Meyer diese Bewegung mit Leben gefüllt hatte und dass die kurze Zeit der VOPRA-Vorherrschaft – zwischen 1930 und 1932/1933 – die erfolgreichsten Jahre seiner sowjetischen Laufbahn waren.

Aus dem Englischen von Gaby Gehlen und Anja Schulte

1 Klaus-Jürgen Winkler, „Hannes Meyer. Architekt und Propagandist", in: *Wissenschaftliche Zeitschrift der HAB* 3, 1986, S. 143–145.
2 Allunionsorganisation für kulturelle Verbindungen (VOKS).
3 Ursprünglich als „Allrussische Gesellschaft proletarischer Architekten" (1929) gegründet, wurde sie 1932 in „Allunionsvereinigung proletarischer Architekten" umbenannt. Damals wurden etwa zwölf Niederlassungen in Sowjetrepubliken wie Russland, der Ukraine, Armenien, Georgien und Aserbaidschan gegründet.
4 Einige der eher berüchtigten Aktivitäten der VOPRA finden sich bei Hugh D. Hudson, *Blueprints and Blood: The Stalinization of Soviet Architecture, 1917–1937,* Princeton 1994.
5 S. den Artikel von Thomas Flierl in diesem Band.
6 Zum Beispiel in „über den vortrag von stadtbaurat meyer, leiter des sozialistischen städtebaues moskaus, gehalten anlässlich der proletarischen bauausstellung", in: *Bauhaus. Organ der Kostufra* 6, 1931, S. 6 f.; Hannes Meyer, „Bauen, Bauarbeiter und Techniker in der Sowjetunion", in: *Das neue Russland* 8/9, 1931, S. 46–48; „Hannes Meyer über Sowjetrussland", in: *Baugilde* 20, 1931.
7 Hannes Meyer, *Doklad o meždunarodnych kongressach po novomu stroitelstvu* (Bericht zu den Internationalen Kongressen für neues Bauen), Archiv der Russischen Akademie der Wissenschaften (RAN) (358-1-168), S. 22a.
8 Nikolaj A. Miljutin, *Socgorod*, Moskau/Leningrad 1930. Deutsche Ausgabe: Nikolai A. Miljutin, *Probleme des Planens sozialistischer Städte. Grundlegende Prinzipien bei der Planung und beim Bau von Siedlungen in der UdSSR,* Berlin 2008.
9 Kurzfassung des Berichts der VOPRA-Sitzung 1932, RAN-Archiv (358-1-206), S. 24–26.
10 Dazu gehörten u. a. Arkadij Mordvinov, Karo Alabjan, Aleksandr Vlasov und Abram Saslavskij.
11 VChUTEMAS ist ein Akronym für *Vysšie Chudožestvenno-Techničeskie Masterskie* (Höhere künstlerisch-technische Werkstätten) 1926 wurde die Schule unter einem neuen Rektor reformiert und ihre Bezeichnung von „Werkstatt" in „Institut" (*Vysšij Chudožestvenno-Techničeskij Institut*) bzw. VChUTEIN geändert.
12 Zum Beispiel Moisej Ginzburg und die Brüder Vesnin (Leonid und Viktor Vesnin) sowie andere Mitglieder der Gesellschaft moderner Architekten (OSA).
13 Darunter Nikolaij Ladovskij und seine Anhänger von der Assoziation neuer Architekten (ASNOVA) und der Assoziation der Architekten-Urbanisten (ARU).
14 Siehe „Deklaratsija obedinenija proletarskich architektorov" (Erklärung der Gesellschaft proletarischer Architekten), 1929, zitiert in: Ivan Matsa (Hg.), *Sovetskoe iskusstvo za 15 let*, Moskau 1932, S. 537–542.
15 Vgl. Sheila Fitzpatrick, „Cultural Revolution as Class War", in: Dies. (Hg.), *Cultural Revolution in Russia, 1928–1931*, Bloomington 1978, S. 115–148.
16 Vgl. Ekaterina Degot, „Estetičeskaja revolucija kul'turnoj revolucii" (Die ästhetische Revolution der kulturellen Revolution), in: *Borba za znamja. Sovetskoe iskusstvo meždu Stalinym i Trotskim, 1926-1936*, Moskau 2008, S. 44–54.
17 Vgl. „Ukrepljaem svjaz' s Bauhauzom" (Stärkung der Verbindung zum Bauhaus), in: *Borba za kadry* 6 (Zeitschrift für Studierende und Mitarbeiter der VChUTEIN), 1930.
18 Tatiana Efrussi, „VChUTEMAS v Bauhauze. Bauhauz vo VChUTEMASE. Istoria dvuch puteševstvijy" (VChUTEMAS am Bauhaus. Bauhaus an der VChUTEMAS: Eine Geschichte zweier Reisen), in: *Architektura. Stroitelstvo. Dizain* 3, 2010, S. 80–84.
19 Arkadij Mordvinov, „Leonidovščina i eë vred", in: *Iskusstvo v massy*, Dezember 1930, S. 12–15.
20 Diese Studenten waren Tibor Weiner, Klaus Meumann, René Mensch, Konrad Püschel, Philipp Tolziner, Anton Urban und Bela Scheffler.
21 Mitgliederliste der Moskauer VOPRA-Gruppe (Stand: 20. März 1932), RAN-Archiv (358-1-206), S. 26–31.
22 Katerina Clark, *Moscow, the Fourth Rome: Stalinism, Cosmopolitanism, and the Evolution of Soviet Culture, 1931–1941,* Cambridge, MA 2011.
23 Der Begriff wurde von den „Rationalisten" im sowjetischen Kontext, auf deren Theorien sich die VOPRA sicherlich bezog, umfassend verwendet.

24 „Deklaratsija obedinenija proletarskich architektorov " (Erklärung der Gesellschaft proletarischer Architekten), 1929, neu veröffentlicht in Ivan Matsa (Hg.), *Sovetskoe iskusstvo za 15 let*, Moskau 1932, S. 541.
25 Selim Chan-Magomedov, „Broženija sredi molodych storonnikov avangarda" (Agitation unter jungen Anhängern der Avantgarde), in: *Architektura sovetskogo avangarda 1*, Zugriff am 17.05.2015: http://www.alyoshin.ru/Files/publika/khan_archi/khan_archi_1_122.html.
26 Aleksandra Novoženova, „Ot sociologičeskogo determinizma k klassovomu idealu. Sovetskaja sociologija iskusstva 1920-ch godov" (Vom soziologischen Determinismus zum Klassenideal), in: *Sociologija vlasti 4* (Soziologie der sowjetischen Kunst in den 1920ern), Moskau 2014, S. 117–136.
27 Hannes Meyer, „Über marxistische Architektur" (1931), in: Lena Bergner-Meyer (Hg.), *Hannes Meyer: Bauen und Gesellschaft*, Dresden 1980, S. 94.
28 Vgl. Hinnerk und Lou Scheper-Berkenkamp, „Offener Brief an die Schüler des VChUTEIN", in: *Moskauer Rundschau* 4, 1930.
29 Meyer, „Bauen ...", S. 48.
30 „über den vortrag von stadtbaurat meyer", in: *Bauhaus. Organ der Kostufra* 6, 1931, S. 6 f.
31 Meyer, *Über marxistische Architektur*, S. 94.
32 Meyer, „Bauen ...", S. 46.
33 Vgl. Sitzung der VOPRA-Gruppe, 1932, RAN-Archiv (358-1-206), S. 6–10.
34 Hannes Meyer, *Bauhaus Dessau. 1928–1930*, Ausstellungskatalog, Moskau 1931.
35 Vgl. Ėstrin, Naši predloženija, „Proletarskij inžener-architektor", in: *Za architekturnye kadry* (ASI-Zeitung), 15. Juni 1931.
36 Garin, „Vyše kačestvo politvospitanija studenčestva" (Verbesserung der Qualität der politischen Bildung der Studenten), in: *Za architekturnye kadry* (ASI-Zeitung), 5. Oktober 1933.
37 Hannes Meyer, *Brief an Lisbeth Oesterreicher*, 5. April 1931, Deutsches Architekturmuseum (164-103-026).
38 „Kollektiver Sowjetbau", in: *Berlin am Morgen*, 14. Oktober 1931.
39 Meyer, „Bauen ...", S. 48.

Fedor Konnov, Collage, „So war es in Griechenland – Im Königreich der Bourgeoisie ist es immer noch so – Und wie wird es bei einer proletarischen Regierung sein? Lass proletarische Architektur entstehen!" / "It was like that in Greece—It's still like this in the kingdom of the bourgeoisie—And how shall it be in the proletarian government?—Let proletarian architecture be!" Photo-Feuilleton. Bild aus / Image from *Za proletarskoye iskusstvo*, 1930. N1

Eröffnung der Bauhausausstellung im Moskauer Architekturinstitut (ASI) / Opening of the Bauhaus Exhibition in Moscow's Architectural Institute (ASI), November 1931. Hannes Meyer (links/left), Arkadij Mordvinov (2. v. l. / 2nd from l.), Bela Scheffler (3. v. l. / 3rd from l.)

Illustration für eine Publikation von Hannes Meyers Vortrag bei der MASCH: Radioempfang eines Sowjet-Kollektivs auf dem Feld / Illustration for a publication of Hannes Meyer's lecture at the MASCH: radio reception by a Soviet collective on a field in: *Das Neue Russland: Zeitschrift für Kultur, Wirtschaft und Literatur* 8 (1931), 8/9, S. / p. 45

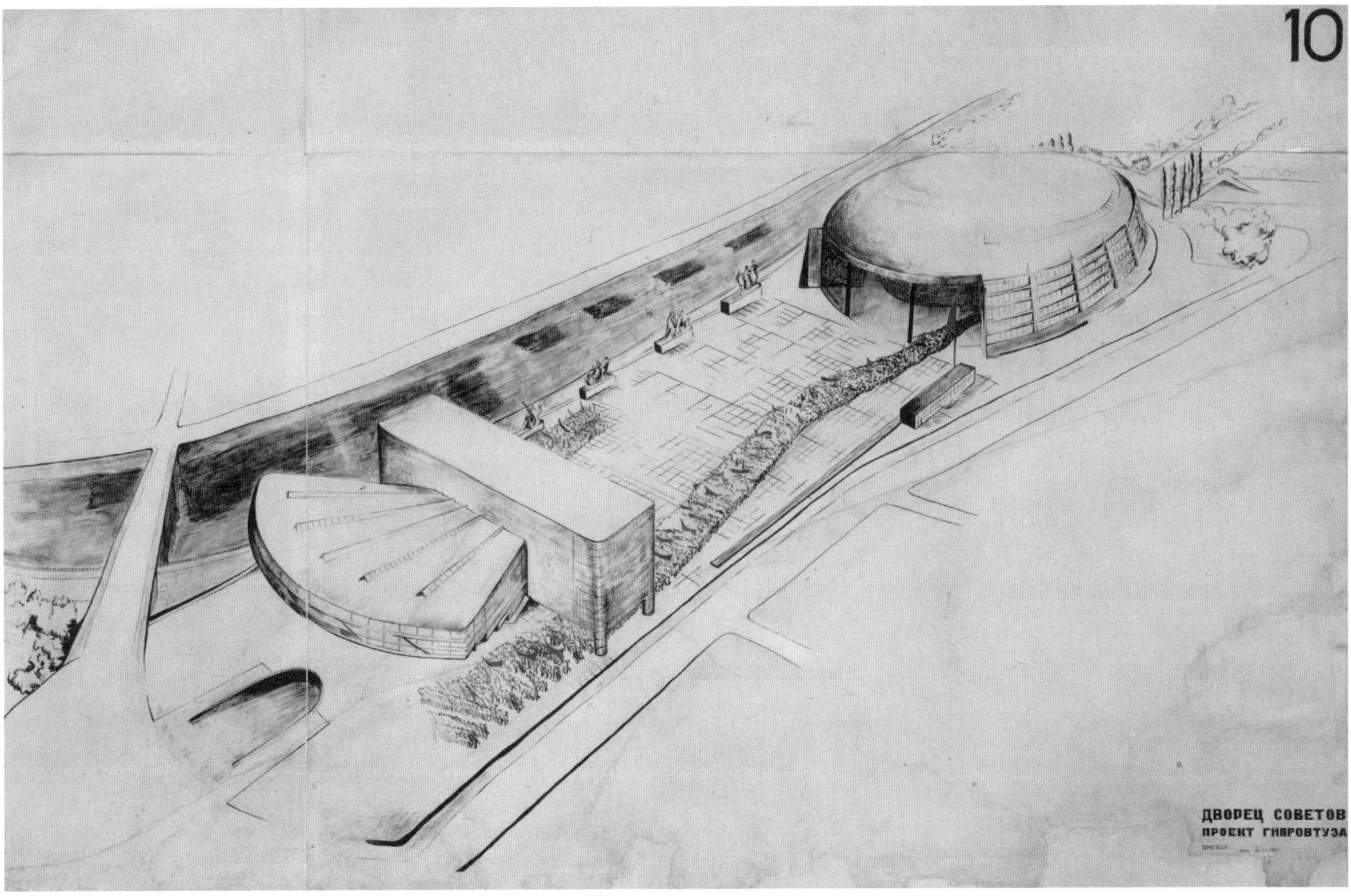

Giprovtus-Brigade (Anton Urban, Tibor Weiner, Philipp Tolziner, unter Beratung von / under the consultation of Hannes Meyer), Palast der Sowjets, Wettbewerbsentwurf / Palace of the Soviets, competition design, 1931

Alexander Vlasov, Wettbewerb für das Charkiw-Theater 1931 /
Competition for the Kharkov Theater 1931, Abbildung aus /
Illustration from *Sovetskaja architektura*, 1931, N1/2

Tatiana Efrussi

Hannes Meyer and the Proletarian Architects' Group in the USSR

In late summer 1931, Hannes Meyer left the Soviet Union for the first time since his arrival the year before. He visited Denmark, Switzerland, and Germany, where he gave several lectures on processes in Soviet society, the development of architecture, and his own experiences in the country, and met with his former colleagues and comrades. There followed two such tours—in winter 1932/33 and in spring 1936.[1] Meyer returned to the Soviet Union in 1936, but only stayed for a month, quitting the country forever in June that year. These public trips of an enthusiastic neophyte, presumably supported by Soviet organizations such as the VOKS,[2] were among Meyer's major achievements during his time in the Soviet Union. His activities of 1932/33, when an anti-modernist turn in Russian architecture was revealed and needed to be explained and justified, were especially important.

Meyer's first trip of 1931 had taken place before the term "socialist realism" had been coined and become a subject for debate. In that year, the architectural discourse in the Soviet Union was still dominated by the concept of "proletarian architecture," which was upheld at the time by its militant supporters, the VOPRA group,[3] often regarded by scholars as the "gravedigger" of the avant-garde.[4] Hannes Meyer had become a member of the group in early 1931 and, during his first trip abroad, especially in communication about the upcoming Moscow *Congrès internationaux d'architecture moderne* (International Congress of Modern Architecture—CIAM) in Berlin,[5] he played the role of ambassador for it. Although Meyer never spoke publicly about his association with VOPRA (as far as one can judge from press reports),[6] certain statements he makes witness the influence of the group's rhetoric and reveal the evolution of Meyer's outlook at the time. Once back to Moscow, Meyer described the situation within the *Neues Bauen* movement with the newly acquired vocabulary of dialectic materialism, and expressed his desire to share this knowledge with colleagues from the *Kollektiv für sozialistisches Bauen* (Collective for Socialist Architecture), which he said were "not so strong in this sphere."[7] One cannot but agree: for example, the organizers of the *Proletarische Bauausstellung* (Proletarian Building Exhibition) seem to have sourced texts and pictures from Nikolay Milyutin's book *Sotsgorod*,[8] while in fact the ideas of the "proletarians" of the VOPRA group stood in direct opposition to those propounded by Milyutin in his work.[9] It would have been hard to understand this disposition outside Russia, however, or that the adjective "proletarian" had extremely topical and precise connotations in the USSR about which the Berlin colleagues would have been unaware.

The VOPRA Group and the Cultural Revolution

VOPRA was founded in 1929 by a group of Soviet architecture sudents,[10] many of whom had been attendees at seminars by the Hungarian immigrant art historian Ivan Matsa (János Mácza) and the critic Alexei Mikhailov at the Communist Academy—the center of the communist intellectual elite. These students, who had began their studies after the 1917 October revolutions, were educated within Soviet higher art and technical institutions such as, for example, VKhUTEMAS/VKhUTEIN.[11] As a group, however, VOPRA positioned itself within the architectural community as critics of their professors and ex-professors—the constructivists[12] and the "formalists" or "rationalists"[13]—proclaiming that the background to these movements was bourgeois, their philosophical roots idealistic, and that the only method of architectural design in the socialist society must be that of dialectic materialism. Thus, the "class war" within architecture had just been announced.[14]

Similar processes were taking place in all other spheres and institutions of culture, from universities to orchestras. As the "old" pre-revolution professionals were denounced so Komsomol activists and young Communist Party members won influence and power and established the "proletarian" associations. Sheila Fitzpatrick has called the period the "cultural revolution," underlining that it was not a one-direction up-down movement.[15] Discussing its influence on the visual arts, Ekaterina Degot discusses the short-termist "left zigzag" of Stalin's politics, which supported practices that were both ideologically radical and modernist from their attitude to forms of production.[16]

The consequences of this "cultural revolution" are most noticeable in the reform of art and architecture education: in 1930, the VKhUTEMAS was dissolved with the aim of the "complete subordination of both form and content of the arts to social-ideological purposes of the working class."[17] When the Architectural Institute (ASI) was established, its administration was chosen from among the recent VKhUTEIN graduates who were devoted communists and VOPRA members. Among them were Albert Kel'mishkajt and Georgy Kozelkov, who, together with four other students, visited the Bauhaus in fall 1927 where they became acquainted with Hannes Meyer.[18]

Meyer started working at the ASI as soon as he arrived in the Soviet Union, thus he made his connection with the circle from the beginning of his career there. Undoubtedly, Meyer witnessed the fierce campaign against young Ivan Leonidov, a most daring constructivist, which was carried out at the ASI by the Vopraists, especially by Arkady Mordvinov, in fall 1930.[19] However, this did not prevent Hannes Meyer from joining the group in February 1931, alongside, later, seven of his former Bauhaus students.[20] Incidentally, Meyer and his students were not alone in being attracted to the "proletarian" cultural ideology: among other like-minded Europeans in the USSR were the Hungarians Bela Uitz, dean of the VKhUTEIN painting faculty and an active propagator, and the above-mentioned Ivan Matza who earlier had been one of the leaders of the Hungarian avant-garde and became VOPRA's first chairperson. The architects Kurt Meyer (Germany), Peer Bücking (Czechoslovakia), and Anton Polgar (Romania) were also members of the VOPRA group (Vopraists), in 1932.[21] In the atmosphere of the early 1930s, VOPRA's international ambitions seem hardly surprising, as Katerina Clark describes in her monograph.[22]

Art

The question remains, however, how could Meyer—famous for radical functionalism—become a member of a group that was struggling with the "progressive" forces in architecture, such as constructivism? Interestingly, while VOPRA insisted on the introduction of the term "art"[23] into the professional discourse of modernist architects, Meyer meanwhile was denying that architecture was "art," with its esthetic values, and claimed that architecture was exclusively about a logical organization of construction processes. VOPRA, however, argued: "proletarian architecture" was "the active art that should serve the emancipation of the masses and become a powerful trigger for constructing socialism, which organizes the psyche, educates the will, and the senses of the masses, in the struggle for communism."[24] At the same time, note that the "art" of which VOPRA spoke was not by any means meant to support an art that imitated the vocabulary of the past, such as that supported by the eclectics. The formal language of VOPRA architects between 1929 and 1932 is hardly distinguishable from that of the constructivists or rationalists. Moreover, the ideas of the group very quickly gained popularity in the provincial towns, where its followers formed the first modernist anti-eclectic groups.[25]

In my view, the use of the word "art" in modernist architectural theory was possible due to the influence of the theorist Ivan Matsa, being one of the most prominent representatives of the so-called "ideologist" wing of Soviet Marxist art historians as well as one of VOPRA's founders. In opposition to "formalist-sociologist" theoreticians such as Boris Arvatov, who identified the creative process with Marxism as the "basis," and influenced a wide range of cultural actors from the artist Alexander Rodchenko to the writer Sergey Tretyakov, the "ideologists" followed Georgy Plekhanov's tradition of the interpretation of art as superstructure.[26] The ideological interpretation of architecture as "art" differed greatly from architecture interpreted as one of the "*beaux-arts*," and it was specifically at the latter that Meyer aimed his criticism.

Several of Meyer's texts from 1931, including the Berlin lectures, show his attempts to find a place for architecture as an "art-of-ideology" within his functionalist outlook. In a report titled "About Marxist Architecture," written for an unknown event at the Communist academy, he repeated his previous statement: "architektur ist keine baukunst mehr" (Architecture is no longer architecture). He insisted, that: "The artistic mission of socialist architecture consists in producing building organisms in which proletarian art, in all its different expressive forms, can reach maximum development, brought to mass film, mass sport, mass theater, mass demonstration—the agitation and propaganda troupe, the red flag, hammer and sickle, the political poster, Red Square, Lenin's busts, and Stalin's portrait."[27] It is notable that Meyer's imaginary interior is no longer that of the "co-op" or "Bauhaus," but now includes propaganda posters and sculptures. A year prior to this, in 1930, Hinnerk and Lou Scheper-Berkenkamp, true to the Bauhaus spirit, denied the mixture of traditional mediatic and political themes of the VKhUTEIN's diploma art exhibition.[28] At the same time as the Vopraists are showing their support for the new wave of politically engaged realism, Meyer is demonstrating that he is being carried along by the current triggered by the "cultural revolution," by announcing in Berlin in the same year: "The material is everything and form secondary. The substance is the representation of the Five-Year Plan."[29]

However, at this point, architecture for Meyer is still only "*schale*," the skin, for proletarian art. Meyer illustrated perfectly this belief in the proposal for the general plan of Moscow, which in 1931 he presented to the Berlin public at the Proletarian Building Exhibition.[30] The functionally organized "*schale*" (the system of satellite districts) surrounds the ideological and symbolic center, with Red Square, the graves of comrades, and Lenin's mausoleum. However, the structure of the "*schale*" was supposed to contribute to the ideological construction of architecture and the city. With his idea that architecture was an instrument of mass psychological manipulation, Meyer proposed a compromise between the rational logic of urban planning and the ideological task of architecture, stating in "About Marxist Architecture": "Let us take care in the 'red building' of the *kuenstlerische erregung* [artistic excitation] of the masses with all optical and acoustic means, ... let us take care, in the framework of the socialist city of activation, of mass-experience through well-considered organization of all its psychological factors, ... let us take care, in its city-organism, of the high dynamism of mass demonstration ... through well-considered traffic systems."[31]

Focus on the psychological aspects of architecture was characteristic of Meyer during the Bauhaus period of his career, but here, he was trying to make this "objective" knowledge serve political aims, which seems to be a novel departure in his discourse. I would argue, however, that Meyer's evolution under the influence of the VOPRA group was quite consequential. His views, especially the psychological accent, represent a possible solution to the question of "proletarian architecture" as ideologically charged modernism.

Collectivity

"Proletarian architecture" was a subject for debate both within the VOPRA group and in the wider architectural community. In Berlin, however, Meyer did not point out any of the issues that had been discussed either at the Communist academy or at VOPRA meetings. He underlined the position of the Soviet architect as a "technical officer of the Five-Year Plan" and the total dissolution of individual authorship in the collectivity, stating, "We only work in groups, so that we produce collective work."[32] "We," here, certainly refers to the Soviet Union: Meyer was working at the time with the reforms that were already in progress to establish huge state-project institutes, such as *Giprovtuz* (for state-school building projects) or *Giprogor* (for state-urban projects). Concurrently, the "cultural-revolution" activists were expressing enthusiasm and support for collectivist modes of production, as was VOPRA. Although VOPRA members did not work anonymously, they nonetheless tried to work only in brigades, to consider amateur suggestions, and to base their projects on direct interaction with the building's future users.[33] These attempts at "collective architecture" were chaotic, as were many such projects during that period, but only further research into VOPRA's group-work (shifting attention from "what" to "how") will help to overcome the idea that the group was nothing more than empty rhetoric.

The ideas of collective work and the subordination of architecture to a Five-Year Plan of construction were concentrated at the ASI. VOPRA members comprised the majority of teachers and students studying there (sixty-nine of 167 members of the Moscow group in 1932). Students worked in brigades and spent half of their study time on construction sites, before finally being awarded a degree of "engineer-architect." The specialization in one of the four departments, depending on the building typology, was in contrast to the early VKhUTEMAS/Bauhaus ideals of synthetic education. This was a "school-factory," where students were considered workers, and earned money through study. It could not but appeal to Meyer, who retrospectively boasted that "his" Bauhaus was also a kind of a factory with anonymous producers.[34] An ASI architect, therefore, was not only supposed to qualify in her or his area of specialization, but also as a "social activist and defender of the Soviet Union."[35] Thirty percent of the three-year degree period was dedicated to the political sciences and the military training camp; the latter of which lasted for twenty days for the first year, followed by two six-week stints in the second and third years.[36] This is to say nothing of public purges among party members and manifestations of infighting, which were an inseparable part of the ASI life. All these facts meant that Meyer wrote enthusiastically to Lisbeth Österreicher, "Everything that was frowned upon at the Bauhaus is mandatory here."[37]

Contemporary commentaries concerning Meyer's lectures—either at Berlin in 1931, at the *Proletarische Bauausstellung*, or at the MASCH[38]—have not been forthcoming, but the press reports suggest that the lectures were well received. According to an article in the newspaper *Berlin am Morgen*, the MASCH audience, including Bruno Taut and Hugo Häring, thanked Meyer with "a storm of applause" for his speech, which apparently was "full of awareness ... [that he] was only an atom in the new work of socialist construction."[39] The communist youth of the Bauhaus seems to have appreciated it as well, publishing reviews in their magazine that suggest they were taken by the pictures of socially relevant construction on an enormous scale. The illustrations chosen for the publication of Meyer's report in *Das neue Russland* (The New Russia), show how progress had reached remote parts of the Soviet Union: Russian and Uzbek peasants can be seen listening to the radio, and the newly constructed trade employees' club in Novosibirsk is pictured. Neither architects nor photographers are mentioned by name. This is exactly Meyer's vision of what Soviet architecture should be: "Collectivism, American efficiency, Leninist scientific attitude, and revolutionary elasticity."[40] It is doubtful that it caused any serious controversy, such as Meyer's second trip did, in 1932/33.

The "cultural revolution" brought about all the enthusiasm, hope, cruelty, and chaos that all revolutions do. The VOPRA emerged with this movement and disappeared with it: only a few members remained in Party favor later in the 1930s, such as Karo Alabyan or Arkady Mordvinov. The debates about "proletarian architecture" as the "art of the masses," the ASI experiments, and the VOPRA's attempts of merging the language of modernist architecture with dialectic materialism were very soon denounced as "*zagiby*" (deviations). It seems to me now in retrospect that Hannes Meyer was an active participant in this movement and that the short period of the VOPRA's domination—between 1930 and 1932/33—were the most successful years of his Soviet career.

1 Klaus-Jürgen Winkler, *Der Architekt Hannes Meyer: Anschauungen und Werk* (Berlin 1989), 143–45.

2 The All-Union Society for Cultural Relations with Foreign Countries (VOKS).

3 Initially The All-Russian Society of Proletarian Architects (1929), which was renamed The All-Union Association of Proletarian Architects in 1932, the year in which around twelve branches were founded in Soviet republics such as Russia, Ukraine, Armenia, Georgia, and Azerbaijan.

4 Some of the more notorious characteristics of the VOPRA group's activities are provided by Hugh D. Hudson, *Blueprints and Blood: The Stalinization of Soviet Architecture, 1917–1937* (Princeton 1994).

5 See Thomas Flierl's essay in this volume.

6 For example in: "über den vortrag von stadtbaurat meyer, leiter des sozialistischen städtebaues moskaus, gelassen anlässig der proletarian bauausstellung," *Bauhaus. Organ der Kostufra*, 6 (1931): 6–7; Hannes Meyer, "Bauen, Bauarbeiter und Techniker in der Sowjetunion," *Das neue Russland*, 8/9 (1931): 46–48; "Hannes Meyer über Sowjetrussland," *Die Baugilde*, 20 (1931): 1620.

7 Hannes Meyer, "Doklad o mezhdunarodnyh kongressah po novomu stroitelstvu (Report on the International Congresses for Modern Architecture)," the Russian Academy of Sciences (RAS) Archive (358-1-168), 22a.

8 Nikolay A. Milyutin, *Sotsgorod. The Problem of Building Socialist Cities* (Moscow/Leningrad 1930); translated from the Russian by Anatole Senkevich (Cambridge, MA 1974; reprinted Basel et al. 1995).

9 Shorthand version of the "VOPRA group report," 1932, the RAS Archive (358-1-206), 24–26.

10 Among others: Arkady Mordvinov, Karo Alabyan, Alexander Vlasov, and Abram Zaslavsky.

11 VKhUTEMAS is an acronym for Vysshiye Khudozhestvenno-Tekhnicheskiye Masterskiye (Higher Art and Technical Studios). In 1926, the school was reorganized under a new rector and its name was changed from "Studios" to "Institute" (Vysshy Khudozhestvenno-Tekhnichesky Institut), or VkhUTEIN.

12 For example, Moisei Ginzburg and the Vesnin brothers (Leonid and Victor), along with others of the Organization of Contemporary Architects (OSA).

13 Including Nikolay Ladovsky and his followers from the Association of New Architects (ASNOVA) and the Association of Architects-Urbanists (ARU).

14 See the "Deklaratsiya obyedineniya proletarskikh arkhitektorov" (Declaration of the Proletarian Architects' Association), 1929, reproduced in Ivan Matsa (ed.), *Sovetskoe iskusstvo za 15 let* (Moscow 1932), 537–42.

15 Sheila Fitzpatrick (ed.), "Cultural Revolution as Class War," in: *Cultural Revolution in Russia, 1928–1931* (Bloomington 1978).

16 Ekaterina Degot, "Esteticheskaya revolyutsiya kulturnoy revolyutsii (Esthetic revolution of the Cultural Revolution)," in: *Borba za znamya. Sovetskoe iskusstvo mezhdu Stalinym i Trotskim, 1926–1936* (Moscow 2008), 44–54.
17 "Ukreplyaem svyaz s Bauhausom" (Reinforcing the connection to the Bauhaus), *Borba za kadry*, 6 (newspaper for students and workers of VKhUTEIN, 1930).
18 Tatiana Efrussi, "VKhUTEMAS v Bauhauze. Bauhauz vo VKhUTEMASE. Istoria dvuh puteshestviy (VKhUTEMAS at the Bauhaus. Bauhaus at the VKhUTEMAS: A history of two trips)," *Arhitektura. Stroitelstvo. Dizain*, 3 (2010): 80–84.
19 Arkady G. Mordvinov, "Leonidovschina i ee vred," *Iskusstvo v massy* (December 1930): 12–15.
20 Meyer's students were Tibor Weiner, Klaus Meumann, Rene Mensch, Konrad Püschel, Philipp Tolziner, Anton Urban, and Bela Schefler (Scheffler).
21 "Moscow branch, the VOPRA group members' list" (as at March 20, 1932), the RAS Archive (358-1-206), 26–31.
22 Katerina Clark, *Moscow the Fourth Rome: Stalinism, Cosmopolitanism, and the Evolution of Soviet Culture, 1931–1941* (Cambridge, Massachusetts 2011).
23 Widely used by "rationalists" in the Soviet context, the VOPRA group certainly referred to their theories.
24 "Deklaratsiya obyedineniya proletarskikh arkhitektorov," 541.
25 Selim O. Khan-Magomedov, "Brozheniya sredi molodykh storonnikov avangarda (Agitation amidst young supporters of the avant-garde)," in: *Arkhitektura sovetskogo avangarda*, 1: Mastera i techeniya (Moscow 1996), online: http://www.alyoshin.ru/Files/publika/khan_archi/khan_archi_1_122.html (accessed 05/17/15).
26 Alexandra Novozhenova, "Ot sotsiologicheskogo determinizma k klassovomu idealu. Sovetskaya sotsiologiya iskusstva 1920-h godov (From sociological determinism to the class ideal)," *Sotsiologiya vlasti*, 4 (Soviet Sociology of Art in the 1920s): 117–36.
27 Hannes Meyer, "Über marxistische architektur" (1931), in: Lena Bergner-Meyer (ed.), *Hannes Meyer: Bauen und Gesellschaft* (Dresden 1980), 94.
28 Hinnerk and Lou Scheper-Berkenkamp, "Offener Brief an die Schüler des VChUTEIN (Open letter to VKhUTEUN students)," *Moskauer Rundschau*, 4 (1930).
29 "Der Stoff ist alles und die Form Nebensache. Der Stoff ist die Darstellung des Fünfjahrplans," in: Meyer, "Bauen," 48.
30 See "über den vortrag," 6–7; see n. 6.
31 "sorgen wir im 'roten bau' mit allen optischen und akustischen mitteln zur kuenstlerischen erregung der massen. sorgen wir im rahmen der sozialistischen stadt fuer die aktivierung der massenerlebnisses durch eine ueberlegte organisation aller ihrer psychologischen faktoren, sorgen wir in ihren stadtorganismus durch eine ueberlegte fuehrung der verkehrslinien fuer eine gesteigerte dynamik der massendemonstrationen," in: Meyer, "Über marxistische architektur," 94.
32 "Bei uns wird nur in Gruppen gearbeitet, also kollektive Arbeit geleistet," in: Meyer, "Bauen," 46.
33 "The VOPRA group report," 1932, RAS Archive (358-1-206), 6–10.
34 Hannes Meyer, in: *Bauhaus Dessau. 1928–1930*, exhibition catalogue (Moscow 1931).
35 Estrin, Nashi predlozheniya, "Proletarsky inzhener-arkhitektor," *Za arkhitekturnye kadry* (ASI newspaper, June 15, 1931).
36 Garin, "Vyshe kachestvo politvospitaniya studenchestva" (Improve the quality of the political education of students), *Za arkhitekturnye kadry* (ASI newspaper, October 5, 1933).
37 "Alles, was im Bauhaus verpönt war, wird hier zur pflicht," Hannes Meyer, "Letter to Lisbeth Österreicher," April 5, 1931, Deutsches Architekturmuseum (DAM) Archive (164-103-026).
38 *Marxistische Arbeiterschule* (the Marxist Workers' School).
39 "Von dem Bewusstsein getragen ..., nur ein Atom in der neuen Arbeit der sozialistischen Aufbaus zu sein," quoted from "Kollektiver Sowjetbau (Collective Soviet Construction)," *Berlin am morgen* (October 14, 1931).
40 "Kollektivismus, amerikanische Sachlichkeit, leninistische Wissenschaftlichkeit, revolutionäre Elastizität," in: Meyer, "Bauen," 48.

Gregor Harbusch und Daniel Weiss

„Bluff!" Die *Proletarische Bauausstellung* und die Debatten innerhalb der Internationalen Kongresse für Neues Bauen (CIAM)

Angesichts der internationalen Bedeutung der im Sommer 1931 in Berlin abgehaltenen *Deutschen Bauausstellung* wollten natürlich auch die Internationalen Kongresse für Neues Bauen (CIAM) nicht abseits stehen. Die CIAM, die sich als wichtigste Vereinigung der Architekturavantgarde verstanden, zeigten in der Sektion „Internationale Ausstellung für Städtebau und Wohnungswesen" die Ausstellung *Rationelle Bebauungsweisen,* die auf den Resultaten ihres letzten Arbeitskongresses basierte. Außerdem organisierten sie einen äußerst publikumswirksamen Vortrag ihres Mitglieds Ernst May zum Bau neuer Städte in der Sowjetunion[1] und hielten einen außerordentlichen Kongress ab. Hier wurden Programm und Arbeitsmethode des nächsten, vierten Kongresses mit dem Thema „Die Funktionale Stadt" debattiert, der 1933 stattfand und später so berühmt wie berüchtigt wurde.[2]

Vermutlich besuchten die meisten der rund 35 in Berlin anwesenden CIAM-Mitglieder die *Proletarische Bauausstellung.*[3] Die Reaktionen auf deren Inhalte und Forderungen lassen sich jedoch mangels Quellen über weite Strecken nur indirekt rekonstruieren.[4] Dabei wird klar, dass die Ausstellung und ihr Initiator Arthur Korn in den zu dieser Zeit zwischen den einzelnen Flügeln der CIAM geführten Debatten um die politische Ausrichtung und die Arbeitsmethode des kommenden Kongresses keine unwesentliche Rolle spielten.

Korn war Mitglied der CIAM und seit Kurzem in der Kommunistischen Partei Deutschlands organisiert. Beim außerordentlichen CIAM-Kongress in Berlin trat er als dominante klassenkämpferische Leitfigur auf. Seine Kritik steht stellvertretend für dezidiert marxistisch orientierte Positionen innerhalb der CIAM, wie sie beispielsweise auch vom tschechoslowakischen Delegierten Karel Teige, dem Basler Architekten Hans Schmidt und einigen jungen Bauhaus-Absolventen um Hubert Hoffmann[5] vertreten wurden. Die *Proletarische Bauausstellung* und das kurz darauf verfasste Arbeitsprogramm des Kollektivs für sozialistisches Bauen markierten nicht zuletzt den Versuch, im Hinblick auf den in Moskau geplanten nächsten CIAM-Kongress eine „Front" gegen die „bürgerlichen" Kräfte aufzubauen.

Die marxistisch argumentierende Kritik an der Arbeit der CIAM folgte selbstverständlich keiner *unité de doctrine,* sondern spiegelt die Diskussionen innerhalb der europäischen Linken und die Kämpfe unter den politischen Akteuren in der Sowjetunion wider. Insbesondere mit der zunehmenden Erstarkung Stalins und dem Linksruck der Komintern auf deren sechstem Kongress 1928 fand eine Radikalisierung und harte Abgrenzung zur Sozialdemokratie statt – die später noch blutige Folgen haben sollte. Auf diskursiver Ebene schlug sich diese Entwicklung beispielsweise in harschen Kommentaren gegen den zweiten CIAM-Kongress zum Thema „Die Wohnung für das Existenzminimum" nieder. In *Mensch und Energie* – einer „technischen Beilage der kommunistischen Tagespresse" – wurde unter anderem die polemische Frage aufgeworfen, wer denn in den vielgelobten, unter Ernst May errichteten Siedlungen des Neuen Frankfurts wirklich wohne: „Mittelstand, Kleinbürgertum, allenfalls Angehörige der Arbeiteraristokratie, ja – ab und zu auch richtige Proletarier, die jedoch schon nach kurzer Zeit wieder ausziehen müssen, weil sie die Miete nicht bezahlen können." Die sozialdemokratische Wohnungsbaupolitik täusche nur „über das wirklich vorhandene Elend hinweg" und sei zu bekämpfen, da sie auf dem Buckel der großen Massen über die Hauszinssteuer finanziert werde. Der Bankrott der kapitalistischen Wohnungspolitik sei offensichtlich und – so schloss der Artikel – „dieser Erkenntnis" hätte sich auch der CIAM-Kongress nicht verschließen können, wenn er „neben der hygienischen und technischen auch die wichtigste, nämlich die politische Seite des Problems gesehen, behandelt und verarbeitet hätte".[6] Die Komplexität der innersowjetischen Machtkämpfe und Debatten um die richtige Wohnungsbau- und Planungspolitik zeigt sich aber auch darin, dass – trotz der Radikalisierung der Komintern – Ernst May 1930 eingeladen wurde, als Städtebauer in der Sowjetunion zu arbeiten.

Ein ähnlich scharfer Ton gegen die sozialdemokratische Wohnungsbaupolitik findet sich 1931 auch im Begleitheft der *Proletarischen Bauausstellung.* Die Autoren argumentieren erstens gegen die Hauszinssteuer und belegen rechnerisch, warum die aktuellen Finanzierungsmodelle der Spekulation dienen und nicht den Bedürfnissen der Arbeiter. Zweitens polemisieren sie gegen die sozialdemokratische Idee „Haus, Hof und Garten für jedermann" und interpretieren sie als „Fesselung" des Arbeiters, die ihn zum „Duckmäuser" mache.[7]

Zu deutlichen Differenzen zwischen den dominierenden Kräften innerhalb der CIAM und Arthur Korn kam es 1931 vor allem wegen einer anderen wichtigen Frage, die in der *Proletarischen Bauausstellung* aufgeworfen wurde: Aus welcher Perspektive und mit welcher analytischen Methode sollte das Phänomen Stadt untersucht werden? Die Wortprotokolle des außerordentlichen CIAM-Kongresses in Berlin zeigen, dass die von CIAM-Präsident Cornelis van Eesteren im Hinblick auf den vierten Kongress vorgeschlagene vergleichende kartografische Analyse auf entschiedenen Widerstand stieß.[8] Neben Korn votierten auch die Delegierten aus dem Umfeld der tschechoslowakischen Leva Fronta oder die polnische Landesgruppe für eine historisch-materialistische Herangehensweise und für die Diskussion von Neuplanungen, die sich an sowjetischen Vorbildern orientieren sollten. Bezugspunkt hierfür waren Nikolaj A. Miljutins Bandstadtkonzepte. Sein 1930 veröffentlichtes Buch *Socgorod,* dessen Einfluss auch in der städtebaulichen Abteilung der *Proletarischen Bauausstellung* deutlich spürbar ist, war von sowjetischer Seite im Sinne einer programmatischen Standortbestimmung und an Stelle eines Architekten zum außerordentlichen CIAM-Kongress nach Berlin geschickt worden[9]

Während die CIAM-Leitung solche kritischen Vorstöße am außerordentlichen Kongress in Berlin noch hinnahm und produktiv zu integrieren versuchte, kam das ambitionierte Arbeitsprogramm des „Kollektivs für sozialistisches Bauen" einer Provokation gleich.[10] In diesem behauptete Korn, dass sich bereits bei einem vorbereitenden Treffen der deutschen Landesgruppe der CIAM eine „völlige hilflosigkeit dem problem der funktionalen stadt gegenüber“ gezeigt habe, worauf die Thesen des „Kollektivs für sozialistisches Bauen“ kurzerhand zur Grundlage für den außerordentlichen Kongress und die Arbeit der gesamten CIAM erhoben worden seien. Die „elastische methode, [die] einerseits interesse und mitarbeit der bürgerlichen einspannt, andererseits die marxistischen gesetze schroff zu formulieren versteht“, habe sich in Berlin als „außerordentlich überlegen gezeigt“. Das Papier zirkulierte im Winter 1931 zwischen Gropius, Giedion und van Eesteren, wurde von diesen aber nur strategisch, nicht inhaltlich problematisiert. Während van Eesteren die oben zitierten Behauptungen in einer Randbemerkung auf seinem Exemplar des Papiers einfach als „Bluff!“ bezeichnete, schlug Giedion in der für ihn typischen, bissigen Art vor, „Herrn Korn die größte Arbeitslast zu übertragen, damit er die Planwirtschaft vom Papier in die Wirklichkeit übertragen kann“.[11]

Im Laufe der folgenden Monate sollten nicht nur Korns Bestrebungen scheitern, mit seinem Kollektiv eine modellhafte historisch-materialistisch argumentierende Stadtanalyse von Berlin zu erarbeiten, in der nicht zuletzt die Kritik an der SPD-Politik herausgearbeitet werden sollte. Genauso wenig konnte er innerhalb der CIAM eine schärfere linke Agenda durchsetzen, und letztlich zerschlugen sich auch alle Hoffnungen, den vierten CIAM-Kongress wie geplant in Moskau abzuhalten. Stattdessen entschied man kurzerhand, den Kongress auf dem Schiff Patris II abzuhalten, während der Fahrt von Marseille nach Athen und wieder zurück. Korn war nicht an Bord, und die Rolle der linken Kritiker kam auf dem Kongress anderen, jungen Architekten innerhalb der CIAM zu.

Sowohl Ernest Weissmann aus Zagreb und Helena und Szymon Syrkus aus Warschau, aber auch eine Gruppe junger Bauhäusler innerhalb der deutschen Delegation und einige Schweizer traten während und nach dem Kongress mit kritischen Vorstößen und eigenen Arbeiten in Erscheinung. So präsentierten die Bauhäusler Wilhelm Hess, Hubert Hoffmann und Cornelis van der Linden auf dem Kongress einen aufwendig bebilderten Begleitbericht zu ihrer kartografischen Analyse Dessaus, in dem sie einen Entwurf für ein System von „Kollektivsiedlungen“ zeigten. Diese waren von ihnen und weiteren Studenten von Ludwig Hilberseimer am Bauhaus entworfen worden und basierten auf radikalen Vorstellungen der Kollektivierung aller Lebensbereiche. Einen methodischen und auch ästhetischen Gegenentwurf zu den streng positivistisch gehaltenen kartografischen Stadtanalysen des vierten Kongresses legten schließlich die Schweizer Georg Schmidt (der Bruder von Hans Schmidt) und Rudolf Steiger in Zusammenarbeit mit Wilhelm Hess vor. Für die offizielle Ausstellung der Kongressresultate im Juni 1935 im Stedelijk Museum in Amsterdam erarbeiteten sie eine sogenannte „Historische Tabelle des Städtebaus“. In aufwendig collagierten Bildern – die sich eindeutig an der zeitgenössischen sowjetischen Agitprop-Ästhetik orientierten – vermittelten sie eine global argumentierende Entwicklungsgeschichte der europäischen Stadt auf der Basis historisch-materialistischer Ansätze.

Doch angesichts der sich zuspitzenden politischen Lage gelangte selbst der überzeugte Kommunist Hans Schmidt zur Ansicht, dass es nicht sinnvoll sei, die CIAM zu einer „organisation sozialistischer architekten“ umzubilden. Um ihre Einflussmöglichkeiten zu bewahren, müsse sie sich vielmehr „auf die technische und wissenschaftliche begründung der neuen architektur konzentrieren“.[12] Auf der Delegiertenversammlung in London im Juni 1934 wurde schließlich der einstimmige Beschluss gefasst, dass die CIAM „eine fachliche Organisation sei“. In ihrem Namen sollten deshalb keinerlei politischen Erklärungen gemacht werden.[13] Auch wenn Korns Aktivitäten die Arbeitsweise der CIAM de facto nur marginal tangierten, so zeigt sich in deren Verhältnis zur *Proletarischen Bauausstellung* und im Umgang mit Korns polemischer Kritik, wie die europäische Architekturavantgarde in der politisch prekären Situation Anfang der 1930er Jahre ihre Position klärte, indem sie ihren aktiven linken Flügel zu neutralisieren verstand.

Dank an Thomas Flierl für wichtige Hinweise und anregende Kritik

1 Vgl. Thomas Flierl (Hg.), *Standardstädte. Ernst May in der Sowjetunion 1930–1933. Texte und Dokumente*, Berlin 2012, S. 80 f. Mays Vortrag wurde kurze Zeit später veröffentlicht in *Das neue Frankfurt* 5, 7, 1931, S. 117–135.

2 Einen neuen, umfassenden Blick auf den vierten Kongress wirft die aktuelle Publikation, an der die Autoren dieses Textes maßgeblich mitgearbeitet haben: *Atlas of the Functional City. CIAM 4 and Comparative Urban Analysis*, hg. von der EFL Stichting und dem gta Archiv/ETHZ, Bussum, Zürich 2014.

3 Vgl. Fred Forbat, *Die Anfänge der CIAM*, unveröffentlichtes Manuskript, 1972, gta Archiv/ETH Zürich, CIAM-Archiv, Dossier Forbat.

4 Uno Åhrén war das einzige CIAM-Mitglied, das sich zeitgenössisch öffentlich zur Ausstellung äußerte. Vgl. Uno Åhrén, „Proletarische Bauausstellung in Berlin", in: *Byggmästaren* 10, 25, 1931, S. 142.

5 Hoffmann hatte ebenfalls an der *Proletarischen Bauausstellung* mitgewirkt. Vgl. dazu: Kurt Junghanns, handschriftliche Notizen eines Gesprächs mit Hubert Hoffmann am 6.7.1983 in Weimar, Akademie der Künste Berlin, Baukunstarchiv, Vorlass Kurt Junghanns, Nr. 60 Materialsammlung über die *Proletarische Bauausstellung* 1931.

6 O. A., „Zum Wohnproblem", in: *Mensch und Energie. Technische Beilage der kommunistischen Tagespresse* 3, 19, 1929. Wie ein Exemplar des Artikels aus dem Besitz des Generalsekretärs Sigfried Giedion belegt, waren solche Positionen der CIAM-Leitung durchaus bekannt.

7 Kollektiv für sozialistisches Bauen, *Proletarische Bauausstellung*, Berlin 1931, S. 2; vgl. den Nachdruck in diesem Band.

8 Vgl. *Protokoll der Ausserordentlichen Tagung der internat. Kongresse für Neues Bauen, Berlin 4. und 5. Juni 1931*, unpubliziertes Typoskript, gta Archiv / ETH Zürich, CIAM-Archiv, 42-04-1-2-5/6.

9 Vgl. Nikolaj A. Miljutin, *Sozgorod. Probleme des Planens sozialistischer Städte*, Nachdruck und deutsche Übersetzung, Berlin 2008 sowie *Protokoll der Delegiertenversammlung vom 4.6.1931 im Kongresshaus Bauausstellung*, gta Archiv/ETH Zürich, CIAM-Archiv, 42-4-1-2-4D.

10 Kollektiv für sozialistisches Bauen, o. T., Typoskript, Berlin (vermutlich Juni) 1931.

11 Siegfried Giedion, Brief an Gropius vom 22.12.1931, gta Archiv / ETH Zürich, CIAM-Archiv.

12 Hans Schmidt, *Zur Frage der politischen Haltung des CIAM*, Typoskript, gta Archiv / ETH Zürich, Nachlass Hans Schmidt, 61-T-116. Das undatierte Papier stammt vermutlich aus dem Frühjahr 1933.

13 Vgl. *Protokoll der Delegiertenversammlung in London*, 20.5.1934, gta Archiv / ETH Zürich, CIAM-Archiv, 42-05-1-2-3D.

Rudolf Steiger, Wilhelm Hess, Georg Schmidt: Historische Tabelle des Städtebaus / Historical Table of Urban Planning, 1934: obere und untere Hälfte / Upper and lower half

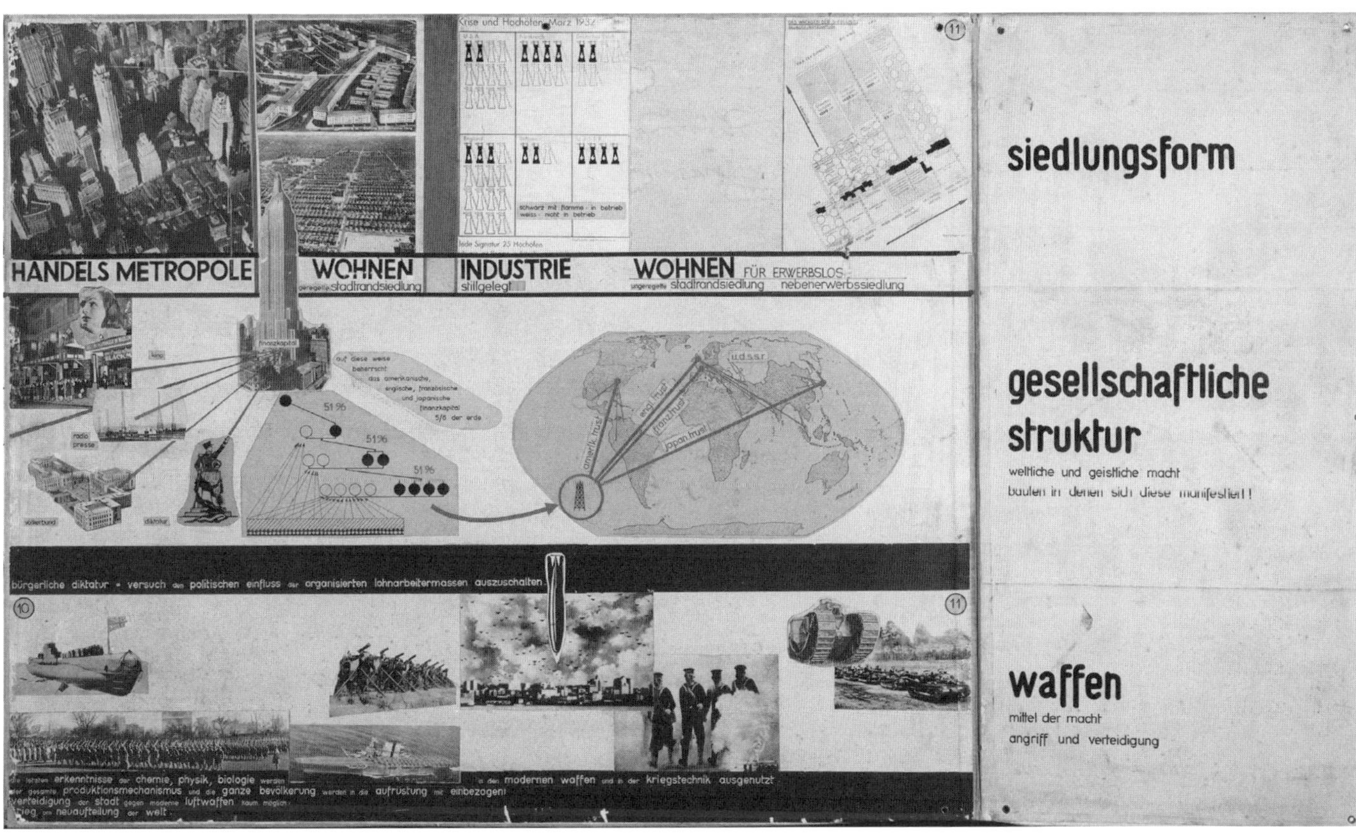

Rudolf Steiger, Wilhelm Hess, Georg Schmidt, Historische Tabelle des Städtebaus, 1934. Ausschnitt zu Siedlungsform, gesellschaftlicher Struktur und Waffen des entwickelten Industriekapitalismus / Historical Table of Urban Planning, 1934. Excerpt dealing with the form of housing developments, social structure, and weapons of developed industrial capitalism

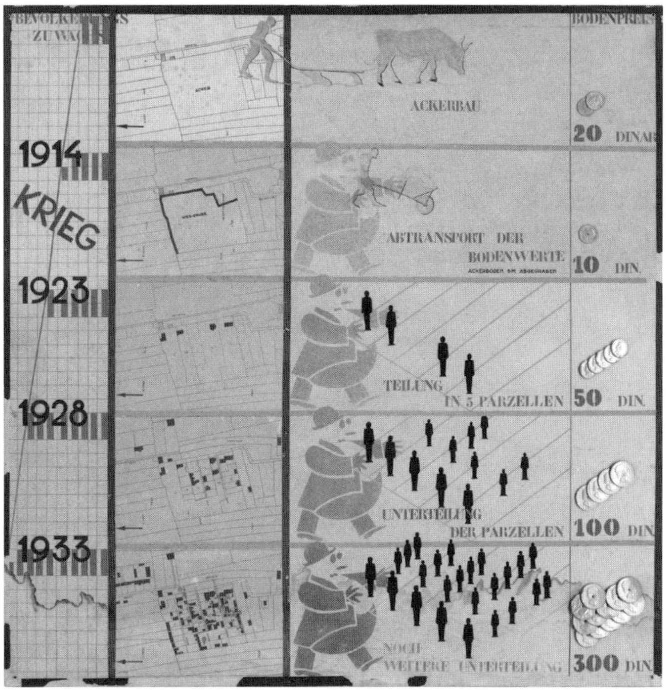

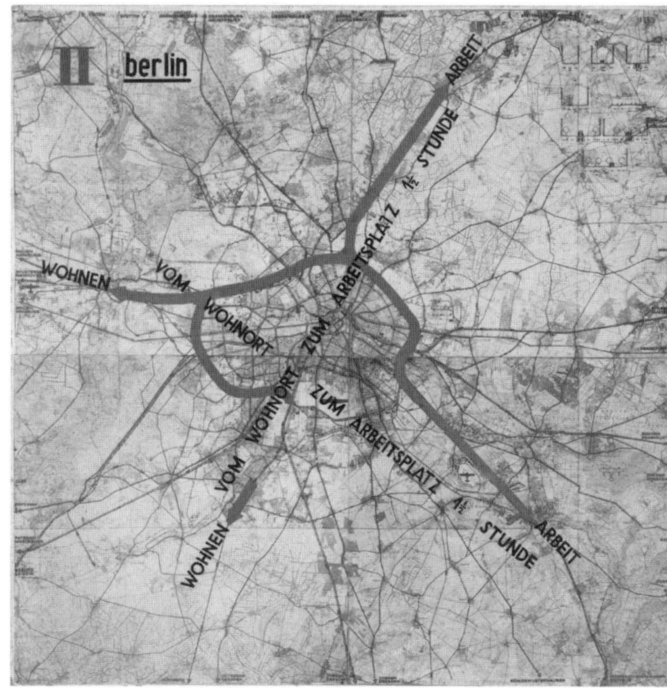

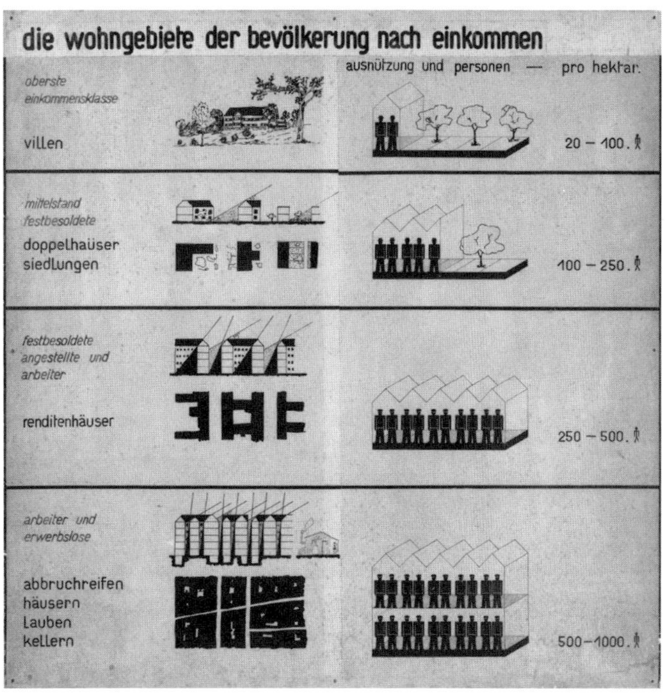

Congrès Internationaux d'Architecture Moderne (CIAM), Ausstellung / Exhibition *Wonen Werken Verkeer Ontspanning in de hedendagse Stad* (Housing, Working, Traffic, Recreation in the Contemporary City), Stedelijk Museum Amsterdam 1935
Bildtafeln zu den Feststellungen des vierten CIAM Kongresses / Illustrations pertaining to the findings of the Fourth CIAM Congress

oben links / top left: Zusammenhang zwischen Bodenspekulation und Stadtentwicklung am Beispiel eines Areals in der Nähe von Zagreb / Connection between real estate speculation and urban development, using an area near Zagreb as an example

oben rechts / top right: Distanzen vom Wohnort zum Arbeitsplatz am Beispiel von Berlin / Distances from home to work based on the example of Berlin

unten / bottom: Relation zwischen durchschnittlichem Einkommen und Bevölkerungsdichte in bestimmten Stadtteilen / Relationship between average income and population density in various districts.

Gregor Harbusch and Daniel Weiss

"Bluff!" The Proletarian Building Exhibition and the Debates in the International Congresses for Modern Architecture (CIAM)

Given the international significance of the *Deutsche Bauausstellung* (German Building Exhibition) in 1931, the *Congrès internationaux d'architecture moderne* (International Congress of Modern Architecture—CIAM) was also keen to make a mark that summer in Berlin, especially since the CIAM members saw themselves as the leading association of the avant-garde in modern architecture. In the *Internationale Fachmesse für Stadtplanung und Wohnungswesen* (International Exhibition of Urban Planning and Housing) section, the CIAM showed their exhibition *Rationelle Bebauungsweisen* (Rational Site Planning), based on the results of the last CIAM congress. The CIAM also organized an exceptionally popular lecture by member Ernst May who spoke about constructing the new socialist cities in the Soviet Union.[1] In addition, the CIAM held an Extraordinary Congress in the German capital to debate the program and guidelines for their next congress entitled "The Functional City." This Fourth Congress, which took place in 1933, was later as revered as it was reviled.[2]

Approximately thirty-five CIAM members were present at the meeting in Berlin, and the majority may well have visited the *Proletarische Bauausstellung* (Proletarian Building Exhibition).[3] However, due to the lack of written records, the CIAM members' reactions to the exhibition's demands and content can only be reconstructed indirectly.[4] It does become clear, though, that the exhibition and its initiator Arthur Korn played a significant role in the discussions on the political direction and methods in "The Functional City" congress then being debated by the CIAM's various wings.

Korn was not only a CIAM member, but had also recently joined Germany's Communist Party. At the CIAM's Extraordinary Congress in Berlin, Korn took a dominant role in arguing for the adoption of a clearly Marxist position. His criticisms exemplify those positions in CIAM strongly informed by Marxist thought held by, for example, Czechoslovakian delegate Karel Teige, Basel architect Hans Schmidt, and some young Bauhaus graduates around Hubert Hoffmann.[5] With the prospect of the next CIAM Congress taking place in Moscow, the Proletarian Building Exhibition, together with the *Kollektiv für Sozialistisches Bauen* (Collective for Socialist Architecture) agenda drafted soon afterwards, not least signal an attempt to forge a front against "bourgeois" forces.

Rather than the Marxist-inspired critique of the CIAM's work following a *unité de doctrine*, it reflected the discussions in European left-wing movements and the power battles between the different political actors in the Soviet Union. In particular, with Stalin steadily gaining ground and a shift to the left at the Sixth Comintern Congress in 1928, there was a growing radicalization and a sharp boundary with any form of social democracy—which was to lead to considerable bloodshed later. On the discursive level, this development resulted in, for instance, biting condemnation of CIAM's Second Congress on *Die Wohnung für das Existenzminimum* (The Minimum Subsistence Dwelling). The topics addressed in *Mensch und Energie*—a "technical supplement of the Communist daily press"—included the polemical question of who was actually living in the much-lauded New Frankfurt housing estates created by the city's planning department led by Ernst May: "The middle classes, the petty bourgeoisie, at most members of the working class aristocracy, and yes—now and then real proletarians, though they soon have to move out again as they cannot afford the rents." The housing policy of the social democrats, the article continued, only disguises the "poverty that really exists," and has to be opposed since it is financed through the burden of the *Hauszinssteuer* (rent tax) borne by the toiling masses. The capitalist housing policy was obviously bankrupt and,—the article concluded—the CIAM Congress could not have avoided "this realization" if "aside from the hygienic and technical aspects of the problem, it had also recognized, considered, and addressed the problem's most important aspect, namely the political aspect."[6] Despite the radicalization of Comintern, Ernst May's invitation to work as a city planner in the Soviet Union in 1930 is also an indication of the complexity of the power battles and debates on the correct urban planning and proper housing policies there.

The official catalogue and exhibition guide accompanying the Proletarian Building Exhibition in 1931 similarly sharply criticized the housing policy of the social democrats. To begin with, the authors argue strongly against the *Hauszinssteuer*, presenting the figures to show why the current financing model only served speculation in the real estate market and not the needs of the workers. Second, they ridicule the social democratic idea of "House, yard and garden for everyone," claiming this is "chaining" the workers and turning them into "moral cowards."[7]

Significant differences between Arthur Korn and the dominant forces within the CIAM emerged in 1931, above all due to another key question raised by the Proletarian Building Exhibition: Which perspective and analytical method should be taken to investigate the phenomenon of the city? The minutes of the CIAM's Extraordinary Congress in Berlin detail considerable opposition to the CIAM President Cornelis van Eesteren's proposal of dedicating the Fourth Congress to analyzing and comparing a range of city maps produced by CIAM members.[8] The delegates from the circles of the *Leva Fronta* (Left Front) in Czechoslovakia and representatives of the Polish group joined Korn in voting for a historical-materialist approach with Soviet models of the socialist city as the basis for discussions on planning new urban developments. Here, Nikolay Milyutin's linear cities expanding along traffic routes were taken as the point of reference. Milyutin's book *Sotsgorod*, published in 1930, was also a clear influence in the urban planning section of the Proletarian Building Exhibition. Rather than sending an architect to the CIAM Extraordinary Congress in Berlin, the Soviet Union called on the delegates to take Milyutin's book as a programmatic definition of their position.[9]

While the CIAM leadership still accepted such criticisms at the Extraordinary Congress in Berlin and sought to integrate them productively, the Collective for Socialist Architecture's ambitious agenda was nothing short of a provocation.[10] In this program, Korn claimed that the German CIAM group had already shown its "total helplessness when faced with the problem of the functional city" in its preparatory meeting. As a result, the theses proposed by the Collective for Socialist Architecture had summarily been adopted as the basis for the Extraordinary Congress and the work of the CIAM in its entirety. In Berlin, he continued, the "elastic method which, on the one hand, harnesses the interest and co-operation of the bourgeoisie and, on the other, knows how to bluntly formulate the laws of Marxism has shown itself as vastly superior." In winter 1931, this paper then circulated between Walter Gropius, Sigfried Giedion, and Cornelis van Eesteren, but they only took issue with it as a strategy and not in terms of the content. While in his copy of the paper Van Eesteren simply noted "Bluff!" in the margin next to the assertion quoted above, Giedion suggested in his characteristically biting way that, "the greatest burden of the work should be passed to Mr. Korn so that he can transfer the command economy from paper into reality."[11]

Over the following months, Korn and his collective attempted to draft an exemplary urban analysis of Berlin on the basis of historical materialism, which, not least, also elaborated a critique of the social democratic policies. That plan, though, came to nothing—as did his efforts to push through a more pronounced left-wing agenda within the CIAM. Finally, even the hopes of holding the Fourth Congress in Moscow as planned were to be frustrated. Instead, a decision was taken at very short notice to convene the congress onboard the ship *Patris II* on the journey from Marseilles to Athens and back. Since Korn was not on the ship, the role of left-wing critic passed to other, younger architects in the CIAM.

Those most vociferously critical and active in presenting their own work, both before and after the congress, not only included Ernest Weissmann from Zagreb and Helena and Szymon Syrkus from Warsaw, but also some Swiss architects as well as a group of young Bauhaus alumni in the German CIAM group. For example, to accompany their cartographic analysis of Dessau at the congress, former Bauhaus students Wilhelm Hess, Hubert Hoffmann, and Cornelis van der Linden presented an elaborately illustrated report, which included a draft for a system of *Kollektivsiedlungen* (Collective settlements). These settlement units were developed by them, and by further students of Ludwig Hilberseimer at the Bauhaus, and based on the radical notion of the communalization of all areas of life. Finally, together with Wilhelm Hess, the Swiss art historian Georg Schmidt (brother of Hans Schmidt) and the Swiss CIAM member Rudolf Steiger took a different approach, which, both in terms of method and aesthetics, was a marked alternative to the Fourth Congress' stringently positivist approach of mapping and analyzing urban space. For the official exhibition of the congress results in June 1935 in the Stedelijk Museum in Amsterdam, they created a five-meter-long *Historische Tabelle des Städtebaus* (Historical Table of Urban Planning). This work used an elaborate collage of graphic images, clearly inspired by the aesthetics in the contemporary Soviet agitprop movement, to present a global argument for the development of the European city from the perspective of historical materialism.

Yet given the worsening political situation, even the confirmed communist Hans Schmidt came to think that there was no point in trying to reshape the CIAM into an "organization of socialist architects." Instead, to preserve the potential for influence, he argued, the CIAM should "focus on the technical and scientific rationale for the new architecture."[12] Ultimately, at the meeting of delegates in London in June 1934, the resolution that the CIAM was a "professional organization" was passed unanimously. Hence, no political statement should be made in its name.[13] In fact, Korn's activities *de facto* only had a marginal impact on the CIAM's methods and tasks. Nonetheless, the CIAM's response to the Proletarian Building Exhibition and to Korn's contentious critique illustrate how, in the politically precarious situation in the early 1930s, the European architectural avant-garde clarified its own position by successfully neutralizing its own active left wing.

With thanks to Thomas Flierl for advice and inspiring criticism.

Translated from the German by Andrew Boreham.

1 Thomas Flierl (ed.), *Standardstädte. Ernst May in der Sowjetunion 1930–1933. Texte und Dokumente* (Berlin 2012), 80–82. May's lecture was published shortly afterwards in *Das neue Frankfurt*, 5, 7 (July 1931): 117–35.

2 A current publication in which the authors of this essay have played a major role offers a new and comprehensive insight into the CIAM's Fourth Congress: EFL Foundation and gta Archives/ETH Zurich (eds), *Atlas of the Functional City. CIAM 4 and Comparative Urban Analysis* (Bussum and Zurich 2014).

3 Fred Forbat, "Die Anfänge der CIAM," unpublished manuscript, 1972, gta Archives/ETH Zurich (CIAM Archive, Forbat Dossier).

4 Uno Åhrén was the only CIAM member who commented publicly at the time on the exhibition: "Proletarische Bauausstellung in Berlin," *Byggmästaren*, 10, 25 (1931): 142.

5 Hoffmann also played a part in the Proletarian Building Exhibition. See Kurt Junghanns, "handwritten notes of a discussion with Hubert Hoffmann on July 6, 1983 in Weimar," Baukunstarchiv, Akademie der Künste, Berlin (Pre-death estate Kurt Junghanns, archive material on the Proletarian Building Exhibition 1931, class. 02.03, no. 60).

6 Anon., "Zum Wohnproblem," *Mensch und Energie. Technische Beilage der kommunistischen Tagespresse*, 3, 19 (December 8, 1929). As a copy of the article from the papers of General Secretary Sigfried Giedion shows, the CIAM leadership was certainly familiar with such positions, gta Archives/ETH Zurich (Sigfried Giedion Papers, 43-T-5-4).

7 Kollektiv für sozialistisches Bauen, *Proletarische Bauausstellung*, Program (Berlin 1931), 2; see the reprint and translation in this volume.

8 "Protokoll der Ausserordentlichen Tagung der internat. Kongresse für Neues Bauen, Berlin 4. und 5. Juni 1931," unpublished typescript, gta Archives/ETH Zurich (CIAM Archive, 42-04-1-2-5/6).

9 Nikolay A. Milyutin, *Sotsgorod. The Problem of Building Socialist Cities* (Moscow/Leningrad 1930); translated from the Russian by Anatole Senkevich (Cambridge, MA 1974; reprinted Basel et al. 1995); "Protokoll der Delegiertenversammlung vom 4.6.1931 im Kongresshaus Bauausstellung," unpublished typescript, gta Archives/ETH Zurich (CIAM Archive, 42-4-1-2-4D).

10 Kollektiv für sozialistisches Bauen, no title, typescript, Berlin, probably June 1931, Het Nieuwe Instituut Archives, Rotterdam (Cornelis van Eesteren Papers, EEST no. IV, 40).

11 Sigfried Giedion, "Letter to Walter Gropius, December 22, 1931," gta Archives/ETH Zurich (CIAM Archive).

12 Hans Schmidt, "Zur Frage der politischen Haltung des CIAM," typescript, gta Archives/ETH Zurich (Hans Schmidt Papers, 61-T-116). This undated paper is probably from spring 1933.

13 "Protokoll der Delegiertenversammlung in London, May 20, 1934," gta Archives/ETH Zurich (CIAM Archive, 42-05-1-2-3D).

S. / p. 147
Collektiv (sic!) für sozialistisches Bauen, Jahresbericht für das Jahr 1931, 1932. / Collective for Socialist Architecture, Annual Report for the Year 1931, 1932
Bauhaus-Archiv Berlin, Archivbestand Erwin Gräff

S. / p. 149/151/153
Kollektiv für sozialistisches Bauen, Antrag: Arbeitsprogramm, 1931 / Collective for Socialist Architecture: Proposal: Work Program, 1931
Bauhaus-Archiv Berlin, Archivbestand Erwin Gräff

S. / p. 155/157/159
Kollektiv für sozialistisches Bauen, Arbeitsgemeinschaft Arthur Korn, Abschrift, 1931 / Collective for Socialist Architecture, Working group Arthur Korn, Copy, 1931
Collection Het Nieuwe Instituut / Collection Van Eesteren-Fluck & Van Lohuizen Foundation, Den Haag

Collective for Socialist Architecture

Secretariat: Berlin N.0. 43
a.d. Bartholomeus Kirche 2 28 January 1932

Annual Report for the Year 1931.

Our work is divided into internal and external work.

Internal work is carried out in 7 groups. 1. Sociology 2. Culture 3. Construction Output

4. Housing 5. Administration and Land Law 6. Transportation 7. Nutrition

Since several members can read the Soviet trade press, we are keeping ourselves informed about current issues in the U.S.S.R. Our scientific work is limited to Berlin, since we intend to make use of our findings at the International Congress of Modern Architecture on the topic of "The Functional City" taking place in the fall in Moscow. Through our internal work, which at the same time necessitates the general Marxist, economic and political education of each individual member, we are training speakers for our own and other public events, and thus preparing the theoretical work for our external work.

External work. Through large public events we are trying to influence broad sections of the public and by no means only the architectural profession or construction engineers. We have conducted the following events so far:

1. Prolet. Building Exhibition summer 1931. Topic: City planning and housing from the prolet. standpoint.
2. Public discussion evening on Milyutin's book Sotsgorod.
3. Large public gathering. Topic: "Socialist Development and Capitalist Collapse of the Building Industry". Speakers: Korn and Neubauer, numerous "prominent figures" present. Course of discussion successful.
4. Berlin as a problem of city planning. Speaker: Neuzil. See discussion in Bauwelt 2. Bourgeois speaker, but we led the discussion.
5. We are organizing a major meeting at the end of February, topic: "Estates for the unemployed a solution?" Our Culture Group has collected extensive material for this meeting to which bourgeois architects are invited as speakers.
6. A six-hour lecture series starts in mid-February in the Marxistische Arbeiterschule (Marxist Workers' School—MASCH) on city planning and architecture. Speakers: Korn, Schapiro, Friedrich and Hilbersheimer.

Every Friday, the members meet to report on and discuss the further work. We have made contact to Prague, Copenhagen, Stockholm, Moscow, Dessau, Hanover, Stuttgart, Breslau, Frankfurt a/M., Danzig, Düsseldorf and Crefeld.

Collektiv für sozialistisches Bauen

Sekretariat: Berlin N.O.43
a. d. Bartholomäus Kirche 2

den 28. Januar 1932

J a h r e s b e r i c h t f ü r d a s J a h r 1 9 3 1.

Unsere Arbeit gliedert sich in Innen- und Aussenarbeit.

Innenarbeit wird in 7 Gruppen erledigt. 1. Soziologie 2. Kultur 3. Bauproduktion 4. Wohnung 5. Verwaltung und Bodenrecht 6. Verkehr 7. Ernährung.

Da mehrere unserer Mitglieder die Sowjetfachpresse lesen können, halten wir uns über die aktuellen Fragen der U.d. S.S.R. auf dem Laufenden. Unsere wissenschaftliche Arbeit beschränkt sich auf Berlin, da wir unsere Resultate auf dem im Herbst in Moskau stattfindenden internationalen Kongress für neues Bauen, Thema " Die funktionelle Stadt " verwerten wollen. Durch unsere innere Arbeit, die gleichzeitig die allgemeine marxistische, ökonomische und politische Schulung jedes einzelnen Mitglieds erfordert, bilden wir Referenten für unsere eigenen und andere öffentliche Veranstaltungen aus und bereiten damit die theoretische Arbeit für unsere Aussenarbeit vor.

Aussenarbeit. Durch grosse öffentliche Veranstaltungen suchen wir an breite Schichten, keineswegs nur die Architektenschaft oder Bauingenieure zu beeinflussen. Wir haben bisher folgende Veranstaltungen durchgeführt:

1. prolet. Bauausstellung Sommer 1931. Thema " Städtebau u. Wohnungswesen vom prolet. Standpunkt.
2. Öffentlicher Diskussionsabend über Miljutins Buch " Die sozialistische Stad[t]
3. Grosse öffentliche Versammlung. Thema " Sozialistischer Aufbau, kapitalistischer Zusammenbruch des Bauwesens " Referenten: Korn und Neubauer, anwesend zahlreiche "Prominente". Gelungener Verlauf der Diskussion.
4. Berlin als Städtebauproblem. Referent: Neuzil. Siehe Besprechung in "Bauwel[t]" zwei. Bürgerlicher Referent, Diskussion wurde jedoch von uns geführt.
5. Ende Februar veranstalten wir eine grosse Versammlung, Thema: "Erwerbslosensiedlung ein Ausweg?" Auf dieser Versammlung, zu der bürgerliche Architekte[n] als Referenten eingeladen sind, hat unsere Gruppe Kultur umfangreiches Material zusammen getragen.
6. Mitte Februar beginnt ein sechsstündiger Vortragszyklus in der Marxistische[n] Arbeiterschule über Städtebau- und Bauwesen. Referenten: Korn, Schapiro, Friedrich und Hilbersheimer.

Jeden Freitag sammeln sich die Mitglieder zur Berichterstattung und Besprechun[g] der weiteren Arbeit. Wir haben Verbindung aufgenommen mit Prag, Kopenhagen, Stockholm, Moskau, Dessau, Hannover, Stuttgart, Breslau, Frankfurt a/M. Danzig Düsseldorf und Crefeld.

Proposal: Work Program

I. Schedule

Introduction:
Report on the Collective 1.1.–1.7.31

Experience from work so far
imposes the following
requirements for fruitful further work
1.) close-knit organization (see draft statutes)
2.) clear scholarly & political work program

To 2 Achieving this needs:
a/ analysis of the situation
b/ objective

a Analysis

1.) political situation
"People's revolution against worldwide economic crisis"
"R.G.O. & R.G.I." "resolutions"[1]
"Job creation program"
"Farmers aid program"
(defining position to bourgeois architects)

2.) ~~bourgeois~~ scientific situation
bourgeois building exhibition
Int. Congress for Modern Architecture 1931 to
"the functional city" exhibition, Moscow 32

b Objective
"Berlin, city and environs" as proof of the SPD's
mismanagement and bourgeois policies

WORK PLAN

1.) its basis
2.) its workforce
3.) its methods
4.) its intended results

To 1 the results achieved so far which are being shown in the Proletarian Building Exhibition

To 2 advertising, training, integrating members, links with collectives abroad

To 3 planning office – working groups – individual lectures – archive

To 4 setting deadlines & division of work

press publications
cell newspapers, information materials, brochures

All the material for the exhibition in Moscow 32

Antrag: Arbeitsprogramm

I. Disposition

E i n l e i t u n g:

Bericht über das Kollektiv 1.1.-1.7.31

Erfahrungen aus der bisherigen Arbeit
stellen als
Erfordernisse zur fruchtbaren Weiterarbeit
1.) straffe Organisation (siehe Statuten-Entwurf)
2.) klares wissenschaftl. & polit. Arbeitsprogramm

ad 2 Um das zu gewinnen ist nötig:
a/ Analyse der Situation
b/ Zielsetzung

a A n a l y s e

1.) politische Situation
„Volksrevolution gegen Wirtschaftskrise"
„R.G.O. & R/G.I.-Resolutionen"
„Arbeitsbeschaffungsprogramm"
„Bauernhilfsprogramm"
(Stellung zu den bürgerl. Architekten)

2.) ~~bürgl.~~ wissenschaftliche Situation
bürgerliche Bauausstellung
Int. Kongress für neues Bauen 1931 zur Ausstellung „funktionelle Stadt" Moskau 32

b Z i e l s e t z u n g

„Berlin, Stadt & Land", als Beweis für die Misswirtschaft und Bourgeois-Politik der S.P.D.

A R B E I T S P L A N

1.) seine Basis
2.) seine Arbeitskräfte
3.) seine Methoden
4.) seine angestrebten Ergebnisse

ad 1 die bisher erreichten Resultate, die in der proletarischen Bauausstellung gezeigt werden

ad 2 Werbung, Schulung, Einordnung der Mitglieder
Verbindung mit den auswärtigen Kollektivs

ad 3 Planbureau - Arbeitsgemeinschaften - Einzelvorträge - Archiv

ad 4 Terminsetzung & Arbeitseinteilung.

Presseveröffentlichungen
Zellenzeitung, Lehrbriefe, Broschüren.

Alles Material für Ausstellung Moskau 32

Proposal: Work Program

II. Implementation

Report on the Collective 1.1.–1.7.31

The Collective was founded at the start of the year 31 after a talk given by Gen. Korn in the MASCH at the initiative of the red student club at the T.H.[2]
The objective was to create a Marxist science of architecture.
The preliminary work comprised a week's course of two hours every day given by Gen. Korn. The topics: urban planning, housing, traffic, administration, reading list.
The Collective developed quickly, and already had around 80 members after 2 months.
The working year was divided into two-month blocks with self-contained tasks with controls at the end of each block.
The first 2 months, January & February, were designated for the analysis.
In March & April, the internal disputes and conflicts led to a stagnation which was only more or less overcome by setting the Prol. Building Exhibition as a concrete work goal for the months of May and June.
The exhibition was opened on June 2. The date turned out to be favorable: the International Congresses of Modern Architecture and other congresses met in June; a large number of specialists from abroad, the students of the Bauhaus Dessau, representatives and groups from mass organizations visited the exhibition.
In the meantime, the Collective has grown to around 120 members.

Experience from work so far

The most difficult task consists of training and integrating the new workforce members so they can actively assist. This task cannot be taken seriously enough. The different educational backgrounds of the individual members and the time at their disposal require such boundless consideration in the division of tasks that genuinely collective work becomes almost illusory. This brings with it the danger of overloading particular individuals and that creates the appearance of demagogy and dictatorship all too easily.
The consequences of poor co-operation were noticeable as a particular danger in the preparations for the exhibition.
On the other hand, the concrete objective with a fixed date gave a group an impetus to extraordinary accomplishments. Afterwards, however, the more flawed was the commercial organizational and inflammatory propagandist

Antrag: Arbeitsprogramm

II. Ausführungen

Bericht über das Kollektiv 1.1.-1.7.31

Das Kollektiv wurde nach einem Vortrag des Gen. Korn in der MASCH auf Initiative des roten Studentenklubs an der T.H. gegründet Anfang des Jahres 31.
Das Ziel war die Schaffung einer marxistischen Bauwissenschaft.
Die Vorarbeit bestand in einem Wochenkursus von täglich zwei Stunden des Gen. Korn. Die Themen: Städtebau, Wohnen, Verkehr, Verwaltung, Litteraturangabe.
Das Kollektiv entwickelte sich schnell, es besass bereits nach 2 Monaten circa 80 Mitglieder.
Das Arbeitsjahr wurde in Doppelmonate mit abgeschlossenen Aufgaben eingeteilt mit jedesmaliger Kontrolle.
Die ersten 2 Monate, Januar & Februar, wurden für die Analyse bestimmt.
Im März & April trat Stagnation durch innere Auseinandersetzungen ein, die erst dadurch einigermassen überwunden wurde, dass man sich für die Monate Mai & Juni die proletar. Bauausstellung als konkretes Arbeitsziel setzte.
Die Ausstellung wurde am 2. Juni eröffnet. Der Termin stellte sich als günstig heraus: der Int. Kongress für Neues Bauen und andere Kongresse tagten im Juni; eine grosse Anzahl ausländischer Fachleute, die Schüler des Bauhauses Dessau, Vertreter & Gruppen der Massenorganisationen besuchten die Ausstellung.
Das Kollektiv ist inzwischen auf circa 120 Mitglieder gestiegen.

Erfahrungen aus der bisherigen Arbeit

Die schwierigste Aufgabe besteht in der Heranbildung und Einordnung der hinzukommenden Kräfte zu aktiver Mitarbeit. Diese Aufgabe kann garnicht ernst genug genommen werden. Die verschiedene Vorbildung und die verfügbare Zeit der einzelnen Mitglieder erfordern eine so unbegrenzte Rücksicht bei der Arbeitseinteilung, dass eine wirkliche Kollektivarbeit fast illusorisch wird. Damit droht die Gefahr der Ueberlastung einzelner und allzu leicht entsteht der Anschein von Demagogie und Diktatur.
Die Folgen mangelhafter Mitarbeit machten sich besonders gefährlich bei der Vorbereitung zur Ausstellung bemerkbar.
Andererseits gab das konkrete Ziel mit festem Termin einer Gruppe den Impuls zu ungewöhnlichen Leistungen.
Aber desto fehlerhafter war nachher die geschäftl.-organisatorische und agitatorisch-propagandistische

evaluation and diversification of the success achieved by such a venture.

Requirements for fruitful further work

are thus categorically
1.) a close-knit organization of the collective as intended to be established under the statutes (see draft statutes).

2.) a work program clearly and unequivocally established in business, political, and scientific terms.

The question is: How does one arrive at such a work program? – By analyzing the situation, which will undoubtedly allow the objective to be defined!

1 Revolutionäre Gewerkschafts Opposition (Revolutionary Trade Union Opposition—R.G.O.); Rote Gewerkschafts-Internationale (Red International of Labor Unions—R.G.I.).
2 Technische Hochschule Berlin (Technical College Berlin).

Auswertung und Verbreiterung des durch solchen Vorstoss errungenen Erfolgs.

Erfordernisse zur fruchtbaren Weiterarbeit

sind also unbedingt
1.) eine straffe Organisation des Kollektivs, wie sie durch die Statuten fundiert werden soll.

2.) ein Arbeitsprogramm, dass sowohl geschäftl. wie wissenschaftl. & politisch klar und eindeutig feststeht.

Die Frage ist, wie erreicht man ein solches Arbeitsprogramm? - Durch Analyse der Situation, woraus sich dann das Ziel mit Sicherheit setzen lässt!

Germany
~~(6–1931)~~
(21–12–1931)

important !

copy.

scientific situation.

bourgeois architecture is stuck in a blind alley. This is clear first and foremost in the debates between its proponents and the revolutionary proletarian representatives of marxism. In the german group's preparatory discussions on the international congress for modern architecture involving all leading bourgeois architects from mies and gropius through breuer to mendelsohn as the right wing, the total helplessness when faced with the problem of the functional city was so general and unresolvable that the main speech was unanimously delegated to one
? of the two marxist architects. In the process, the collective for socialist building's principles of urban construction were not only taken as a basis for the german groups but also for the congress as a whole.

bluff

the same victory occurred at the main congress, which was attended by 14 countries. it was possible to successfully add two communists to the bourgeois managing committee to expand it to 7 members.

our elastic method which, on the one hand, harnesses the interest and co-operation of the bourgeoisie and, on the other, knows how to bluntly formulate the laws of marxism has shown itself as vastly superior; especially at those moments when, in one case, an attempt is made to obfuscate the contradictions and, in another, to violently force them apart.

such obfuscation on a grand scale is on the agenda in the bourgeois building exhibition, especially on the housing question, see miess [sic]: the housing of our day which has been the subject of protests even from the majority of the bourgeoisie.

yet this should not in any way disguise the fact that valuable groundwork has been done for us in the departments of rappaport, schmidt, and heiligenthal as well as in the different reichsplanungkommission, and we have to exploit this to the full.

to start with, at the moscow congress, september 1932, "the functional city" exhibition, it is to be mandatory for all states to present the technical situation of the individual cities. the historical-materialist development, politico-economic analysis of the present and its perspectives are initially only to be dealt with in passing, individual states which are already equal to the broader completion of this task will be of the greatest importance in setting the pace for further work on these issues. at the congress in moscow, september 1932, the front from may to le corbusier must be opposed by a strong marxist front.

to this end, a pre-congress is planned to form a strong faction. for this, the immediate formation of collectives in the reich and abroad is of greatest importance.

./.

Duitsland
(6-1931)
121-12-1934

a b s c h r i f t .

wissenschaftliche situation.

die bürgerliche bauwissenschaft ist in einer sachgasse. das zeigte sich bei allen debatten zwischen ihrem vertreter und den revol. prolet. vertretern des marxismus. in der vorbereitenden besprechung der deutschen gruppe zum internationalen kongress für neues bauen, die alle führenden bürgerlichen architekten von mies und gropius über breuer bis mendelsohn als rechten flügel enthält, war die völlige hilfslosigkeit dem problem der funktionellen stadt gegenüber so allgemein und aussichtslos, dass man einem der zwei marxistischen architekten das hauptreferat einstimmig übertrug. hierbei wurden die thesen zum städtebau des kollektivs für sozialistisches bauen nicht nur für die deutsche gruppen, sondern dem kongress überhaupt zugrunde gelegt.

der gleiche sieg ergab sich auf dem gesamtkongress, auf dem 14 staaten vertreten waren. es gelang dem bürgerlichen vorstand durch zwei kommunisten auf 7 mitglieder zu erweitern.

unsere elastische methode, die einerseits interesse und mitarbeit der bürgerlichen einspannt, andererseits die marxistischen gesetze schroff zu formulieren versteht, hat sich als ausserordentlich überlegen gezeigt, besonders in momenten, in denen einmal eine verschleierung der gegensätze, das andere mal die gewaltsame sprengung versucht wurde.

eine solche verschleierung grossen stils liegt in der bürgerlichen bauausstellung vor, besonders in der wohnungsfrage, s.miess: die wohnung unserer zeit, gegen die selbst von der mehrzahl der bürgerlichen protest erhoben wurde.

dies darf aber keineswegs darüber hinwegtäuschen, dass in den abteilungen rappaport, schmidt, heiligenthal und von den reichsplanungskommissionen wertvolle vorarbeit für uns geleistet ist, die wir restlos ausschöpfen müssen.

auf dem moskauer kongress, september 1932, ausstellung" die funktionelle stadt" soll zunächst für alle staaten obligatorisch die technische situation der einzelnen städte gezeigt werden. die historisch-materialistische entwicklung, die politisch-ökonomische analyse der gegenwart und ihre perspektive soll zunächst nur nebenbei behandelt sein, einzelne staaten, die der breiteren lösung dieser aufgabe bereits gewachsen sind, werden als schrittmacher für die weitere bearbeitung von grösster bedeutung sein. auf diesem kongress in moskau, september 1932, muss der front von may bis le corbusier eine starke marxistischefront gegenübergestellt werden.

hierfür ist ein vorkongress geplant, um eine starke fraktion zu bilden. dazu ist die umgehende bildung von kollektiven im reich und ausland von grösster bedeutung.

./.

objective.

we derive a logical objective from the political situation, as well as the congress tasks: the analysis of berlin, which we expand to include the historical substructures and the surrounding region (the province of brandenburg). here, the aim is to show that the most recent developments are a function of S.P.D. policies.
in this way, we can best obtain the material for the fight looming against the bourgeois front.
in this way, we are carrying out the essential preparation to ensure the right perspective.

work plan.

basis: the material already obtained, which is being shown in the proletarian building exhibition and is to be regarded as the first principles of a marxist science of architecture, is also to be taken as a basis for the work of the next four months. to do this, the mistakes and gaps have to be eliminated, and the antithesis of the bourgeois view has to be elaborated down to the last detail. in this process, berlin is the focus of attention.
the socialist reconstruction of the USSR is one other indispensable empirical basis for developing a marxist science.

workforce.

we have set up an agitprop office in line with the importance of advertising. it works in the party, the independent and the bourgeois organizations. training and selection of the workforce members is to take place in the scientific positions described later, using the methods presented there. a german office is planned for the communication with the collectives abroad.
using imperial scales in the public promotion serves our traveling exhibition.
new collectives have been founded or are planned abroad: moscow, prague, stockholm, paris, rotterdam, in germany: dessau, stuttgart, hamburg, elberfeld, frankfurt/main, krefeld, cologne, essen, duisburg, düsseldorf, hagen, halle, karlsruhe, mannheim.
the target under consideration is creating one thousand red technicians by the october celebration.

3) methods.
the core work is to be performed in a planning office which will have set hours of daily work.
the planning office presently has the tasks of preparing the groundwork up to the clear formulation of the question for the different research areas. it entrusts the continued work to those suitable who then form particular working groups from the members.

./.

zielsetzung.

aus der politischen situation, wie aus den aufgaben des kongresses, ergibt sich für uns als logisches ziel: die analyse von berlin, die wir dahin erweitern, dass wir sie historisch unterbauen und auf das umgebende land(provinz brandenburg) ausdehnen. dabei gilt es die abhängigkeit der letzten entwicklung von der S.P.D.-politik herauszuarbeiten.

damit gewinnen wir am besten das material für den angedeuteten kampf gegen die bürgerliche front. damit leisten wir die unumgängliche vorarbeit für eine richtige perspektive.

arbeitsplan.

basis: das bereits erreichte material, das die proletarische bauausstellung zeigt, und das als die ersten richtlinien einer marxistischen bauwissenschaft anzusehen ist soll auch für die arbeit der nächsten vier monate zugrundegelegt werden. dazu müssen fehler und lücken ausgemerzt werden, und die antithese zur bürgerlichen auffassung bis ins letzte herausgearbeitet werden. der blickpunkt ist dabei berlin.
eine weitere unentbehrliche emperie für den aufbau einer marxistischen wissenschaft bietet der sozialistische aufbau in der UdSSR.

arbeitskräfte.

der wichtigkeit der werbung entsprechend, haben wir eine agitpropstelle eingerichtet. sie arbeitet in der partei, den überparteilichen und den bürgerlichen organisationen. die schulung und auswahl der kräfte erfolgt in den später dargestellten wissenschaftlichen stellen, und nach den dort gezeigten methoden. für die verbindung mit den auswärtigen kollektiven ist eine reihsstelle geplant.
die werbung im reichsmasstab dient unsere wanderausstellung.
neue kollektive sind gegründet bezw. geplant im ausland: moskau, prag, stockholm, paris, rotterdam, im inland: dessau, stuttgart, hamburg, elberfeld, frankfurt/main, krefeld, köln, essen, duisburg, düsseldorf, hagen, halle, karlsruhe, mannheim.
als ziel war die schaffung von tausend roten technikern bis zur oktoberfeier gedacht.

3) methoden:

die kernarbeit soll in einem planbüro geleistet werden, in dem täglich bestimmte stunden gearbeitet wird. das planbüro hat die aktuellen aufgaben, möglichst bis zu einer klaren fragestellung für die verschiedenen forschungsgebiete vorzubereiten. mit der weiterarbeit betraut es geeignete kräfte, die aus der mitgliederschaft besondere arbeitsgemeinschaft bilden.

./.

the findings of the individual papers of the working groups or of single trained members are then appraised by the planning office and put together to form one unit. To illustrate this method, marx is to be quoted; however, the formal method of representation also has to differ from the research approach. the research has to engage with the material in detail, analyzing its diverse forms of development and identifying the bond that links them internally. only once this work has been completed, can the real movement be presented accordingly. if this is successful and the life of the material is reflected in an ideal form, it may look as if one is dealing with an a priori construction. after such a construction – – – a framework for scientific work – – – has been established, the task is then to fill each of the individual fields of this framework. following the law of least resistance, this will take place very disparately and with gaps. nevertheless, under no circumstances is this total point of view, this systematic work, to be replaced by the anarchic bourgeois method of work. every person working on this has to bear the overall plan in mind so that he is always able to contextualize and evaluate the smallest part of this work clearly and correctly.

those considered for individual lectures are:

proletariat: schumman, mdr., oberdörster, MdL., lucha, schneller, renner, gollmich, dr. reich, dr. weiss, dr. halle, dr. swienty, dunker, wittvogel, kuczinsky, goldschmidt, schminke, and a speaker from masch.

bourgeoisie: wagner, gropius, mächler, taut, gutkind, rappaport, heiligethal [sic], reuter, julius hirsch.

whatever the circumstances, young collectives are advised against inviting eminent bourgeois specialists to speak before a clear general line for the work has been elaborated.

4) intended results: the months of july and august are scheduled for collecting the materials, september and october for evaluating and presenting.
the agitprop department works continuously together with the scientific management to handle the press. the vivid experiences will be published in monthly cell newspapers, whereby we regard the program of the proletarian building exhibition as no. I. issue no. II is expected to be published in august.
preparatory papers and brochures remain subject to their own work planning.

collective for socialist building
berlin, n.o. 43

working group
arthur korn

die ergebnisse der einzelarbeiten der arbeitsgemeinschaften oder auch einzelner ausgebildeter mitglieder werden dann vom planbüro überwacht und zu einem ganzen zusammen gefügt. zur veranschaulichung dieser methode sei marx zitiert: allerdings muss sich audhdie darstellungsweise formell von der forschungsweise unterscheiden. die forschung hat den stoff sich im detail anzueignen, seine verschiedenen entwicklungsformen zu analysieren und deren inneres band aufzuspüren. erst nachdem diese arbeit vollbracht ist, kann die wirkliche bewegung entsprechend dargestellt werden. gelingt dies und spiegelt sich nun das leben des stoffes ideell wider, so mag es aussehen, als habe man es mit einer konstruktion a priori zu tun. nachdem eine solche konstruktion --- ein gerüst der wissenschaftlichen arbeit --- gewonnen ist, wird daran gegangen, die einzelnen felder des gerüstes zu erfüllen. dies wird nach dem gesetz des geringsten widerstands sich sehr ungleich und lückenhaft vollziehn. unter keinen umständen aber ist diese totale betrachtungsweise, diese planarbeit durch die anarschische bürgerlichearbeitsweise zu ersetzen. jedem mitarbeiter muss der gesamtplan gegenwärtig sein, damit er die kleinste teilarbeit in klarem und rechtem zusammenhang und gewicht stets zu werten vermag.

für einzelvorträge sind in aussicht genommen:

proletariat: schumann, mdr., oberdörster, MdL., lucha, schneller, renner, gollmich, dr. reich, dr.weiss,dr.halle,dr.swienty, dr.dunker, wittvogel, kuczinsky, goldschmidt, schminke und ein referent der masch.

bourgeoisie: wagner,gropius, mächler, taut, gutkind, rappaport, heiligethal, reuter, julius hirsch.

es ist jungen kollektiven unter allen umständen abzuraten, sich bürgerliche fachleute von rang als referenten zu bestellen, ehe eine klare generallinie für die arbeit hergestellt ist.

4)<u>angestrebte ergebnisse:</u> für die monate juli und august ist die herbeischaffung des materials, für september und oktober die auswertung und darstellung gedacht.
die agitpropabt. mit der wissenschaftl. leitung gemeinsam bearbeiten laufen die presse. die lebendigen erfahrungen werden in monatlichen zellenzeitungen herausgebracht, wozu wir das programm der proletarischen bauausstellung als nr. 1 betrachten. august erscheint voraussichtlich das heft II.
lehrbriefe und broschüren bleiben einer eigenen arbeitsplanung vorbehalten.

kollektiv für sozialistisches bauen
berlin, n.o. 43

arbeitsgemeinschaft
arthur korn.

Außerordentliche Tagung der internationalen Kongresse für neues Bauen (CIAM), Berlin 1931

Die stenografische Mitschrift[1] der außerordentlichen CIAM-Tagung ist ein einzigartiges historisches Dokument, da sich hier eine Reihe von Vertretern der klassischen Avantgarde in einer Zeit des Umbruchs grundsätzlich zu ihren Auffassungen über das Verhältnis von Architektur und Politik äußern. Anlass für die Debatte sind die Vorbereitungen für die geplante CIAM-Tagung zur funktionellen Stadt in Moskau 1932. Die holländischen Vertreter um den neu gewählten Vorsitzenden Cornelis van Eesteren stellten einen Vorschlag für die gemeinsame Analyse von Städten vor, welche insbesondere von Arthur Korn und den tschechoslowakischen und polnischen Vertretern scharf kritisiert wurde. Korn sah in dem holländischen Vorschlag eine rein statische Zustandsbeschreibung, die eine kritisch-historische Analyse der zugrundeliegenden Prozesse, der Klassen- und Produktionsverhältnisse vermissen ließ. „Die Stadt ist vor allem ein gesellschaftliches Phänomen. Man kann nichts über eine Stadt aussagen, wenn man nicht ihre gesellschaftliche Struktur untersucht."[2] Er fordert eine Analyse auf marxistischer Grundlage[3]. Bevor Mies van der Rohe die Grundsatzfrage stellt, plädiert Gropius dafür, dass alle Ländergruppen gemäß der holländischen Vorschläge eine Analyse durchführen, dass sie aber zudem fakultativ Vorschläge für Neuplanungen beziehungsweise den Umbau von Städten präsentieren können. Bei diesen seien die gesellschaftlichen Strukturen ein Kardinalpunkt. Aber die CIAM könne hier keine Festlegung treffen. Denn die Dinge seien im Fluss.[4]

Herr Mies van der Rohe[5]:
Ich glaube, der Kongreß ist vor zwei Fragen gestellt. Die erste Frage lautet: ist Städtebau im Wesentlichen eine politische Frage? Die zweite Frage heißt: soll oder kann sich der Kongreß damit befassen?

Herr Aalto – Finnland:
In dem Merkblatt steht, daß wir ein Kongreß von Architekten sind, nicht von Soziologen, Politikern oder sonst etwas. Unsere Arbeit ist also eine typische Architektenarbeit. Es ist sehr schwer, in städtebaulichen Fragen eine Grenze zwischen politischen und technischen Fragen zu ziehen, jedenfalls solange wir uns mit der totalen Stadt beschäftigen. Ich glaube, in dem Arbeitsprogramm, das Professor Gropius uns näher erklärt hat, ist der zweite Punkt die Methoden für die konstruktive Stadt, für uns als Techniker der Hauptpunkt. Es ist auch ein klarer Berührungspunkt zwischen den zwei Arten von Städten, – ich will sie nennen: sozialistischen und bürgerlichen Städten. Beide brauchen Einzelheitslösungen, von Architekten ausgearbeitet, und dabei bietet diese Gruppe auch die am meisten klare Frage, die von Architekten diskutiert werden kann. Ich will nur diese wenigen Worte sagen, weil ich das Schwergewicht unserer Diskussion auf die Detailfragen der städtebaulichen Methoden legen will.

Herr Bücking – Tschechoslowakei:
(...) (Ich möchte) ... dem zustimmen, was Professor Gropius gesagt hat. Wir sind durchaus bereit, die Arbeiten in dem Sinne durchzuführen, wie es von den Holländern vorgeschlagen worden ist. In der Tschechoslowakei sind durch verschiedene städtebauliche Wettbewerbe dafür besonders die Voraussetzungen gegeben; es ist bereits in weitem Umfange Material als Unterlage für diese Arbeit vorhanden. Wir glauben, daß diese Vorarbeiten notwendig sind und sehr fruchtbar sein werden. Wir sind aber auch der Meinung, daß uns diese Arbeiten allein zu keinem Ergebnis führen können. Das Ergebnis wird unbedingt in der Linie liegen, die Herr Mies soeben angedeutet hat, und zu der die Entwicklung der Kongresse im allgemeinen drängt. Ich will noch einmal das widerholen, was Herr Nesis gesagt hat: Die Kongresse haben damit angefangen, daß sie sich mit der Wohnfrage als der isolierten Frage des guten Wohnens der einzelnen Familien beschäftigen. Man hat Grundrisse konstruiert und Wohnformen aufgestellt. Man ist dann zu dem Ergebnis gekommen, daß man mit diesen Wohnformen allein nichts anfangen kann, sondern die Frage untersuchen muß: in welcher Weise kann man diese Wohnungen gruppieren, wie sind die Bebauungsweisen im Verhältnis zu den bestehenden Vorschriften usw. durchführbar und zu variieren? Man hat dem Brüsseler Kongreß dieses Thema gegeben; man hat die Bebauungsweisen studiert und ist zu dem Ergebnis gekommen, daß man mit den Bebauungsweisen allein auch nichts anfangen kann, sondern daß man sehen muß: wie werden die Städte geplant, welche Bedingungen sind für die Entwicklung maßgebend usw.? Auf dem kommenden Kongreß in Moskau soll also dieses Thema zur Debatte stehen: wie entwickelt sich die Stadtform, welche Gesichtspunkte sind für die Entwicklung der Stadtform maßgebend? Da sind wir mit verschiedenen Vorrednern der Meinung, daß die Vorschläge, die gemacht wurden, um die Entwicklungstendenzen der Stadtformen zu erkennen, nicht ausreichend sind. Es sind lediglich mechanische oder statische Methoden vorgeschlagen worden, um zu erkennen, wie die Stadt aussieht. Das ist eine sehr diffizile und durchaus wissenschaftliche Methode; man konstatiert in einem genaueren Maße, als das gewöhnlich in Statistiken, Karten und dergl. der Fall ist, wie die Stadt aussieht. Wir wissen aber damit nicht, wie sie sich entwickelt hat und welche weiteren Tendenzen der Entwicklung bestehen. Wir werden unsere Auffassungen und Anträge zu dieser Frage bis morgen formulieren und der Konferenz einreichen. Wir möchten schon heute darauf hinweisen, daß der Kongreß nach unserer Meinung auch bei dieser Frage sehr bald zu der notwendigen Konsequenz kommen wird, die auch schon bei den beiden anderen Kongressen aufgetreten ist; er wird notwendigerweise zu der Erkenntnis kommen, daß die Frage der Stadtform, isoliert betrachtet, wiederum zu nichts mehr führt, als die Betrachtung der Wohnformen und der Bebauungsweisen. Die Stadtformen sind abhängig von den Produktionsverhältnissen und von den auf den Produktionsverhältnissen basierenden Machtverhältnissen. Es hat also keinen Zweck, Stadtformen allein zu analysieren und zu reformieren; es müssen die politischen und produktionstechnischen Voraussetzungen analysiert und klargelegt werden. Ob sich die Architekten kompetent fühlen, diese Sache zu untersuchen, ist eine Frage, die die Architekten entscheiden müssen. Wenn wir die Absicht haben in der Entwicklung des Städtebaus eine Richtung aufzustellen und Linien anzugeben, in welcher Weise eine Verbesserung der vorhandenen Städte möglich ist, und in welcher Weise neue Städte zu konstruieren sind, dann müssen wir zu diesen Fragen Stellung nehmen. Je weiter die erkenntnistheoretische Entwicklung auf dem Gebiet des Bauens

und auf allen anderen geistigen Gebieten fortschreitet, um so notwendiger wird es, daß die Menschen, die sich damit befassen, diese grundlegende Stellung einnehmen.

Herr Gropius:
Nur eine kurze Bemerkung, die vielleicht dazu beitragen kann, die Frage, die Herr Mies aufgeworfen hat, schneller zu erledigen. Als die deutsche Gruppe über die Frage beraten hat, hat diese Frage eine große Rolle gespielt, und ich glaube, es herrschte volle Übereinstimmung darüber, daß der Ausgangspunkt die gesellschaftliche Struktur ist. Welche Form diese gesellschaftliche Struktur hat, muß der Initiative überlassen bleiben. Die Arbeitsform, die ich vorhin vorgeschlagen habe, umfaßt das bereits, indem die Initiative einzelnen kleinen Gruppen überlassen wird, die von ihren Vorstellungen aus an das Problem herangehen. Ich glaube, damit würde die aufgeworfene Frage gelöst sein. Wir können nicht vom Kongreß aus von vornherein eine bestimmte gesellschaftliche Struktur vorschreiben, sondern es wird notwendig sein, daß sich das aus der Arbeit selbst heraus entwickelt. Es sind verschiedene Strukturen denkbar, und die einzelnen Gruppen sollen entscheiden, welche sie wählen wollen.

Vorsitzender:
Die Frage wäre jetzt also, ob man zu dem Vorschlag von Herrn Mies Stellung nehmen soll.

Herr Mies van der Rohe:
Es war kein Vorschlag von mir, sondern ich habe nur festgestellt, daß der Kongreß vor zwei Fragen gestellt ist. Die eine lautet: ist Städtebau im Wesentlichen eine politische Frage? Die zweite lautet: soll sich der Kongreß damit befassen?

Vorsitzender:
Meine Herren, meinen Sie, daß man zu der ersten Frage, die Herr Mies soeben formuliert hat, Stellung nehmen soll?
(Zurufe: Abstimmen können wir doch darüber nicht!)

Herr Mies van der Rohe:
Bleibt nicht, wenn Sie das nicht aussprechen, alles in der Luft hängen? Man muß doch zu der Frage Stellung nehmen. Aus welchem Grunde sollen wir nicht deutsch reden?
(Zurufe)

Herr Korn – Deutschland:
Ich bin der Meinung, daß man die Frage nicht so stellen kann, wie es Herr Mies getan hat. Es handelt sich hier um einen sehr komplexen Begriff. Der Städtebau ist unter anderem auch eine politische Frage. Wenn man die Frage so heraustrennt und radikalisiert, bedeutet das, ihr jeden Sinn nehmen. Wir bemühen uns alle, eine gemeinsame Linie zu finden, die es sowohl der einen wie der anderen Seite möglich macht, fruchtbar mitzuarbeiten, sowohl dem einzelnen gegenüber, daß er sich in den neuen Aufbau langsam einfügen kann, daß ihm der Weg dazu erleichtert wird, als auch auf der anderen Seite dem Aufbau von Rußland fruchtbare Mitarbeit zuteil werden zu lassen. Eine solche Fragestellung wie die von Herrn Mies, in so radikal zugespitzter Form, hat also gar keinen Sinn. Ich bitte daher, die Beantwortung der Frage einfach abzulehnen.

Herr Nesis – Tschechoslowakei:
Nach meiner Auffassung ist die Fragestellung von Herrn Mies unrichtig, weil, wie richtig gesagt worden ist, der Städtebau nicht lediglich eine politische, sondern auch eine politische Frage ist.
(Herr Mies van der Rohe: Ich habe gesagt: im wesentlichen!)
– Im wesentlichen ist es ein soziales, gesellschaftliches, ökonomisches, technisches, architektonisches Problem. Hinzu kommt aber noch, daß in die Richtlinien über das zu verarbeitende Material die Frage der gesellschaftlichen Struktur der Städte hineingetragen wird und es nicht der Initiative einer Gruppe überlassen bleibt, ob wir darüber eine Auskunft bekommen. Wir fordern nicht, daß sich die Leute zu jedem politischen Regime positiv oder negativ einstellen; aber wie das politische Regime beschaffen ist, wie sich die ökonomischen und politischen Klassenverhältnisse im Staate bilden, darüber wollen wir unbedingt von jeder Gruppe Material bekommen. Ich werde morgen eine genaue Formulierung vorlegen, welche Fragen wir noch zu der ganzen Arbeit hinzufügen müssen, um ein richtiges Bild zu bekommen.

Herr Mendelssohn – Deutschland:
Mir scheint, daß alle zugespitzten Formulierungen unrichtig sind. Mir kommt es immer so vor, als ob man Eier legt, ohne zu wissen, ob über diese Eier der Hahn gegangen ist. Das soll kein Witz sein. Wir sind ein internationaler Kongreß, und es ist unmöglich, diesen Kongreß als politische Manifestation aufzuziehen. Ich habe, als die deutsche Gruppe über diese Frage diskutiert hat, gesagt, man könnte die erste allgemeine

Sitzung dazu benutzen, über Kommunismus und Kapitalismus in Bezug auf unsere Arbeit zu diskutieren, oder aber man läßt den Spielraum, den die Welt heute auch jeder einzelnen Nationalität, jedem einzelnen Begriff läßt. Weil wir ein internationaler Kongreß sind, und weil hier viele Landsmannschaften vereinigt sind – einerseits solche, in denen die heute bestehende Ordnung als wesentlich, andererseits als solche, in denen sie als unwesentlich betrachtet wird –, kann man nicht den Kongreß zwingen, sich auf eine Form festzulegen. Wir wissen, daß Städtebau nicht eine einfache, sondern eine komplexe Angelegenheit ist, daß die Stadt nicht allein aus Wirtschafts- und Produktionsweisen entsteht, sondern durch das Leben der Menschen neben – und miteinander geboren wird. Das geschieht immer unter einer Machtform, und diese Machtform im einzelnen darzulegen, ist eine Angelegenheit – da stimme ich Herrn Gropius zu –, die jeder für sich aus seiner Initiative und seiner Weltanschauung lösen soll. Nur so werden wir fruchtbringende Arbeit leisten. Es hat gar keinen Sinn, wenn sich der Kongreß z.B. dafür entscheidet, nur von der sozialistischen Stadt oder nur von der Stadt der Zukunft auszugehen; denn dann werden wir wieder in einen Raum stoßen, der luftleer ist und planleer bleiben wird.

Herr V e r w i l g h e n – Belgien:
Die Ausführungen des Herrn Verwilghen wurden von Herrn Giedion wie folgt wiedergegeben:

Die Stadt ist der architektonische Ausdruck einer politischen Herrschaft und einer sozialen Ordnung und Schichtung, die besteht, oder von der man wünscht, daß sie bestehen soll.

[...]

Herr S y r k u s – Polen:
Die politischen und ökonomische Probleme, deren Wichtigkeit für jeden von uns selbstverständlich ist, sind von den Architekten als indirekte Fragen zu betrachten oder als Konsequenz ihrer Tätigkeit anzunehmen. Die soziale Revolution ist zwar bisher noch nie das Werk der Architektenschaft gewesen, aber die Architektur ist wohl imstande, die radikalsten Ideen durch Bauten zu verkörpern. Die bahnbrecherischen konstruktiven, wohntechnischen und städtebaulichen Postulate der internationalen Kongresse für Neues Bauen können deshalb in Zukunft eine direkte Kraft auf die Umstellung der Lebensformen ausüben, eine Kraft, deren Zwang ebenso stark wird wie die des Kanonenfeuers, aber um wieviel erfolgreicher.

Das ist unser Wirkungsgebiet; die direkte politische Arbeit müssen wir den Spezialisten überlassen. Der programmatische Teil unserer Arbeit muss aber in engster Zusammenarbeit mit diesen Spezialisten entstehen. Sie müssen in jedem Lande zur Mitarbeit eingeladen werden, wie es bei der Vorbereitung des Frankfurter Kongresses schon der Fall war. Diejenigen von uns, die der russischen Sprache mächtig sind, sind durch die Fachliteratur und Presse von den heftigen Programmkämpfen in Russland informiert, so z.B. über die Frage des sogenannten Sozgorods, das heisst einer Stadt, die auf der Grundlage des Kollektivlebens, neuer Produktionsmethoden und Verkehrslösungen entworfen wird, und die mit der auf das Einfamilienleben eingestellten Siedlung zu kämpfen hat. Wenn auch das Phänomen des Einfamilienlebens in Sowjetrussland existiert, so ist der Fortschritt der kollektiven Lebensformen in den übrigen Ländern viel langsamer. Die neuesten Pläne und Realisationen von Siedlungen und Städten Europas leiden an Hypertrophie der Wohnungsbauten und an Blutsucht der Sozialbauten.

Ich erlaube mir also den Vorschlag, die Bearbeitung der Pläne für eine funktionelle Stadt auf Grundlage der kollektiven Lebensformen, neuer Arbeits- und Transport- und Produktionsmethoden als obligatorisches Thema für jede Landesgruppe zu betrachten. Ich muss stark betonen, dass es sich dabei für viele Städte keineswegs um utopische Projekte handelt. Für uns ist es z.B. eine dringende Not.

Der analytisch-kritische Teil der bestehenden Städte darf demgegenüber unsere Leistungsfähigkeit nicht zu sehr in Anspruch nehmen. Die bestehenden Städte haben meist nur finanziellen Wert, in sozialer und hygienischer Hinsicht sind sie meist unheilbare Abcesse, die zwar von grossem Interesse für theoretisch-wissenschaftlich arbeitende Historiker sind, für die aber die im Städtebau praktisch tätigen Architekten keine Zeit vergeudet sollten. Die schweizerische Zeitschrift ABC, von der wir stets ein gutes Andenken haben, pflegte die schlechten Beispiele mit zwei dicken Strichen durchgestrichen zu reproduzieren. Analog könnte der kritische Teil unserer Arbeit für den nächsten Kongress aussehen. In Warschau haben die Behörden viel Geld und Zeit der Stadtanalyse gewidmet; wir werden das vorhandene Material dem Kongress möglichst zu Verfügung stellen.

Der Schwerpunkt der Arbeit, die das polnische Ingenieurkollektiv Präsens für den nächsten Kongress leisten will, wird in der Bearbeitung unserer Konzeption der neuen Stadt Warschau bestehen, die aufzubauen ist. Die existierende Stadt wollen wir ihrem Schicksal überlassen, da ihre Verbesserung finanziell unmöglich ist und der Aufbau einer neuen Stadt viel billiger und in konstruktiver, wohntechnischer und funktioneller Hinsicht viel vollkommener sein kann. (...)

Herr May:
Mir scheint fraglich zu sein, ob mit einer einzigen Lösung dem heutigen Stande des Städtebaues überhaupt gerecht zu werden ist. Ich glaube, da wir ein internationaler Kongress sind, müssen wir die doppelte Lösung bringen: wir müssen die Stadt in der kapitalistischen und in der sozialistischen Welt betrachten. Das sind zwei absolut verschiedene Dinge. Anderenfalls müsste der Kongress ein politisches Bekenntnis ablegen. Ich weiss nicht, ob er das will oder soll. Ich persönlich glaube, dass es falsch wäre. Um alle Irrtümer und Missverständnisse zu vermeiden, muss von vornherein die doppelte Aufgabe klar betont werden. Den Handel zum Beispiel, von dem vorhin die Rede war, gibt es in der sozialistischen Stadt gar nicht in dem Masse. Ich bin also, gerade hinsichtlich des Idealprojekts, das ich für sehr wichtig halte, der Meinung, dass wir von vornherein die Zweiteilung – auf der einen Seite die ideale kapitalistische Stadt, auf der andere Seite die ideale sozialistische Stadt – vornehmen sollten. Dann kann jeder das machen, wozu er innerlich neigt. Ich füge hinzu, aus welchem Grunde ich diesen Vorschlag mache. Es ist Ihnen vielleicht bekannt, dass die Arbeiten von Courvissier in der letzten Zeit mit dem Hinweis darauf scharf angegriffen worden sind, dass in ihnen kapitalistische Tendenzen seien, dass sie mit dem zukünftigen Leben der sozialistischen Stadt nichts gemein hätten. Um Missverständnisse dieser Art von vornherein zu vermeiden, empfiehlt es sich, die Problemstellung deutlich zu betonen. Ich darf darauf hinweisen, dass in Russland selbstverständlich eine ganz klare Zielsetzung besteht, dass man dort mit absoluter Eindeutigkeit auf dem Boden der sozialistischen Stadt steht. Durch meinen Vorschlag wird auch vermieden, dass allen denjenigen, die in kapitalistischen Ländern leben und dort reale Verhältnisse schaffen wollen, von vornherein der Boden ihrer Arbeit entzogen wird. Wenn Sie einen Kongress in einem sozialistischen Lande abhalten wollen, müssen Sie schon die von mir vorgeschlagene Teilung vornehmen, um zu zeigen, worum es geht.

Nachbemerkung:
Am zweiten Tage des Kongresses stimmen die Teilnehmer dem Vorschlag Korns zu, dass er und weitere Vertreter einer marxistischen Denkweise in die Kommission zu Vorbereitung des CIAM-Kongresses in Moskau aufgenommen werden. Die Vorgaben zur Analyse sollen überarbeitet werden. Van Eestern regt zudem an, dass die CIAM-Mitglieder die von Korn mitverantwortete Proletarische Bauausstellung aufsuchen. Trotz der inhaltlichen Kontroverse ist ein allseitiges Bemühen zur Verständigung erkennbar. Doch in den kommenden Monaten und Jahren scheiden sich die Wege. Der CIAM-Kongress in Moskau kommt nicht zustande, die linksfunktionalistischen tschechoslowakischen Architekten ziehen sich aus der Mitarbeit an CIAM zurück. Sie organisieren vom 29.10. bis 1.11.1932 in Prag einen internationalen Kongress linker Architekten, auch mit Vertretern aus Ungarn, Polen, Deutschland, Schweden, dem im Februar 1933 die Gründung eines „Bundes sozialistischer Architekten“ (SSA) folgt.[6] Die Delegiertenversammlung der CIAM wiederum beschließt 1934 in London, dass die CIAM eine rein fachliche Organisation sei, die sich politischer Äußerungen enthalte.

1 *Protokoll der Außerordentlichen Tagung der internationalen Kongresse für Neues Bauen, Berlin 4. und 5. Juni 1931*, unpubliziertes Typoskript, gta Archiv / ETH Zürich, CIAM-Archiv, 42-04-1-2-5/6. Wir danken dem gta Archiv für die Erlaubnis zur auszugsweisen Erstveröffentlichung.

2 Ebd., Protokoll des 1. Tages, S. 27.

3 Vgl. ebd., Protokoll des 2. Tages, S. 15.

4 Vgl. ebd., Protokoll des 1. Tages, S. 47.

5 Der hier abgedruckte Auszug beginnt mit Seite 49 des Protokolls des ersten Tages und endet – unter einigen Auslassungen – mit Seite 18 des Protokolls des zweiten Tages.

6 Vgl. Simone Hain, „Linker Funktionalismus – zu einem vergessenen Kapitel", in: *Wissenschaftliche Zeitschrift der Hochschule für Architektur und Bauwesen Weimar* 29, 5–6, 1983, S. 387–390.

Special Congress of the International Congresses of Modern Architecture (CIAM), Berlin 1931

The stenographic transcript of the Special CIAM Congress is a unique historical document.[1] *At a time of radical change, the minutes of this Congress record the views expressed by a group of leading exponents of the classic avant-garde on the relationship between architecture and politics. Their debate took place in the context of preparing for the planned CIAM Congress in Moscow in 1932 on "The Functional City." The Dutch group around the newly elected CIAM President Cornelis van Eesteren presented a method of urban analysis which, in their view, should be adopted by all groups for the upcoming Congress. This proposed analytical approach was fiercely criticized, especially by Arthur Korn and the Czech and Polish representatives. In Korn's view, the Dutch group was advocating a purely statistical method of mapping and analyzing urban space totally devoid of any critical historical analysis of the underlying processes, class relations, and the relations of production. "Above all, the city is a social phenomenon," he objected. "You can say nothing about a city if you don't investigate its social structure."*[2] *Korn then called for an analysis applying Marxist principles.*[3] *Before Mies van der Rohe posed the all-important question, Walter Gropius put the case for all country groups conducting an urban analysis on the basis of the Dutch proposal, with the additional option of presenting suggestions for reconstructing cities or planning new ones. In these latter cases, he pointed out, the role of social structures was crucial. Here though, he continued, since things are in flux, CIAM cannot make any particular commitments to one structure or another.*[4]

Mr. Mies van der Rohe:[5]
In my view, the Congress is facing two questions. The first question: Is urban planning essentially a political issue? The second question is: Can or should the Congress concern itself with it?

Mr. Aalto – Finland:
The leaflet says that we are a Congress of architects, not of sociologists, politicians, or whatever. In other words, our work is typical architectural work. In urban planning, it's very hard to draw a line between political and technical issues, at least as long as we are looking at the city in its entirety. In our work as engineers, I believe that the key point on the work program which Professor Gropius elucidated in greater detail is the second point—methods for the constructive city. This is also a clear point of contact between two types of cities—I will term them the socialist and bourgeois cities. Both of them need individual solutions developed by architects and, what is more, this group also provides the clearest question that can be discussed by architects. I will only say these few words, as I would like to focus our discussion on the detailed issues in urban planning methods.

Mr. Bücking – Czechoslovakia:
[...] I [...] agree, by and large, with Professor Gropius' remarks. We are quite ready to realize works in the spirit proposed by the Dutch national group. In Czechoslovakia, the basis for this already exists, in particular, thanks to various urban planning competitions; the material to provide a basis for this work is already widely available. We believe this groundwork is essential and will be very fruitful. But we also think that this work, by itself, cannot lead to any result. Undoubtedly, the result will come from following the direction which Mr. Mies has just suggested, and which we are generally prompted to by the development of these Congresses. I would like to repeat again, what Mr. Nesis said: The Congresses began by examining the housing question as the isolated issue of creating a good standard of housing for individual families. So ground plans and forms of housing were drawn up and designed. This led to the conclusion that it is useless to start just with forms of housing on their own. Instead, the issue to be considered is: How can the dwellings be grouped, how can site planning be conducted and varied in the context of existing regulations? The Brussels Congress was dedicated to this topic; we studied site planning, and the upshot was that it is also useless just to start solely with site planning. Instead, we have to consider: How are cities planned, what conditions are crucial in their development and so on? So this is now to be the topic debated at the planned Congress in Moscow: How does the urban form develop, and what aspects are crucial in the urban form's development? Here, we agree with various previous speakers that the proposals put forward to identify the tendencies in the development of urban forms do not go far enough. Only mechanistic or structural methods have been suggested as a way of identifying the city's appearance. This is a very meticulous and thoroughly scientific method; one establishes the city's appearance using a more precise measure than commonly found in statistics, maps, and the like. But this does not tell us how the city developed, and which further tendencies to development exist. We will draft our opinion and proposals on this question by tomorrow and submit them to the conference. Today, we would like to point out already that, in our view, the Congress will soon arrive at the same inescapable conclusion on this issue as it has at the other two Congresses; it will inevitably arrive at the insight, yet again, that considering the question of the urban form in isolation is just as fruitless as solely examining forms of housing and site planning. The forms of cities depend on the relations of production and the power relations based on those productive relations. In other words, there is no point in merely analyzing and reforming urban forms; what is needed is to clarify and analyze the political and

production-related conditions. Whether architects feel qualified to investigate this issue is something they have to decide for themselves. If we intend to establish an approach in developing city planning and set out ways to improve existing cities and construct new cities, we have to take a stand on these issues. The more the theory of knowledge advances in construction as well as in all other intellectual spheres, the more it will be necessary for the people concerned with these areas to adopt this fundamental position.

Mr. Gropius:
Just a brief comment, which may help to settle the question raised by Mr. Mies more quickly. When the German group was discussing the question, this issue played a major role and, as I see it, there was full agreement on starting with the social structure. What form this social structure takes has to be left to the respective initiative. The mode of working I proposed previously already includes just that, since it will be left to the initiative of individual small groups to approach the problem on the basis of their own ideas. This would, I believe, solve the issue raised. We cannot prescribe a certain social structure in advance, originating from the Congress. Instead, it will be necessary to develop it from our work itself. Various structures are conceivable, and the individual groups ought to decide which they want to choose.

Chair:
So the question would now be whether we should state our positions on the proposal put forward by Mr. Mies.

Mr. Mies van der Rohe:
I did not put forward a proposal. I merely noted that the Congress is facing two questions. The first one: Is urban planning essentially a political issue? The second question is: Ought the Congress to concern itself with it?

Chair:
Gentlemen, do you think that we should express our views on the first question which Mr. Mies has just posed?
(Shouts: We can't have a vote on that!)

Mr. Mies van der Rohe:
But if you don't express your views on it, isn't everything just left up in the air? You must take a stance on the issue. Why shouldn't we address it openly?
(Heckling)

Mr. Korn – Germany:
In my opinion, one cannot pose the question as Mr. Mies has done. We are dealing here with a very complex concept. Among other things, city planning is also a political issue. If you separate out this issue and radicalize it in this way, you deprive it entirely of any meaning. We are all making an effort to find a common approach which will allow both sides to work together fruitfully, both in terms of the individual, enabling each person gradually to adapt to this new development, making the path easier, as well as, on the other hand, being ready to lend one's support to fruitfully co-operating in Russia's reconstruction. There is, then, absolutely no sense in positing the question in the way Mr. Mies has done, in such a radically exaggerated form. Therefore, I would ask simply to reject the call to give an answer to this question.

Mr. Nesis – Czechoslovakia:
In my view, the question as posited by Mr. Mies is incorrect since, as has been rightly pointed out urban planning is not only a political issue, but also a political issue.
(Mr. Mies van der Rohe: I said, essentially!)
—Essentially, it is a social, societal, economic, technical, and architectonic problem. In addition, however, the question of the social structure of the cities becomes a part of the guidelines on the material to be considered, and whether we have information about that is not down to one group's initiative. We are not calling for people to take a positive or negative stance on each and every political regime; but we definitely want to have material from every group on how each political regime is constituted, and how the economic and political class relations are shaped in the state. Tomorrow, I will present a precise draft of the questions we need to add to this entire business to gain a proper picture.

Mr. Mendelssohn – Germany:
It seems to me that all exaggerated formulations are incorrect. I always have the impression it's as if one is laying eggs without knowing whether the rooster was involved. That's not supposed to be a joke. We are an international Congress and it is impossible to stage this Congress as a political manifestation. When the German group was discussing just this issue, I said that one could use the first general session to discuss communism and capitalism in relation to our work, or one just leaves the latitude that the world grants today to each nation, and every single concept. Since we are an international Congress, and since many different country groups are brought together here—on the one hand, those from countries where the regime in power today is regarded as fundamental, and on the other hand, those where it is not regarded as fundamental—, one cannot force the Congress to declare itself for one form. We realize that urban planning is a complex and not a simple affair and that the city is not solely created by the economic system and the means of production, but is born from people living their lives with each other and next to each other. This always occurs under some form of power relations, and exposing this form of power in detail is a matter—and here I agree with Mr. Gropius—which each of us needs to resolve on the basis of individual initiative and worldview. This is the only way we will manage to work fruitfully. It makes absolutely no sense for the Congress to resolve, for example, only to take the socialist city or just the city of the future as the starting point of our deliberations; in that way, we will then enter a space that is void of substance and will remain void of plans.

Mr. Verwilghen – Belgium:
Mr. Giedion gave the following account of the comments by Mr. Verwilghen:
The city is an architectonic expression of political power and a social order and stratification which exists, or which one hopes will exist.
[...]

Mr Syrkus – Poland:
Architects are supposed to regard the political and economic problems, whose importance naturally we are all aware of, as indirect issues or acknowledge them as the consequence of their activities. Although the remit of the architectural profession may never have included social revolution, nevertheless architecture is undoubtedly capable of designing buildings embodying the most radical ideas. Therefore, the pioneering axioms in construction, housing technologies, and city planning developed by the International Congresses of Modern Architecture can be a direct force in future for changing the way we live, a force with the same powerful compulsion as canon fire, but far more successful.

This is our area of activity; we must leave direct political work to the specialists. However, the programmatic part of our work has to be developed in the closest co-operation with these specialists. They have to be invited to participate in each country, as was the case in preparing the Frankfurt Congress. Those of us with a good command of Russian are aware from our reading of the specialist literature and press of the intense clashes over policy in Russia including, for example, the issue of the so-called *Sotsgorod*, a city designed on the basis of communal life, new production methods, and transport solutions, which is at odds with estates designed for single families. Even though the phenomenon of single-family housing exists in Soviet Russia, the advance of communal ways of life in other countries is far slower. The latest plans and realizations of estates and cities in Europe suffer from a hypertrophy of house construction and hemophilia of affordable dwellings.

So I am taking the liberty of proposing that we adopt the drafting of plans for a functional city based on communal ways of life, new methods of work, transport, and production as a mandatory topic for each country group. I must emphasize strongly that this is far from being a Utopian project for many cities. In our case, for instance, it represents a very real urgent need.

In comparison, we should not dedicate too much of our efforts to the analytical and critical aspect of existing cities. In general, the existing cities only have a financial value, but in social and hygienic terms are mostly incurable abscesses, which may be of great interest for historians working in the theoretical field, but are a waste of time for architects engaged in the practical work of city planning. The Swiss journal *ABC*, which we always remember with affection, was in the habit of crossing through the poor models it printed with two thick lines. The critical part of our work for the next Congress could look similar. The authorities in Warsaw have invested considerable time and money in urban analysis; if possible, we will provide the Congress with the available material.

For the next Congress, the Polish architectural collective *Präsens* intends to focus specifically on drafting our design for the new city of Warsaw which needs to be built. We plan to leave the existing city to its fate as it is financially impossible to improve it and far cheaper to develop a new city, and this can be far more accomplished in terms of construction, function, and housing technologies. [...]

Mr. May:
It seems questionable to me whether one solution alone can ever possibly do justice to the present state of urban planning. As an international Congress, I believe we have to offer a dual solution: we have to consider the city in the capitalist as well as the socialist world. These are two completely different things. Otherwise, the Congress has to make an avowal of its political beliefs. I do not know whether it wants to or ought to do that. My personal view is that it would be wrong. To avoid all mistakes and misunderstandings, the dual task has to be clearly emphasized from the start. For example, the trade discussed earlier is not found by any means to the same extent in the socialist state. Moreover, particularly in respect of the ideal project, which I consider very important, I think that we ought to have this division right from the very start—on the one hand, the ideal capitalist city, on the other hand, the ideal socialist city. Then each of us can do what accords with our inner convictions. I'd like to add why I'm making this suggestion. You may well have heard that works by Courvissier [sic] have recently been fiercely attacked on the grounds that they show capitalist tendencies which have nothing to do with the future life of the socialist city. To avoid misunderstandings of this kind from the outset, one needs to clearly emphasize the nature of the problem. Here, may I point out that Russia, naturally enough, has the very clear objective of ensuring that, there, you are unequivocally standing on the ground of a socialist city. My proposal would also avoid, from the outset, cutting away the ground supporting the work of all those who live in capitalist countries and want to create real conditions there. If you want to hold a Congress in a socialist country you'll simply have to accept division. I am proposing to show what is at issue.
[...]

Postscript:
On the second day of the Congress, delegates voted in favor of Korn's proposal of enlarging the Committee preparing the CIAM Congress in Moscow. With the new members of Korn and other delegates taking a Marxist approach, the committee was to revise the guidelines for analyzing urban space. In addition, Van Eesteren encouraged CIAM members to visit the Proletarische Bauausstellung *(Proletarian Building Exhibition), which had been jointly organized by Korn. Evidently, despite conflicts over the substance of the issues, there was a general concerted effort to reach a mutual understanding. Nonetheless, over the coming months and years, the various factions were to go their own ways. The CIAM Congress scheduled for Moscow never took place, and the left-wing functionalist architects from Czechoslovakia withdrew entirely from co-operating with the CIAM. Instead, they organized their own international congress of left-wing architects from October 29 to November 1, 1932 in Prague, where they were joined by delegates from Hungary, Poland, Germany, and Sweden. This culminated in founding a Union of Socialist Architects (SSA) in February 1933.*[6] *At the CIAM's London meeting in 1934, the delegates passed a resolution that the CIAM was purely an international building movement, and so no political statements could be made in its name.*

1 "Minutes of the Special Congress of the *Congrès internationaux d'architecture moderne*, Berlin, June 4 and 5, 1931," unpublished typescript, gta Archives/ ETH Zurich (CIAM Archive, 42-04-1-2-5/6). We would like to thank the gta Archives for generously allowing extracts to be published here for the first time.
2 Ibid., "Minutes," June 4, p. 27.
3 Ibid., "Minutes," June 5, p. 15.
4 Ibid., "Minutes," June 4, p. 47.
5 The extract printed here starts with page 49 of the Protocol on the first day and ends—with a few omissions—with page 18 of the Minutes of the second day.
6 See Simone Hain, "Linker Funktionalismus – zu einem vergessenen Kapitel," *Wissenschaftliche Zeitschrift der Hochschule für Architektur und Bauwesen, Weimar*, 29, 5–6 (1983): 387–90.

Autoren

Heinz Deutschland, geboren 1934, ist Historiker. 1959/60 war er Mitarbeiter von Hermann Duncker an der Gewerkschaftshochschule (GHS) Bernau, und 1961 bis 1967 Leiter des Instituts für Ausländerstudium; 1967 erfolgte die Promotion, von 1967 bis 1977 war er im Diplomatischen Dienst der DDR; danach kehrte er an die GHS als Leiter der Forschungsgruppe Geschichte zurück, 1980 erfolgte die Berufung zum Professor. Er hat Publikationen u. a. zu Hannes Meyer sowie zum Baudenkmal veröffentlicht und ist Herausgeber des Briefwechsels von Käte und Hermann Duncker, der im vierten Quartal 2015 erscheint.

Tatiana Efrussi, geboren 1988, ist Kunsthistorikerin und Kuratorin. Nach ihrem Abschluss an der Lomonosov-Universität in Moskau arbeitete und forschte sie an der Moskauer Hochschule für Architektur und kuratierte dort die Ausstellung *Bauhaus in Moskau* (2012). Derzeit schreibt sie ihre Doktorarbeit zu den Aktivitäten von Hannes Meyer in der Sowjetunion 1930–1936.

Jesko Fezer, Gestalter und Autor, ist Professor für Experimentelles Design an der Hochschule für bildende Künste Hamburg. In Kooperation mit ifau realisiert er Architekturprojekte, er ist Mitbegründer der Buchhandlung Pro qm sowie Teil des Ausstellungsgestaltungsstudios Kooperative für Darstellungspolitik.

Thomas Flierl, geboren 1957, übte nach seiner Promotion 1985 an der Humboldt-Universität zu Berlin verschiedene Tätigkeiten im Bereich von Kultur und Stadtentwicklung aus, seit 2006 ist er vor allem als Bauhistoriker und Publizist tätig. Er ist Mitglied des Instituts für Geschichte und Theorie der Architektur und Planung an der Bauhaus-Universität Weimar, 2012 bis 2014 war er Gastwissenschaftler am Kulturwissenschaftlichen Kolleg der Universität Konstanz. Zu seinen jüngeren Publikationen zählt *Standardstädte. Ernst May in der Sowjetunion 1930–1933*, Berlin 2012; in Vorbereitung ist *CIAM 4 Moskau.*

Gregor Harbusch, geboren 1978, ist freischaffender Kunst- und Architekturhistoriker in Berlin. Er war Mitarbeiter bei der Zeitschrift *ARCH+* und hat von 2007 bis 2013 am gta Archiv der ETH Zürich gearbeitet, wo er die beiden Forschungs- und Publikationsprojekte *Sigfried Giedion und die Fotografie* und *Atlas of the Functional City. CIAM 4 and*

Comparative Urban Analysis leitete. Zusammen mit dem Büro BARarchitekten hat er 2013 in Berlin die Ausstellung *Ludwig Leo Ausschnitt* kuratiert und eine Publikation desselben Titels herausgegeben, die kürzlich auch auf Englisch erschienen ist. Derzeit schließt er seine Dissertation zum Berliner Architekten Ludwig Leo ab.

Christian Hiller ist Medienwissenschaftler und Kurator. Er war wissenschaftlicher Mitarbeiter in den Projekten *Schrumpfende Städte* der Kulturstiftung des Bundes, *Kunst als Forschung* der Berlin-Brandenburgischen Akademie der Wissenschaften und *Urbane Interventionen* der HFBK Hamburg. Als Gast-Kurator der Stiftung Bauhaus Dessau realisierte er mehrere Ausstellungen und Publikationen zu Film, Medien-Kunst und Performance am Bauhaus. Seit 2014 ist er Co-Kurator am Haus der Kulturen der Welt, Berlin, und Mitherausgeber der Publikationsreihe *Wohnungsfrage*.

Pedro Moreira, geboren 1965, ist Architekt, Architekturhistoriker und bildender Künstler. Nach der Mitarbeit in verschiedenen Architekturbüros – 1985–89 in São Paulo, 1989–91 in London, 1992–94 in Berlin – gründete er 1994 mit Nina Nedelykov das Büro Nedelykov Moreira Architekten. Er ist Mitglied der Architektenkammer Berlin und des Conselho de Arquitetura e Urbanismo de São Paulo – CAU-SP. Moreira ist der Biograf Alexander Altbergs und hat Beiträge über Architektur, Städtebau, Baugeschichte und Judentum in Fachzeitschriften, Büchern und Symposien veröffentlicht. 2008 erhielt sein Büro die Europa Nostra Medaille – Denkmalschutzpreis der Europäischen Union für das Museum Liebermann-Villa in Berlin.

Alexandra Nehmer studierte Kulturwissenschaft an der Humboldt-Universität zu Berlin und am Goldsmiths, University of London. Nach studentischen Forschungs- und Ausstellungsprojekten zur deutschen Kolonialgeschichte in Ost-Ghana und an der Humboldt-Universität zu Berlin arbeitet sie für *Wohnungsfrage* am Haus der Kulturen der Welt.

Philipp Oswalt, geboren 1964, ist Architekt und Publizist. Von 1988 bis 1994 war er Redakteur der Architekturzeitschrift *ARCH+*, 1996/97 Mitarbeiter im Büro OMA/Rem Koolhaas. Von 2001 bis 2003 war er Co-Leiter des von ihm initiierten Europäischen Forschungsprojekts *Urban Catalyst*, von 2002 bis 2008 leitete er das Projekt *Schrumpfende Städte* der Kulturstiftung des Bundes. 2004 war er Mitinitiator und Co-Kurator der kulturellen Zwischennutzung des Palasts der Republik *ZwischenPalastNutzung/Volkspalast.* Seit Herbst 2006 ist er Professor für Architekturtheorie und Entwurf an der Universität Kassel. Von 2009 bis 2014 war er Direktor der Stiftung Bauhaus Dessau.

Daniel Weiss, geboren 1967, ist stellvertretender Leiter des Archivs des Instituts für die Geschichte und Theorie der Architektur (gta) an der ETH Zürich. Er hat zahlreiche Publikationen zur Stadtentwicklungskritik sowie zur Architekturgeschichte und -theorie des 20. Jahrhunderts veröffentlicht. Des Weiteren war er Mitinitiator des Projektes *In der Wüste der Moderne, Koloniale Planung und danach* (Haus der Kulturen der Welt, Berlin 2008) und ist Mitherausgeber des *Atlas of the Functional City. CIAM 4 and Comparative Urban Analysis*, Zürich 2014.

Karin Wilhelm ist seit April 2012 emeritierte Professorin für Geschichte und Theorie der Architektur und Stadt. 1991 bis 2001 war sie Ordinaria für Kunstgeschichte und erste Professorin an der Technischen Universität Graz. 2001 folgte sie dem Ruf an die Technische Universität in Braunschweig. Ihre Forschungsschwerpunkte sind Architektur und Urbanisierungsprozesse des 20. Jahrhunderts: Architektur der Moderne, Bauhaus, Utopien; Raumstrukturen und Mentalitätsprägungen im Internationalisierungsdiskurs nach 1945; Ideengeschichte stadträumlicher Friedensmodelle.

Andreas Zeese ist seit 2014 in einem Wiener Architekturbüro tätig. Nach einem Studium der Architektur und Kunstgeschichte in Berlin und Wien war er 2006 bis 2014 Assistent am Lehrstuhl für Kunstgeschichte der TU Wien. Er hat Beiträge zum Kirchenbau nach 1945 in Wien, zu Arthur Korn, Theophil Hansen, Camillo Sitte und zur Wiener Ringstraße veröffentlicht.

Contributors

Heinz Deutschland, born 1934, is a historian. In 1959/60, he worked with Hermann Duncker at the Gewerkschaftshochschule (GHS) Bernau, and was head of the Institut für Ausländerstudium from 1961 to 1967. He received his doctorate in 1967. From 1967 to 1977, he worked with the East German diplomatic service. Subsequently, he returned to the GHS as head of the research unit for history. In 1980, he was appointed professor. He has published works on Hannes Meyer and historic buildings, among other things, and he is the editor of a volume on the correspondence of Käte and Hermann Duncker, which is to come out in the last quarter of 2015.

Tatiana Efrussi, born 1988, is an art historian and curator. She graduated from the Moscow State Lomonosov University, worked as researcher at the Moscow Architectural Institute, and curated the Bauhaus in Moscow exhibition (2012). Currently she is working on her doctorate about Hannes Meyer's activities in the Soviet Union 1930–36.

Jesko Fezer, designer and author, is Professor for Experimental Design at the Hochschule für bildende Künste Hamburg. He carries out architectural projects in co-operation with ifau, is co-founder of the bookstore Pro qm, and is part of the exhibition design studio Kooperative für Darstellungspolitik.

Thomas Flierl, born 1957, was involved in various activities in the field of culture and urban development after having received his doctorate in 1985 at the Humboldt-Universität in Berlin. Since 2006, he has worked mostly as an architectural historian and journalist. He is a member of the Institute for History and Theory of Architecture and Planning at the Bauhaus-Universität in Weimar. From 2012 to 2014, he was visiting researcher at the Kulturwissenschaftliches Kolleg at the University of Konstanz. His recent publications include *Standardstädte. Ernst May in der Sowjetunion 1930–1933* (Berlin 2012); *CIAM 4 Moskau* is in preparation.

Gregor Harbusch, born 1978, is a freelance art and architecture historian in Berlin. He worked at the journal *ARCH+* and from 2007 to 2013 at the gta Archives/ETH Zurich, where he headed the two research and publication projects: *Sigfried Giedion und die Fotografie* (2010) and *Atlas of the Functional City: CIAM 4 and Comparative Urban Analysis* (2014). In 2013, together with the office BARarchitekten, he curated the exhibition Ludwig Leo—Ausschnitt, and published a book with the same title, recently published in English, too. He is currently finishing his doctoral thesis about the Berlin architect Ludwig Leo.

Christian Hiller is a media scholar and curator. He has worked on research projects such as Shrinking Cities (German Federal Cultural Foundation), Art as Research (Berlin-Brandenburg Academy of Science and Humanities), and Urban Interventions (HFBK University of Fine Arts, Hamburg). As guest curator at the Bauhaus Dessau Foundation, he realized several exhibitions and publications on film, media-art, and performance at the Bauhaus. Since 2014, he has been co-curator at the Haus der Kulturen der Welt, Berlin, and co-editor of the publication series *Wohnungsfrage*.

Pedro Moreira, born 1965, is an architect, architectural historian, and artist. After working in various architects' offices—1985–89 in São Paulo, 1989–91 in London, 1992–94 in Berlin—he founded the office Nedelykov Moreira Architekten with Nina Nedelykov. He is a member of the *Architektenkammer* (Chamber of Architects) in Berlin and the *Conselho de Arquitetura e Urbanismo de São Paulo* (CAU-SP). Moreira is the biographer of Alexander Altberg and has published articles on architecture, urban planning, building history, and Judaism in professional journals and books, and spoken at symposiums. In 2008, his office received the European Union Prize for Cultural Heritage/Europa Nostra Medal for the Liebermann-Villa museum in Berlin.

Alexandra Nehmer studied Cultural Theory and History at Humboldt-Universität, Berlin, and Goldsmiths, University of London. After contributing to research and exhibition projects on German colonial history in eastern Ghana and at Humboldt-Universität, she is working as part of the *Wohnungsfrage* team at the Haus der Kulturen der Welt.

Philipp Oswalt, born 1964, is an architect and journalist. From 1988 to 1994, he was editor of the architecture journal *ARCH+*, and in 1996/97, worked at the office OMA/Rem Koolhaas. From 2001 to 2003, he was co-director of the European research project Urban Catalyst, which he himself initiated, and from 2002 to 2008, he headed the project Schrumpfende Städte run by the Kulturstiftung des Bundes. In 2004, he was co-initiator and co-curator of the project ZwischenPalastNutzung/Volkspalast, to make temporary cultural use of the Palast der Republik. Since fall 2006, he has been Professor for Architectural Theory and Planning at Kassel University. From 2009 to 2014, he was director of the Stiftung Bauhaus Dessau.

Daniel Weiss, born 1967, is the deputy director of the archives of the Institute for the History and Theory of Architecture, gta/ETH Zurich. He has published widely on the critique of urban development and twentieth-century architectural history and theory. He was also co-initiator of the project: In the Desert of Modernity, Colonial Planning and After (HKW, Berlin, 2008) and is co-editor of the *Atlas of the Functional City: CIAM 4 and Comparative Urban Analysis* (Zurich 2014).

Karin Wilhelm has been Emeritus Professor for History and Theory of Architecture and City since April 2012. From 1991 to 2001, she was full Professor for Art History and the first female professor at the Technische Universität Graz. In 2001, she accepted a chair at the Technische Universität in Braunschweig. Her research focuses are architecture and urbanization processes of the twentieth century: architecture of modernity, Bauhaus, utopias; spatial structures and mentalities in the internationalization discourse after 1945; and intellectual history of urban models of peace.

Andreas Zeese is an architect and journalist. After studying architecture and art history in Berlin and Vienna, he was the assistant to the chair for Art History at the Technische Universität (TU Wien). Since 2014, he has worked in a young Viennese architects' office. He has published articles on church architecture after 1945 in Vienna, on Arthur Korn, Theophil Hansen, Camillo Sitte, and on the Ringstrasse in Vienna.

Quellen / Sources

Wir bedanken uns besonders für die Hinweise und die Bereitstellung der historischen Dokumente zur *Proletarischen Bauausstellung* und zum Kollektiv für sozialistisches Bauen bei Jürgen Kaulfuß und dem Baukunstarchiv der Akademie der Künste, Berlin; beim Bauhaus-Archiv Berlin; bei Collection Het Nieuwe Instituut, Rotterdam / Collection Van Eesteren-Fluck & Van Lohuizen Foundation, Den Haag; bei Gregor Harbusch, Daniel Weiss und dem gta Archiv der ETH Zürich und bei Pedro Moreira. / We want to express our special thanks for providing cues and supplying historical documents of the Proletarian Building Exhibition and the Collective for Socialist Architecture to: Jürgen Kaulfuß and the Baukunstarchiv der Akademie der Künste, Berlin; Bauhaus-Archiv Berlin; Collection Het Nieuwe Instituut, Rotterdam / Collection Van Eesteren-Fluck & Van Lohuizen Foundation, The Hague; Gregor Harbusch, Daniel Weiss and the gta Archives ETH Zurich and Pedro Moreira.

Abbildungen / Images

Akademie der Künste, Berlin,
Hubert-Hoffmann-Sammlung: Umschlag / Cover, 90/91, 94/95, 98/99, 102/103
Werner-Hebebrand-Archiv: 115 unten / bottom

Bauhaus-Archiv, Berlin: 10, 83 oben / top, 84, 147, 149, 151, 153

Bundesarchiv, Historisches Archiv der KPD, Berlin: 71

Collection Het Nieuwe Instituut / Collection Van Eesteren-Fluck & Van Lohuizen Foundation, Den Haag : 27, 29, 31, 33, 35, 37, 39, 41, 43, 45, 139, 155, 157, 159

gta Archiv ETH Zürich: 140

Marcel Breuer Papers, Special Collections Research Center, Syracuse University Libraries: 83 unten / bottom

Pedro Moreira, Nachlass Alexander Altberg: 63, 64

Stephen Rosenberg: 52

Schusev State Museum of Architecture, Moscow: 129

Stiftung Bauhaus Dessau: 116, 128 oben / top, 129

Universitätsbibliothek der Humboldt-Universität zu Berlin: 128 unten / bottom

Universitätsbibliothek Heidelberg: 113

VG Bild-Kunst, Bonn: 83 oben / top, 84

Sollte trotz intensiver Recherche ein Rechteinhaber nicht berücksichtigt worden sein, so werden berechtigte Ansprüche im Rahmen der üblichen Vereinbarungen abgegolten. Bitte kontaktieren Sie info@hkw.de. / Should, despite intensive research, a copyright holder not have been consulted, then legitimate claims will be compensated within the terms of the usual agreements. Please contact info@hkw.de.

Die Reihe *Wohnungsfrage* wird herausgegeben von / The series *Wohnungsfrage* is edited by Jesko Fezer, Christian Hiller, Nikolaus Hirsch, Wilfried Kuehn, Hila Peleg.

Redaktion / Editing:
Jesko Fezer, Martin Hager, Christian Hiller, Alexandra Nehmer, Philipp Oswalt
Forschung und Tagung / Research and Conference:
Stefan Aue, Zdravka Bajovic, Christian Hiller, Alexandra Nehmer, Philipp Oswalt
Textkoordination / Text Co-ordination:
Martin Hager
Redaktionsassistenz / Editorial Assistance:
Franziska Janetzky, Anna Wiese
Übersetzung der historischen Quellentexte ins Englische / Translation of the historical sources into English: Andrew Boreham
Lektorat und Korrektur: Claudius Prößer
Copy-editing and Proofreading:
Mandi Gomez
Grafische Gestaltung / Graphic Design:
Studio Matthias Görlich
Lithografie / Lithography: Felix Scheu
Schrift / Typefaces: Eesti Display, Sectra (Grilli Type)
Druck / Printing: PögeDruck, Leipzig
Bindung / Binding: Buchbinderei Mönch, Leipzig

Die Tagung und Publikation zur *Proletarischen Bauausstellung* entstanden in Kooperation mit dem *projekt bauhaus.* / The conference and publication Proletarian Building Exhibition was conceived in co-operation with the project bauhaus.

Erschienen bei / Published by:
Spector Books
Harkortstraße 10, D-04107 Leipzig
www.spectorbooks.com

Distribution:
Germany, Austria: GVA, Gemeinsame Verlagsauslieferung Göttingen GmbH & Co. KG, www.gva-verlage.de
Switzerland:
AVA Verlagsauslieferung AG, www.ava.ch
France, Belgium:
Interart Paris, www.interart.fr
UK: Central Books Ltd, www.centralbooks.com
USA, Canada:
RAM Publications+Distribution Inc., www.rampub.com
Australia, New Zealand: Perimeter Distribution, www.perimeterdistribution.com

Printed in Germany
First edition
ISBN 978-3-959050-47-0

Wohnungsfrage Team:
Konzept und Programm / Concept and Program: Jesko Fezer, Nikolaus Hirsch, Wilfried Kuehn, Hila Peleg
Projektleitung / Project Leader:
Annette Bhagwati, Zdravka Bajovic
Forschung und Publikationen / Research and Publications: Christian Hiller
Forschung und Projektkoordination Ausstellung / Research and Project Co-ordination Exhibition: Zdravka Bajovic
Projektkoordination Ausstellung / Project Co-ordination Exhibition: Jessica Páez
Projektkoordination Akademie / Project Co-ordination Academy: Stefan Aue
Assistenz der Projektleitung / Assistant to the Project Leader: Dunja Sallan
Projektassistenz / Project Assistance:
Franziska Janetzky, Ben Mohai, Alexandra Nehmer

Wohnungsfrage findet im Rahmen von *100 Jahre Gegenwart* statt, das als Zeitdiagnose aktuelle gesellschaftliche Probleme im Kontext historischer Perspektiven untersucht. / *Wohnungsfrage* takes place as part of the HKW series *100 Years of Now*, which examines current social issues in the context of historical perspectives.

© 2015 die Herausgeber, Autoren, Künstler, Haus der Kulturen der Welt und Spector Books / the editors, authors, artists, Haus der Kulturen der Welt, and Spector Books

Das Haus der Kulturen der Welt ist ein Geschäftsbereich der / The Haus der Kulturen der Welt is a division of Kulturveranstaltungen des Bundes in Berlin GmbH (KBB).

Intendant / Director: Bernd Scherer
Kaufmännische Geschäftsführerin / General Manager: Charlotte Sieben
Vorsitzende des Aufsichtsrats / Chair of the Advisory Board:
Staatsministerin Prof. Monika Grütters MdB

Das Haus der Kulturen der Welt wird gefördert durch / The Haus der Kulturen der Welt is funded by

Die Beauftragte der Bundesregierung für Kultur und Medien

Auswärtiges Amt